HISTÓRIA da PSICOLOGIA

Tendências Contemporâneas

Raquel Martins de Assis
Sávio Passafaro Peres
(ORGANIZADORES)

HISTÓRIA da PSICOLOGIA

Tendências Contemporâneas

Artesã

História da psicologia: tendências contemporâneas

1ª edição

COORDENAÇÃO EDITORIAL
Karol Oliveira

DIREÇÃO DE ARTE
Tiago Rabello

REVISÃO
Maggy de Matos

CAPA
Kamila Moreno

PROJETO GRÁFICO E DIAGRAMAÇÃO
Conrado Esteves

H673 História da psicologia : tendências contemporâneas / organizadores : Raquel Martins de Assis , Sávio Passafaro Peres. – Belo Horizonte : Ed. Artesã, 2016.

240 p. ; 23 cm.

ISBN: 978-85-88009-58-5

1. Psicologia: História. 2. Psicologia no Brasil. 3. Ensino Superior – Pesquisa. I. Título.

CDU 159.9

Catalogação: Aline M. Sima CRB-6/2645

IMPRESSO NO BRASIL
Printed in Brazil

ARTESÃ EDITORA LTDA.
Site: www.artesaeditora.com.br
E-mail: contato@artesaeditora.com.br
Belo Horizonte/MG

Sumário

Apresentação

Raquel Martins de Assis
Sérgio Dias Cirino

História da Psicologia: formas contemporâneas de fazer pesquisa é uma produção do Grupo de Trabalho em História da Psicologia da Associação Nacional de Pesquisa e Pós-Graduação em Psicologia (ANPEPP). Esse livro nasceu do desejo de comunicar os objetos e os métodos utilizados em nossas recentes pesquisas em História da Psicologia, enfrentando questões e problemas atuais desse campo da historiografia. Oferecemos, portanto, uma obra que descreve e discute aportes conceituais e metodológicos usados por pesquisadores brasileiros na abordagem dos objetos de investigação nos quais são especialistas.

O GT de História da Psicologia iniciou-se em 1996, no VI Simpósio da ANPEPP ocorrido em Petrópolis, no Rio de Janeiro. Suas origens, porém, são mais antigas: treze anos antes, em 1983, começava o intercâmbio entre pesquisadores da área a partir de iniciativas do Núcleo de História da Psicologia da PUCSP. Assim, podemos dizer que o GT possui trabalho bastante consolidado que se ampliou, ao longo desses 32 anos, com a participação de pesquisadores de Programas de Pós-Graduação de diversas Universidades brasileiras.

Desde seu início, o GT desenvolve estudos voltados para a psicologia brasileira, tratando-a não como uma produção periférica ou que sistematizou acriticamente as ideias estrangeiras, mas como uma psicologia portadora de originalidade na elaboração de teorias e de práticas forjadas no embate com as especificidades da cultura e das realidades locais nas quais se inseria. A esses estudos, somam-se também investigações sobre a história da psicologia em outros países, trazendo para o campo de pesquisas nacionais temas caros ao âmbito internacional. Investigações originais sobre temas globais tem sido também uma constante na produção dos membros do GT. A produção teórica de autores como Wilhelm Wundt, Edmund Husserl, Burrhus Frederic Skinner, tem sido sistematicamente escrutinada no âmbito do GT e publicadas em periódicos internacionais reconhecidos como os mais importantes da área. Tal produção coloca o Brasil em sintonia com as questões mais recentes no campo da História da psicologia internacional. Com a produção desse conjunto de pesquisas, o GT pretende contribuir para a formação crítica de psicólogos e de educadores brasileiros, já que conhecer a própria história é primordial para julgarmos com maior desenvoltura nossos saberes e práticas psicológicas, bem como suas aplicações nos mais diversos campos.

Nesse contexto, os membros do GT têm se empenhado na publicação de livros que, circulando o mais amplamente possível, possam oferecer subsídios para pesquisadores de Cursos de Pós-Graduação e para professores de Cursos de Graduação, cujas disciplinas abordem temas relacionados à História da Psicologia. Embora a cultura acadêmica atual da Pós-Graduação privilegie a publicação de artigos em revistas científicas, acreditamos que os livros possuem também um importante papel devido às suas formas específicas de circulação e de apropriação pelos leitores. O livro aqui apresentado, por exemplo, permite compreender como um grupo de estudiosos vem articulando seus modos de fazer pesquisa em História da Psicologia, dialogando com problemas atuais como: a produção científica em seus contextos locais; os modos de recepção e de apropriação de saberes psicológicos oriundos de intercâmbios culturais entre diferentes países; a necessidade do diálogo com outros campos de conhecimento, principalmente a filosofia, para compreensão de teorias psicológicas; a redefinição de problemas caros à historiografia tais como as antinomias internalismo/externalismo e centro/periferia. Mais do que isso, queremos evidenciar como o intercâmbio e a cooperação entre pesquisadores de diversas Universidades nacionais e internacionais fez amadurecer, ao longo dos anos, o percurso de um grupo brasileiro que tem consolidado a área dos estudos historiográficos em Psicologia. Essa consolidação é importante porque, a partir dos anos 1960, a historiografia da Psicologia tem crescido e se afirmado como um campo rico, autônomo e legítimo de pesquisas.

Para utilizarmos uma forma didática, *História da Psicologia: formas contemporâneas de fazer pesquisa* foi dividido em três partes. A primeira leva o nome de "Historiografia da psicologia" e contempla capítulos caracterizados pelo diálogo entre História da Ciência, História da Psicologia, História da Filosofia e História Cultural. Os autores discutem pressupostos presentes na dicotomia velha/nova historiografia e evidenciam a impossibilidade da realização de investigações historiográficas precisas quando se ignora a Filosofia da Ciência. Nesse sentido, elementos filosóficos são instrumentos necessários e importantes para a elaboração de pesquisas mais rigorosas em História da Psicologia. É apresentada também, nesses textos, a consideração do contexto global-local na produção das Psicologias como uma tendência contemporânea de pesquisa dotada de profícuas reflexões e discussões teóricas e metodológicas. Trata-se de focalizar uma dupla dimensão na elaboração de teorias e práticas psicológicas: o diálogo com aquilo que é global e diversificado sem desconsiderar as transformações locais e singulares que os saberes podem sofrer. Desse modo, há uma tentativa de compreender os problemas históricos em um marco transindividual e intersubjetivo que se evidencia na proposição da biografia como um gênero para a historiografia da psicologia. Atualmente, assistimos ao surgimento de novas formas de biografias científicas na literatura especializada. Um exemplo concreto é a biografia do psicólogo experimental estadunidense Burrhus Frederic Skinner, utilizada para mostrar as transformações atuais presentes na construção de uma narrativa biográfica. Por fim, a primeira parte do livro encerra-se com as contribuições da psicologia histórica de Ignace Meyerson à historiografia da psicologia em um capítulo que evidencia diferentes posicionamentos de autores da História da Ciência, da História da Psicologia e da Nova História sobre as relações entre psicologia e história.

A segunda parte discute a importância das fontes e dos arquivos como elementos centrais para pesquisas em História da Psicologia. O primeiro desses capítulos conta a história dos *Arquivos UFMG de História da Psicologia no Brasil,* que reúne um conjunto expressivo de documentos relacionados à História da Psicologia e das Ciências da Educação no Brasil, e uma coleção de publicações nessas áreas. Nesse texto, as autoras apresentam o processo de instituição desse Arquivo, principalmente a partir da revitalização de documentos de Helena Antipoff, educadora e psicóloga russa radicada no Brasil. Posteriormente, o Arquivo ganha outras coleções. O clima cultural brasileiro e a literatura crítica, que emergem a partir das décadas de 1970 e 1980, foram fundamentais para que os trabalhos de História da Psicologia ganhassem um espaço cada vez maior e pudessem se consolidar em espaços de guarda de documentos e da memória da consolidação da Psicologia no Brasil. Desse modo, as pesquisas historiográficas deram margem para a formação de arquivos específicos de História da Psicologia. Além dos arquivos específicos, dois textos demonstram a possibilidade de encontrar material para pesquisas em História da Psicologia em bibliotecas e acervos de instituições de naturezas diversas, como por exemplo, a Faculdade de Medicina da Bahia e os Institutos de Psicologia no Brasil, oferecendo aos leitores possibilidades de análise dessa documentação.

A terceira parte é formada por textos que entendem a psicologia como uma forma cultural a partir da qual se produzem discursos sobre o ser humano e realçam as características peculiares do processo de formação da cultura brasileira em suas diferentes posições. Trata da psicologia elaborada até o século XIX e de sua apropriação e divulgação realizadas por meio de gêneros tais como jornais e revistas, obras literárias, tratados, manuais, compêndios e também pela tradição oral, como a pregação. Esses capítulos evidenciam processos de apropriação e de circulação de conhecimentos em virtude das interconexões entre sujeitos, práticas e ideias nos encontros entre as culturas quando fronteiras se tornam fluidas. Além das discussões sobre apropriação e circulação de conhecimentos, apresenta-se uma discussão sobre a obra literária como uma rica fonte para a realização da história da psicologia, considerando a necessidade de que o pesquisador se dê conta de sua concepção de psicologia e de história da psicologia.

Enfim, os temas abordados pelos capítulos descritos acima são as tendências atuais sobre as quais os membros do GT de História da Psicologia têm se debruçado em suas pesquisas historiográficas. Em 1974, Michel De Certeau reflete sobre o ofício do historiador ao criar uma ficção sobre um pesquisador que, interrompendo seu passeio erudito nas salas dos Arquivos, sai para a rua e se pergunta: o que é este trabalho que faço? Pois bem, esse livro é uma resposta a essa pergunta feita pelos pesquisadores brasileiros do GT. Com nossos textos, pretendemos oferecer aos leitores o trabalho que temos feito em História da Psicologia.

HISTORIOGRAFIA DA PSICOLOGIA

A Integração entre a História da Ciência e a Filosofia da Ciência: implicações metodológicas para a historiografia da psicologia

Saulo de Freitas Araujo

Nas últimas décadas, a historiografia da psicologia tem sofrido transformações consideráveis em sua concepção, levando a uma tendência geral que usualmente é entendida como "historiografia crítica da psicologia" (Woodward, 1980, 1987), "virada social" na historiografia da psicologia (Abib, 1998; Ash, 1987) ou simplesmente "a nova história da psicologia" (Furomoto, 1989). Partindo de uma crítica àquilo que consideram como a tradicional ou "velha" historiografia da psicologia – acusada de restringir-se a uma abordagem cerimonial e pouco crítica dos grandes homens, das ideias e das escolas psicológicas – Kurt Danziger (1990, 1997), Nikolas Rose (1985, 1998), Roger Smith (1992), Mitchel Ash (1998), e Martin Kusch (1999), entre outros, têm publicado trabalhos pioneiros sobre o impacto de fatores culturais, sociais e políticos sobre a teoria e a prática da psicologia em seu desenvolvimento histórico. E isso tem acontecido não apenas no nível de trabalhos monográficos individuais, mas tem igualmente transformado o próprio modo de conceber e escrever os manuais da área, que começam a apresentar uma nova estrutura (p. ex., Jansz & Drunen, 2004; Jones & Elcock, 2001; Pickren & Rutherford, 2010; Smith, 2013; Walsh; Teo & Baydala, 2014).

Essas novas abordagens para a história da psicologia têm trazido à luz aspectos importantes da teoria e da prática psicológica, tais como a influência do discurso psicológico na sociedade e os usos políticos e ideológicos dos testes mentais. Apesar de todos os seus méritos, contudo, muitos desses estudos deixam muito a desejar em termos metodológicos. Por exemplo, Lovett (2006) mostrou recentemente que as dicotomias criadas pelos novos historiadores (história ingênua x crítica, amadora x profissional, baseada em fontes primárias x secundárias, etc.) são exageradas, quando não inválidas. Além disso, ele identificou em trabalhos da nova história uma aceitação pouco crítica de pressupostos teóricos (p. ex., a filosofia da ciência de Thomas Kuhn) e a existência de erros similares àqueles normalmente atribuídos à velha história (p. ex., novas formas de presentismo cerimonial). Sua conclusão é de que "a nova história não é tão diferente assim da velha, como os seus praticantes argumentam" (Lovett, 2006, p. 26), e que algumas vezes "é difícil distinguir entre um juízo cuidadoso e um preconceito bem elaborado" (Lovett, 2006, p. 33).

O presente trabalho se insere neste contexto de uma discussão metodológica geral para a historiografia da psicologia. O ponto de vista geral que eu defendo aqui é o de que não existe método *a priori* para fazer história da psicologia. Ao invés disso, a abordagem metodológica deve ser derivada da natureza do assunto pesquisado e das questões levantadas pelo historiador. Partindo dessa premissa, eu vou analisar aqui algumas possibilidades de integração entre história e filosofia da psicologia, ressaltando suas tensões e implicações para o trabalho do historiador da psicologia. Entretanto, é importante destacar desde o início que meu objetivo central não é de modo algum oferecer respostas definitivas para tais questões, mas apenas apresentar algumas considerações preliminares visando ao debate e à investigação futura.

Para alcançar meu objetivo, vou dividir minha exposição em três partes. Primeiro, vou apresentar em linhas gerais algumas transformações ocorridas nas últimas décadas na história e na filosofia da ciência, ilustrando tensões existentes e propostas de integração entre ambas as áreas. Em seguida, vou analisar as implicações deste debate para o caso da psicologia e dar um exemplo de como a integração pode ser feita. Finalmente, vou indicar a necessidade de reflexões e debates metahistoriográficos mais sistemáticos para fundamentar o desenvolvimento futuro da historiografia da psicologia.

História e Filosofia da Ciência: um novo campo?

Nas últimas décadas, muitos autores têm defendido a necessidade de uma integração entre a História da Ciência e a Filosofia da Ciência, culminando na proposta de uma nova disciplina ou um novo campo de estudos: *History and Philosophy of Science* (HPS). Uma das justificativas básicas para tal integração deriva do famoso veredito do filósofo Norwood Hanson (1924-1967) – posteriormente retomado por Imre Lakatos (1922-1974) – segundo o qual "a história da ciência sem a filosofia da ciência é cega, [...] a filosofia da ciência sem a história da ciência é vazia" (Hanson, 1962, p. 580). A aposta central é que alguns problemas meta-científicos só poderiam ser resolvidos através de uma intensa colaboração entre ambas as áreas. Peter Galison, por exemplo, em um artigo recente, apresenta uma lista de dez problemas que ilustrariam tal necessidade de colaboração (Galison, 2008). Além disso, alguns esforços coletivos têm sido feitos para promover o debate e oferecer possibilidades de aproximação e integração (Arabatzis & Schickore, 2012; Domsky & Dickson, 2010a; Mauskopf & Schmaltz, 2012a).

Nem tudo é tão simples, porém. A pretendida integração tem se mostrado historicamente difícil, e ainda hoje ela é precária, sendo muito mais comum a ignorância mútua e a falta de comunicação entre ambas as áreas do que a aproximação e a colaboração desejadas por alguns (Arabatzis & Schickore, 2012; Burian, 2002; Laudan, 1996; Mauskopf & Schmaltz, 2012b; Pinnick & Gale, 2000; Steinle & Burian, 2002). Por isso, antes de apontarmos as possibilidades concretas de integração, é importante compreendermos primeiro as origens do debate contemporâneo e as razões que dificultam ou impedem a aproximação entre ambas as áreas.

É importante lembrar que até a primeira metade do século XX, a história da ciência era escrita sobretudo por cientistas e filósofos. O surgimento dos primeiros departamentos e programas de história da ciência levaram a uma profissionalização crescente da disciplina, que colocava em questão a sua relação com a filosofia da ciência. A partir da década de 1960, surgiram iniciativas oficiais de integração entre as duas áreas, como a fundação, na Universidade de Indiana, do primeiro Departamento de HPS nos Estados Unidos da América.

Em que pese, porém, a influência do aspecto institucional no surgimento do debate, há um fator ainda mais significativo, que foi a publicação de *A Estrutura das Revoluções Científicas*, de Thomas Kuhn. Contrapondo-se à concepção neopositivista de ciência, representada pelos membros do Círculo de Viena, Kuhn enfatizou a dimensão histórica e social do conhecimento científico, em detrimento de seus aspectos lógicos. Segundo ele, "a história, se considerada como algo mais do que um depósito de anedotas ou cronologias, poderia produzir uma transformação decisiva na imagem que temos atualmente da ciência" (Kuhn, 1970, p. 1). Assim, ao invés de entender a ciência como uma estrutura formal e abstrata, ele propôs um modelo dinâmico, baseado sobretudo na história da física, segundo o qual todo conhecimento científico se desenvolveria através de revoluções.

Embora não tenha sido o primeiro a enfatizar a dimensão histórica da atividade cientifica[1], foi principalmente Kuhn quem colocou a história da ciência na agenda de boa parte da filosofia da ciência da segunda metade do século XX, levando muitos filósofos a considerar seriamente o papel dos elementos históricos na construção do conhecimento científico. Um exemplo claro da influência de Kuhn pode ser visto na proposta de Lakatos (1971).

Curiosamente, porém, o próprio Kuhn se posicionou contra a integração da história e da filosofia da ciência em um único campo ou disciplina. De acordo com ele, ambas as disciplinas diferem sobretudo em seus objetivos: "O produto final da maior parte da pesquisa histórica é uma narrativa, uma estória, sobre particulares do passado. Em parte, é uma descrição do que ocorreu. [...] O filósofo, por outro lado, visa principalmente a generalizações explícitas de abrangência universal" (Kuhn, 1977, p. 5).

Já no início da década de 1970, após algumas iniciativas formais para promover a integração entre história e filosofia da ciência - como o Congresso de Minnesota em 1969 e a fundação do periódico *Studies in History and Philosophy of Science* em 1970 - muitos autores começaram a expressar seu ceticismo. Nesse contexto, Ronald Giere cunhou a expressão *a marriage of convenience* (um casamento de conveniência) para descrever a união entre ambas as disciplinas (Giere, 1973, p. 283). Para ele, apesar de sua utilidade institucional, a união carecia de uma boa justificativa teórico-conceitual, na medida em que a relevância de uma disciplina para a outra ainda não tinha sido demonstrada. Por exemplo, em relação à filosofia da ciência, "o problema geral é mostrar

[1] Por exemplo, Ludwik Fleck (1896-1961), Norwood Hanson e Stephen Toulmin (1922-2009) foram alguns teóricos da ciência que enfatizaram, antes de Kuhn, a importância da dimensão histórica na construção do conhecimento científico (FLECK, 1935/1980; HANSON, 1958; TOULMIN, 1961).

que conclusões filosóficas podem ser apoiadas por fatos históricos e como exatamente isso acontece" (Giere, 1973, p. 292).

O artigo de Giere motivou uma série de réplicas, nas quais os autores procuravam, cada um à sua maneira, mostrar a relevância da história da ciência para a filosofia da ciência e, assim, defender a tese de que a relação entre ambas era mais do que um casamento de conveniência (p. ex., Burian, 1977; McMullin, 1976; Krüger, 1979). Nas décadas seguintes, essa tendência de aceitar a relação se fortaleceu na filosofia da ciência (Laudan, 1989; Radder, 1997; Yaneva, 1995). De acordo com Michael Friedman, por exemplo, "está claro, para além de qualquer dúvida, penso eu, que uma atenção cuidadosa e sensível para a história da ciência deve estar absolutamente no centro de qualquer consideração filosófica séria sobre a ciência" (Friedman, 1993, p. 37). Mais recentemente, Domsky e Dickson (2010b) publicaram um 'manifesto' em defesa da HPS, na esperança de fornecer uma resposta às críticas de Giere. Do mesmo modo, Arabatzis e Schickore argumentam que as novas maneiras de fazer HPS significam "mais do que um novo casamento de conveniência" (Arabatzis & Schckore, 2012, p. 404).

O problema, no entanto, está longe de ser resolvido. Em primeiro lugar, essa mesma tendência não se repetiu entre os historiadores da ciência, que parecem ter optado por um distanciamento voluntário das questões filosóficas do conhecimento científico. Em segundo lugar, mesmo entre os filósofos da ciência, não há clareza sobre como a integração deveria ser feita, sem falar naqueles que continuam defendendo o distanciamento e o isolamento. Por isso, a possibilidade de interação e colaboração entre ambas as disciplinas ainda é uma questão em aberto, que só pode ser resolvida em casos específicos. Por isso, após ter apresentado em linhas gerais as raízes históricas do debate atual e das dificuldades de integração, eu penso que seria oportuno apresentar agora algumas alternativas a favor de uma maior interação[2].

[2] Para ficar só na última década, houve uma verdadeira explosão de propostas de aproximação entre história e filosofia da ciência. Isso inclui congressos, números especiais de periódicos especializados tanto em história da ciência (*Isis*) quanto em filosofia da ciência (*Erkenntnis*), assim como artigos, livros e volumes editados. Para uma rápida lista de referências, ver Arabatzis e Schickore (2012) e Mauskopf e Schmaltz (2012a, 2012b).

Hasok Chang (1999), por exemplo, defende a HPS como uma disciplina integrada, cuja função seria complementar o conhecimento científico produzido pelos cientistas especialistas. Com base na ideia kuhniana de ciência normal – segundo a qual a ciência só pode funcionar dentro de um quadro geral de pressupostos não questionados, que levam à eliminação de questões que poderiam contradize-los ou desestabilizá-los –, Chang vê a HPS como uma forma de contrabalançar essa situação. Segundo ele, "a função complementar da HPS é recuperar e recriar tais questões, além de, assim se espera, respondê-las. [...] os resultados destas investigações complementam e enriquecem a ciência especializada atual" (Chang, 1999, p. 415). Mais recentemente, ele propõe que isso deva ser feito através de investigações de episódios históricos concretos, sem cair na armadilha da generalização apressada (Chang, 2012).

Um outro exemplo é o caso de Mary Domsky e Michael Dickson (2010a), que propõem um novo método para revigorar o casamento entre história e filosofia da ciência, que eles chamam de abordagem sintética. Tomando como base a obra de Michael Friedman, os autores afirmam que "seu objetivo é tornar a filosofia relevante para a história e a história relevante para a filosofia, para que possamos 'ver além' do que cada uma delas pode oferecer sozinha" (Domsky & Dickson, 2010b, p. 11). Essa amplificação de nossa compreensão produziria, segundo eles, uma unidade entre ambas as disciplinas, que pode ser ilustrada com o caso de Newton:

> [...] ainda que possa ser inicialmente útil analisar a visão de Newton sobre o espaço em seus aspectos científicos, filosóficos e teológicos, em última instância esses aspectos devem ser entendidos como uma unidade, pois Newton não se via fazendo filosofia em um momento, 'física' em outro, e ainda teologia em um terceiro, assim como tampouco se via fazendo 'de uma só vez' essas três coisas 'separadas'. (Domsky & Dickson, 2010b, p. 14 – ênfase no original)

Theodore Arabatzis também tem defendido a interação entre a história e a filosofia da ciência. Em seus trabalhos iniciais, ele procurou mostrar como a filosofia da ciência pode enriquecer a investigação histórica da ciência, ao analisar os fundamentos filosóficos das escolhas e categorias historiográficas em questão (Arabatzis, 2006a; 2006b). Por exemplo, ao utilizar a categoria 'descoberta científica' (X descobriu Y), o historiador estaria inevitavelmente entrando em questões filosóficas como o realismo científico. Assim, quanto mais consciente ele estiver das complexidades de tais questões, mais sua narrativa histórica sairá beneficiada. Além disso, em um artigo recente, Arabatzis mostra como o estudo das assim chamadas 'entidades ocultas' (*hidden entities*) - entidades inacessíveis à observação imediata, como o elétron - oferece um bom exemplo de como pode se dar a integração entre história e filosofia da ciência. Nesse caso, através do aprofundamento histórico e filosófico da questão, é possível mostrar como alguns cientistas desenvolveram no passado uma forte convicção sobre a realidade de seus objetos de estudo, ainda que posteriormente essa realidade tenha sido abandonada, como ilustra bem o episódio do éter na ciência física. Assim, conclui Arabatzis:

> [...] a atitude que estou recomendando efetua uma separação entre a imersão em uma visão de mundo (e em um conjunto de práticas) e a crença nas entidades ocultas associadas a esta última. Ela tem alguns paralelos com a *epoché* de Husserl, uma attitude de abstenção de questões ontológicas. Eu a chamarei de 'atitude de suspensão ontológica'. (Arabatzis, 2012, p. 134 - ênfase no original).

Uma breve análise dessas novas propostas de HPS já é suficiente para mostrar que subjacente à identidade de seus objetivos gerais (integração) há uma diversidade muito grande de abordagens. Isto significa que há diferentes maneiras de compreender a integração e que não há, pelo menos até o momento, um único modo de alcançá-la.

História e filosofia da psicologia: é possível uma integração?

Como afirmei na introdução, minha intenção aqui é analisar as implicações dos debates ocorridos na HPS para o caso da psicologia. A questão fundamental é a seguinte: seria possível uma integração entre seus elementos históricos e filosóficos? Além disso, no caso de uma resposta positiva, deveríamos nos perguntar se tal integração produziria uma compreensão mais rica e aprofundada do conhecimento psicológico e das práticas daí derivadas.

Para responder a ambas as questões, vou analisar primeiro algumas transformações ocorridas na historiografia da psicologia, com o objetivo de mostrar algumas lacunas que permanecem em aberto. Em seguida, vou mostrar, através do caso específico de Wilhelm Wundt, uma possibilidade de integração a partir da historiografia da psicologia[3].

Acompanhando a tendência geral da historiografia da ciência, os primeiros trabalhos historiográficos em psicologia representavam uma tradição baseada em relatos biográficos ou análise de ideias. Um dos exemplos mais marcantes desta historiografia é a obra monumental de Edwin Boring (1886-1968), *A History of Experimental Psychology*, que formou toda uma geração de psicólogos historiadores na tradição norte-americana (Boring, 1950).

A partir do fim da década de 1970, esse modelo tradicional começou a ser submetido a uma série de críticas, que levou a uma transformação na historiografia da psicologia e à formação de uma nova geração de historiadores. Um bom indicador dessa transformação foi a proliferação de publicações coletivas reunindo diferentes resultados de pesquisa dessa nova geração (e.g., Buss, 1979; Bringmann & Tweney, 1980; Brozek & Pongratz, 1980; Woodward & Ash, 1982). Nesse contexto, surgem propostas inovadoras de interpretação do desenvolvimento histórico da psicologia, cuja tendência principal é uma ênfase nos aspectos externos (sociais, políticos, institucionais) em detrimento dos internos (lógicos, metodológicos, conceituais), ainda que essa concordância geral venha acompanhada de uma grande variedade de orientações teóricas particulares (e.g., Ash & Woodward, 1987; Benetka, 2002; Brock, Louw, & van Hoorn, 2005; Danziger, 1979, 1990; Furomoto, 2003; Graumann & Gergen, 1996; Kusch, 1999; Pickren & Rutherford, 2010; Rose, 1998; Smith, 1988, 2013).

Essa orientação geral em direção a uma historiografia social e crítica da psicologia foi chamada por Laurel Furomoto de "a nova história da psicologia", em contraposição à velha tradição historiográfica representada por Boring e outros (Furomoto, 1989). Segundo ela, essa nova história apresenta cinco características:

[3] Seria igualmente possível fazer o caminho inverso, partindo da filosofia da psicologia. No entanto, isso demandaria uma investigação muito mais extensa do que posso aqui oferecer.

> A nova história tende a ser crítica ao invés de cerimonial, contextual ao invés de uma simples história das ideias, e mais inclusiva, indo além do estudo dos 'grandes homens'. A nova história utiliza fontes primárias e documentos de arquivos ao invés de se basear em fontes secundárias, o que pode levar à transmissão de mitos e anedotas de uma geração de autores de manuais à outra. Finalmente, a nova história tenta se manter dentro do pensamento de um período para ver as questões tais como elas apareceram na época, ao invés de buscar antecedentes de ideias atuais ou de escrever a história retrospectivamente, a partir do conteúdo presente do campo. (Furomoto, 1989, p. 18)

No entanto, como bem mostrou Lovett (2006), em muitos aspectos a diferença entre a nova e a velha história é exagerada. Em relação ao uso das fontes, por exemplo, não está tão claro assim que todos os chamados velhos historiadores faziam uso preponderante de fontes secundárias. Além disso, eu gostaria de acrescentar às observações de Lovett o fato de que muitos trabalhos pertencentes à nova história continuam a negligenciar fontes primárias importantes, como eu demonstrei alhures (Araujo, 2014a). Essas generalizações apressadas em relação à historiografia da psicologia podem levar a uma compreensão equivocada de questões intrínsecas à pesquisa histórica em psicologia. Entre os problemas apontados por Lovett em relação às conclusões apressadas da nova história, dois são especialmente importantes para a presente discussão:

> a) novos historiadores têm se comprometido prematuramente com visões normativas sobre questões historiográficas, onde não há qualquer consenso; b) a pesquisa da nova história se baseia frequentemente em uma visão particular de ciência que não é largamente aceita por filósofos contemporâneos da ciência, e nem mesmo entendida por filósofos profissionais da mesma maneira que os novos historiadores frequentemente assumem. (Lovett, 2006, p. 18)

No que diz respeito ao primeiro ponto, o recente debate entre Daniel Robinson e Kurt Danziger ilustra bem a falta de consenso entre os historiadores da psicologia sobre a questão da continuidade entre o mundo clássico e o mundo moderno. Em especial, Robinson (2013a, 2013b) defende a continuidade conceitual entre vários aspectos do pensamento de Aristóteles e a psicologia moderna, enquanto Danziger (2013) recusa a existência de uma psicologia aristotélica no sentido moderno do termo. Ao ler os respectivos artigos, percebe-se imediatamente a complexidade das questões envolvidas e a dificuldade de oferecer uma resposta simples em termos de sim ou não.

O segundo ponto levantado por Lovett aponta para um problema que está diretamente relacionado ao tema central do presente trabalho, que é a relação entre a história da ciência, a filosofia da ciência e a psicologia. Ao que tudo indica, uma parte significativa dos novos historiadores da psicologia tem seguido a tendência mais geral entre os historiadores da ciência de virarem as costas para questões filosóficas. No entanto, em muitos trabalhos da nova história da psicologia aparecem categorias filosóficas (e.g., causalidade, cientificidade, verdade) na interpretação do objeto de estudo, o que demandaria no mínimo uma familiaridade razoável com as discussões em filosofia da ciência, especialmente as que se referem ao período estudado. Essa me parece ser uma das grandes lacunas na historiografia contemporânea da psicologia, sobretudo se levarmos em consideração as considerações anteriores sobre o estado da arte em HPS. Isso não quer dizer que não existam estudos históricos que abordem a relação entre filosofia e psicologia de uma maneira sistemática. De fato, eles existem (e.g., Araujo, 2010; Ash & Sturm, 2007; Gundlach, 1993; Hatfield, 1990; Heidelberger, 1993; Osbeck & Held, 2014; Robinson, 1982; Sturm, 2009; Sturm & Mülberger, 2012; Vidal, 2011), mas o que ainda não temos entre os historiadores da psicologia é uma discussão sistemática, em um nível meta-historiográfico, sobre as implicações da HPS para a historiografia da psicologia.

No intuito de contribuir para tal debate, vou oferecer aqui um exemplo possível de integração entre a história da psicologia e a filosofia da psicologia, tomando como base o caso concreto de Wilhelm Wundt, um dos principais representantes da psicologia científica no século XIX.

Meu ponto de partida pode ser resumido na seguinte questão: se Wundt viveu em uma época em que a distinção entre filosofia e psicologia ainda não estava nem institucionalmente nem intelectualmente estabelecida, se ele era professor catedrático de filosofia e, além disso, escreveu vários tratados sistemáticos de filosofia, como é possível compreender seu projeto de psicologia científica desvinculado de seu sistema filosófico? Para responder a esta questão, tenho desenvolvido um trabalho de reinterpretação da obra de Wundt, cujo objetivo central é investigar a relação entre filosofia e psicologia no seu desenvolvimento intelectual (Araujo, 2010, 2012, 2014b, 2015). Minha hipótese é que a evolução do seu projeto de uma psicologia científica está intimamente relacionada à intensificação e ao amadurecimento de seus estudos filosóficos, que o levaram a conceber um amplo programa de reforma de toda a filosofia alemã, no qual a psicologia ocupa um papel de destaque. Sendo assim, filosofia e psicologia estariam desde o início em íntima conexão, cuja compreensão demandaria uma abordagem histórico-filosófica de sua obra.

Para ilustrar minha tese central, vou me referir a um aspecto de seu pensamento que permaneceu até aqui inexplicado, mas que foi possível elucidar através de uma abordagem integrada em HPS. Em seus anos de Heidelberg, Wundt propôs um primeiro programa de psicologia científica completamente baseado no conceito de inconsciente (Wundt, 1862, 1863). Contudo, ainda antes de deixar Heidelberg, ele se convenceu de que o inconsciente era uma ficção conceitual e desenvolveu uma psicologia da consciência, inaugurada pelos *Grundzüge der physiologischen Psychologie* (Wundt, 1874), que o tornou famoso em todo o mundo. Mas como explicar essa mudança significativa de posição? Embora alguns intérpretes de Wundt tenham percebido essa alteração, nenhum deles logrou explicá-la.

A chave para a solução do problema está em uma investigação detalhada do período entre 1863 e 1874, que tem sido sistematicamente ignorado na literatura secundária. Essa investigação demanda inicialmente uma análise de fontes primárias não publicadas, como sua correspondência e outros materiais de arquivo, mas também de seus livros e artigos publicados no período, além da sua autobiografia e de outros documentos relacionados à época. A análise minuciosa deste material me levou a descobrir um período em que Wundt dedicou-se intensamente a estudos e reflexões filosóficas, mas que não foi traduzido em publicações, com exceção de um livro sobre os fundamentos da física (Wundt, 1866), aparentemente irrelevante para a psicologia, mas que se revelou um elemento chave na elucidação do problema. Recorrendo, então, às questões de filosofia da ciência da época, foi possível rastrear todo o pano de fundo da discussão sobre os fundamentos da física e suas implicações para a psicologia. Em resumo, Wundt se apropriou da tese apresentada por Kant em sua *Dialética Transcendental*, segundo a qual não se deve confundir o plano lógico com o ontológico (Kant, 1781/1998), para condenar a confusão conceitual na física em torno do conceito de causalidade. Logo em seguida, entendeu que a mesma crítica se aplicaria à sua noção anterior de inconsciente – sendo este apenas uma ficção lógica sem nenhuma ancoragem na experiência imediata –, o que o levou a abandonar o conceito e a reformular a sua psicologia. Em outras palavras, a grande ruptura conceitual que Wundt introduziu em seu pensamento psicológico só pode ser explicada por uma análise integrada entre elementos históricos e filosóficos. Em outras palavras, é impossível compreender tal ruptura sem uma análise cuidadosa das questões e dos pressupostos filosóficos envolvidos na reflexão de Wundt. Isso nos permite compreender porque a literatura secundária não tinha sido bem sucedida em resolver esse problema na interpretação da psicologia wundtiana, ao mesmo tempo em que aponta para a necessidade de uma nova abordagem metodológica em historiografia da psicologia, que enfatize a aproximação entre história e a filosofia da psicologia[4].

Considerações finais

Com base nas considerações anteriores, eu gostaria de responder à questão acima formulada, afirmando que uma integração entre história e filosofia da psicologia não só é possível, como também desejável, e que já existem exemplos de como essa integração pode ser feita. O que falta, a meu ver, é um debate meta-historiográfico mais sistemático, em que as possibilidades sejam discutidas em relação às suas implicações metodológicas, considerando igualmente seus respectivos limites.

Gostaria de insistir, contudo, no fato de que o exemplo concreto que apresentei aqui de modo algum representa uma resposta definitiva para a questão da integração entre história e filosofia da psicologia. Ao contrário, trata-se de uma investigação em andamento, cujos limites ainda serão testados futuramente. Por isso mesmo, longe de poder ser generalizada ou adotada como modelo normativo, serve apenas para ilustrar, com um estudo de caso que considero bem-sucedido, uma abordagem alternativa

[4] Para uma exposição detalhada dessa abordagem aplicada à obra de Wundt, ver Araujo (2010, 2015).

para a historiografia da psicologia, contribuindo desta forma para um debate mais amplo, que espero poder presenciar no futuro. A maior parte das questões fundamentais envolvidas, contudo, permanece em aberto.

Referências

Abib, J.A.D. (1998). Virada social na historiografia da psicologia. *Psicologia: Teoria e Pesquisa, 14*(1), 77-84.

Arabatzis, T. (2006a). *Representing electrons. A biographical approach to theoretical entities.* Chicago, IL: The University of Chicago Press.

Arabatzis, T. (2006b). On the inextricability of the context of discovery and the context of justification. In J. Schickore & F. Steinle (Eds.), *Revisiting Discovery and Justification: Historical and Philosophical Perspectives on the Context Distinction* (pp. 215–30). Dordrecht: Springer.

Arabatzis, T. (2012). Hidden entities and experimental practice: Renewing the dialogue between history and philosophy of science. In S. Mauskopf & T. Schmaltz (Eds.), *Integrating history and philosophy of science: Problems and prospects* (pp. 125-139). Dordrecht: Springer.

Arabatzis, T. & Schickore, J. (2012). Introduction: Ways of integrating history and philosophy of science. *Perspectives on Science, 20*(4), 395-408.

Araujo, S. F. (2010). *O projeto de uma psicologia científica em Wilhelm Wundt: uma nova interpretação.* Juiz de Fora: Ed. UFJF.

Araujo, S. F. (2012). Why did Wundt abandon his early theory of the unconscious? Towards a new interpretation of Wundt's psychological project. *History of Psychology, 15*(1), 33-49.

Araujo, S. F. (2014a). Bringing new archival sources to Wundt scholarship: The case of Wundt's assistantship with Helmholtz. *History of Psychology, 17*(1), 50-59.

Araujo, S. F. (2014b). The emergence and development of Bekhterev's psychoreflexology in relation to Wundt's experimental psychology. *Journal of the History of the Behavioral Sciences, 50*(2), 189-210.

Araujo, S. F. (2015). *Wundt and the philosophical foundations of psychology: A reappraisal.* New York: Springer (no prelo)

Ash, M. (1987). Introduction. In M. Ash & W. Woodward (Eds.), *Psychology in twentieth-century thought and society* (pp. 1-11). Cambridge: Cambridge University Press.

Ash, M. (1998). *Gestalt psychology in German culture, 1890-1967.* Cambridge: Cambridge University Press.

Ash, M. & Sturm, T. (Eds.) (2007). *Psychology's territories.* Mahwah, NJ: Lawrence Erlbaum.

Benetka, G. (2002). *Denkstile der Psychologie.* Wien: WUW.

Boring, W. (1950). *A history of experimental psychology.* 2nd ed. New York: Appleton-Century-Crofts.

Brock, A., Louw, J., & van Hoorn, W. (Eds.) (2005). *Rediscovering the history of psychology.* New York: Kluwer.

Brozek, J. & Pongratz, L. J. (Eds.). (1980). *Historiography of modern psychology.* Toronto: Hogrefe.

Burian, R. (1977). More than a marriage of convenience: On the inextricability of history and philosophy of science. *Philosophy of science, 44,* 1-42.

Burian, R. M. (2002). Comments on the precarious relation between history of science and philosophy of science. *Perspectives on Science, 10,* 398-407.

Buss, A. (Ed.) (1979). *Psychology in social context.* New York: Irvington Publishers.

Chang, H. (1999). History and philosophy of science as a continuation of science by other means. *Science and Education, 8,* 413-425.

Chang, H. (2012). Beyond case-studies: History as philosophy. In S. Mauskopf & T. Schmaltz (Eds.), *Integrating history and philosophy of science: Problems and prospects* (pp. 109-124). Dordrecht: Springer.

Danziger, K. (1979). The social origins of modern psychology. In A. Buss (Ed.), *Psychology in social context* (pp. 27-45). New York: Irvington Publishers.

Danziger, K. (1990). *Constructing the subject.* Cambridge: Cambridge University Press.

Danziger, K. (1997). *Naming the mind. How psychology found its language.* London: Sage.

Danziger, K. (2013). Psychology and its history. *Theory & Psychology, 23*(6), 829-839.

Domsky, M. & Dickson, M. (Eds.) (2010a). *Discourse on a new method. Reinvigorating the marriage of history and philosophy of science.* Chicago, IL: Open Court.

Domsky, M. & Dickson, M. (2010b). Introduction. In M. Domsky & M. Dickson (Eds.), *Discourse on a new method. Reinvigorating the marriage of history and philosophy of science* (pp. 1-20). Chicago, IL: Open Court.

Fleck, L. (1980). *Entstehung und Entwicklung einer wissenschaftlichen Tatsache.* Frankfurt am Main: Suhrkamp. (Trabalho original publicado em 1935).

Friedman, M. (1993). Remarks on the history of science and the history of philosophy. In P. Horwich (Ed.), *World changes: Thomas Kuhn and the nature of science* (pp. 36-54). Cambridge, MA: The MIT Press.

Furomoto, L. (1989). The new history of psychology. In I. S. Cohen (Ed.), *The G. Stanley Hall lecture series* (Vol. 9, pp. 9-34). Washington, D.C.: American Psychological Association.

Furomoto, L. (2003). Beyond great men and great ideas: History of psychology in sociocultural context. In. P. Bronstein & K. Quina (Eds.), *Teaching gender and multicultural awareness: Resources for the psychology classroom* (pp. 113-124). Washington, DC: American Psychological Association.

Galison, P. (2008). Ten problems in history and philosophy of science. *Isis, 99*, 111-124.

Giere, R. (1973). History and philosophy of science: intimate relationship or marriage of convenience? *British Journal for the Philosophy of Science, 24*, 282–297.

Graumann, C. F. & Gergen, K. (Eds.) (1996). *Historical dimensions of psychological discourse.* Cambridge: Cambridge University Press.

Gundlach, H. (1993). *Entstehung und Gegenstand der Psychophysik.* Berlin: Springer.

Hanson, N. (1958). *Patterns of Discovery.* Cambridge: Cambridge University Press.

Hanson, N. (1962). The irrelevance of history of science to philosophy of science. *Journal of Philosophy, 59*, 574-586.

Hatfield, G. (1990). *The natural and the normative.* Cambridge, MA: The MIT Press.

Heidelberger, M. (1993). *Die innere Seite der Natur.* Frankfurt a. M.: Klostermann.

Jansz, J. & van Drunen, P. (Eds.) (2004). *A social history of psychology.* Malden, MA: Blackwell.

Jones, D. & Elcock, J. (2001). *History and theories of psychology: A critical perspective.* London: Routledge.

Kant, I. (1998). *Kritik der reinen Vernunft.* Hamburg: Meiner. (Trabalho original publicado em 1781).

Krüger, L. (1982). History and philosophy of science: A marriage for the sake of reason. In L. J. Cohen, J. Łos, H. Pfeiffer, & K.-P. Podewski (Eds.), *Proceedings of the VI. International Congress for logic, methodology and philosophy of science, Hannover 1979* (pp. 108–112). Amsterdam: North-Holland.

Kuhn, T. (1970). *The structure of scientific revolutions.* 2nd ed. Chicago, IL: The University of Chicago Press.

Kuhn, T. (1977). The relations between the history and the philosophy of science. In T. Kuhn, *The essential tension* (pp. 3–20). Chicago, IL: The University of Chicago Press.

Kusch, M. (1999). *Psychological knowledge: A social history and philosophy.* London: Routledge.

Lakatos, I. (1971). History of science and its rational constructions. *Boston Studies in the Philosophy of Science, 8*, 91-136.

Laudan, L. (1989). Thoughts on HPS: 20 years later. *Studies in History and Philosophy of Science, 20*, 9-13.

Laudan, L. (1996). The history of science and the philosophy of science. In R. C. Olby *et al.* (Eds.), *Companion to the history of modern science* (pp. 47-59). London: Routledge.

Lovett, B. (2006). The new history of psychology: a review and critique. *History of psychology, 9*, 17-37.

Mauskopf, S. & Schmaltz, T. (Eds.) (2012a). *Integrating history and philosophy of science: Problems and prospects.* Dordrecht: Springer.

Mauskopf, S. & Schmaltz, T. (2012b). Introduction. In S. Mauskopf & T. Schmaltz (Eds.), *Integrating history and philosophy of science: Problems and prospects* (pp. 1-10). New York: Springer.

McMullin, E. (1976). History and philosophy of science – a marriage of convenience? *Boston Studies in the Philosophy of Science, 32*, 585-601.

Osbeck, L. & Held, B. (Eds.) (2014). *Rational intuition: Philosophical roots, scientific investigations*. Cambridge: Cambridge University Press.

Pickren, W. & Rutherford, A. (2010). *A history of modern psychology in context*. Hoboken, NJ: Wiley.

Pinnick, C. & Gale, G. (2000). Philosophy of science and history of science: A troubling interaction. *Journal for General Philosophy of Science, 31*, 109-125.

Radder, H. (1997). Philosophy and history of science: Beyond the Kuhnian paradigm. *Studies in History and Philosophy of Science, 28*(4), 633-655.

Robinson, D. (1982). *Toward a science of human nature*. New York: Columbia University Press.

Robinson, D. (2013a). Historiography of psychology: A note on ignorance. *Theory & Psychology, 23*(6), 819-828.

Robinson, D. (2013b). A word more. *Theory & Psychology, 23*(6), 852-854.

Rose, N. (1985). *The psychological complex. Psychology, politics and society in England 1869-1939*. London: Routledge and Kegan Paul.

Rose, N. (1998). *Inventing ourselves: Psychology, power, personhood*. Cambridge: Cambridge University Press.

Smith, R. (1988). Does the history of psychology have a subject? *History of Human Sciences, 1*, 147-177.

Smith, R. (1992). *Inhibition. History and meaning in the sciences of mind and brain*. Berkeley, CA: University of California Press.

Smith, R. (2013). *Between mind and nature. A history of psychology*. London: Reaktion Books.

Steinle, F. & Burian, R. (2002). Introduction: History of science and philosophy of science. *Perspectives on Science, 10*(4), 391-397.

Sturm, T. (2009). *Kant und die Wissenschaften vom Menschen*. Paderborn: Mentis.

Sturm, T. & Mülberger, A. (Eds.) (2012). Psychology. A science in crisis? A century of reflections and debates. *Studies in History and Philosophy of Biological and Biomedical Sciences, 43*, 425-521.

Toulmin, S. (1961). *Foresight and Understanding: An Enquiry into the Aims of Science*. New York, NY: Harper & Row.

Walsh, R, Teo, T., & Baydala, A. (2014). *A critical history and philosophy of psychology*. Cambridge: Cambridge University Press.

Woodward, W. R., & Ash, M. G. (Eds.). (1982). *The problematic science: Psychology in nineteenth-century thought*. New York: Praeger.

Vidal, F. (2011). *The sciences of the soul*. Chicago, IL: The University of Chicago Press.

Woodward, W. (1980). Toward a critical historiography of psychology. In J. Brozek & L. Pongratz (Eds.), *Historiography of modern psychology* (pp. 29-67). Toronto: Hogrefe.

Woodward, W. (1987). Professionalization, rationality, and political linkages in twentieth-century psychology. In M. Ash & W. Woodward (Eds.), *Psychology in twentieth-century thought and society* (pp. 295-309). Cambridge: Cambridge University Press.

Wundt, W. (1862). *Beiträge zur Theorie der Sinneswahrnehmung*. Leipzig und Heidelberg: C. F. Winter.

Wundt, W. (1863). *Vorlesungen über die Menschen- und Thierseele* (2 Vols.). Leipzig: Voß.

Wundt, W. (1866b). *Die physikalischen Axiome und Ihre Beziehung zum Causalprincip*. Erlangen: Enke.

Wundt, W. (1874). *Grundzüge der Physiologischen Psychologie*. Leipzig: Engelmann.

Yaneva, D. (1995). History and philosophy of science rapprochement: Shared methodological framework. *Journal for General Philosophy of Science, 26*, 143-152.

Recepção e circulação: implicações para pesquisas em história da psicologia[1]

Paulo Coelho Castelo Branco
César Rota Júnior
Rodrigo Lopes Miranda
Sérgio Dias Cirino

Além de investigar a relação do passado com o presente, a História da Psicologia se interessa em estabelecer um diálogo entre aquilo que é global e local em uma Psicologia. Uma História da Psicologia que considera o contexto global-local na produção das Psicologias se mostra uma tendência de pesquisa dotada de profícuas reflexões e discussões teóricas e metodológicas. Essa perspectiva convida para um diálogo com aquilo que é global e diversificado na produção e circulação da Psicologia, considerando cada vertente na singularidade de sua esfera local (Danziger, 2006; Pickren, 2009; Pickren & Rutherford, 2010; Baker, 2012; Brock, 2006, 2014). Dessa perspectiva emergem vários questionamentos, como, por exemplo, o que possibilita a migração de uma Psicologia de um local para outro? Quais as condições de produção local para a recepção e a circulação de uma Psicologia?

Uma noção que auxilia a compreender a relação global-local é a de *recepção/circulação*. Nosso objetivo é apresentar este binômio como um recurso para contribuir no debate teórico-metodológico em pesquisas no campo da História da Psicologia. Apresentaremos algumas perspectivas frequentes nos estudos desenvolvidos nos grupos de pesquisa dos quais participamos[2]. Para atingir esse objetivo, o texto se divide em duas seções,

[1] Trabalho desenvolvido com recursos CAPES, CNPq, FAPEMIG e FAPESP (2013/22946-3).

[2] Especificamente os grupos de pesquisa: "Laboratório de Pesquisa e Ensino em História da Psicologia", da Universidade Federal de Minas Gerais (UFMG), e "Estudos em

a saber: (1) fundamentação da noção de *recepção/circulação*; e, (2) implicações dessa noção em pesquisas em desenvolvimento pelos autores deste capítulo. Ao final, estimamos ter apresentado nossa perspectiva de que toda Psicologia é contextual, com influências globais-locais no processo de sua produção e validação.

Fundamentação da noção de recepção/circulação

A locução *recepção/circulação* implica uma forma de abordar um objeto de estudo a ser versado conforme uma pesquisa histórica[3]. Destarte, uma Psicologia pode ser apreendida, em suas variantes, conforme uma teoria, um conceito, uma modalidade de serviço, um espaço de produção de conhecimento, um instrumento, uma técnica, um procedimento de pesquisa, etc. A noção de *recepção/circulação* se refere à migração de uma Psicologia de um local para outro em um determinado período. Ao ser recepcionada essa Psicologia é, necessariamente, reconfigurada face às condições locais de produção. Assim, o conhecimento produzido sobre uma Psicologia pode *circular* de maneira hibridizada, por meio das habilidades e compreensões daqueles que o recepcionaram.

Em específico, a linha de argumentação que baseia o foco de nosso estudo é a de que com o expansionismo da Psicologia no mundo, observa-se um intenso movimento de *recepção/circulação* entre diversas localidades (Danziger, 2006; Pickren, 2012; Pickren & Rutherford, 2010, 2012). Não se trata mais de conceber uma visão tradicional das Psicologias estadunidense e europeia como produtoras de conhecimentos

Psicologia e em Ciências Humanas: História e Memória", da Universidade de São Paulo, Campus Ribeirão Preto (USP-RP). Os dois grupos estão cadastrados no Diretório de Grupos de Pesquisa o Conselho Nacional de Desenvolvimento Científico e Tecnológico (CNPq).

3 É importante ressaltar que existe uma tradição filosófica literária que faz uso da noção de *recepção*. O filósofo alemão Hans Robert Jauss, criador da *Estética da Recepção da Obra Literária*, desenvolveu uma abordagem fenomenológica e hermenêutica do caráter histórico e público da apreciação e elaboração da obra de arte por parte de quem a recebe e produz conhecimento sobre ela, no contexto em que ela é lida (JAUSS, 1972/2002). Também se ressalta que o historiador da Psicologia argentino Alejandro Dagfal tem sido um divulgador das possíveis contribuições do conceito de *recepção* de Jauss para os estudos históricos no campo da psicologia.

originais e as outras localidades como consumidoras e reprodutoras. Trata-se, pois, de reconhecer e investigar uma relação do conhecimento psicológico global com o local, ressaltando que *global* não significa universal ou hegemônico, mas múltiplo e heterogêneo. Cada local constitui um eixo de conhecimento de uma dada Psicologia, que após a sua produção desencadeia um processo de *recepção/circulação* – compreendido por nós como uma via de mão dupla: tanto a Psicologia sofre mudanças em função do contexto local quanto provoca mudanças nesse contexto. Logo, a reflexão sobre a *recepção/circulação* aponta para uma História das Psicologias em suas diversas localidades. Essa perspectiva utiliza uma visada mais global, atenta para as diversidades da Psicologia. Tais diversidades ampliam o foco para o que acontece fora dos centros de fundação de uma Psicologia, dado que a produção do conhecimento no campo da Psicologia não é mera continuação daquilo feito nestes polos.

Entendemos que o processo de *recepção/circulação* de uma Psicologia ocorre no contexto de um movimento de abertura de um público que assimila tal conhecimento e o adapta aos seus modos e contendas locais. *Recepção* é, pois, um termo propício a uma dupla função, pois expressa um sentido ativo e outro passivo que acena para um movimento de apropriação e intercâmbio de ideias (Dagfal, 2004). Para Danziger (1979), esse movimento é um fator intersubjetivo em que um horizonte de expectativas se articula em um interesse intelectual. É um ato duplo que aponta para um efeito produzido pela Psicologia em um público que o recebe; e alude a uma função ativa do receptor que concretiza um sentido para o conhecimento psicológico.

Nessa troca de experiências sobre uma Psicologia, segundo Danziger (1979), os interesses intelectuais envolvidos em tal processo podem ser compreendidos a partir de um prisma histórico e social de *circulação* de conhecimentos. Em suas palavras:

> A reprodução de uma tradição social e intelectual – inseparável da construção de objetos psicológicos – envolve, naturalmente, interesses de significação muito mais amplos do que os interesses particulares que caracterizam a situação específica dos produtores dos objetos psicológicos. Esses interesses mais amplos estão relacionados com a perpetuação de formações sociais gerais em que estão imersas as principais atividades constituintes dos objetos psicológicos (Danziger, 1985, p. 145, tradução nossa).

A *recepção* de conhecimentos oriundos de uma escola[4] psicológica estrangeira, imersa em um *Zeitgeist*[5] específico evoca, portanto, um ecletismo de ideias recebidas. Essas ideias, justapostas, exprimem um horizonte de sentidos e expectativas radicalmente distintos de seu solo originário, pois estão situados em um novo contexto social, cultural e científico.

Diante desse quadro, entendemos o processo de *recepção/circulação* como um movimento em que um determinado conhecimento se torna distinto e híbrido em relação a sua matriz original. No caso da Psicologia brasileira, a despeito da origem epistêmica predominantemente oriunda de diversos países situados ao norte da linha do Equador, como os Estados Unidos da América (EUA), a Alemanha, a França, a Rússia, a Inglaterra etc., as várias teorias e práticas se atualizaram e ganharam contornos específicos que se distinguiram de sua matriz original.

Em suma, as noções mencionadas, ao longo deste tópico, articulam-se em características comuns, proveitosas à História da Psicologia, pois, conforme assinala Dagfal (2004): rompem com as velhas antinomias entre o social e o disciplinar, o externo e o interno; compreendem os problemas históricos em um marco transindividual e intersubjetivo; e aspiram a uma certa objetividade, não ingênua.

Implicações da noção de recepção/circulação em pesquisas historiográficas em psicologia

Apresentamos, a seguir, notas sobre três experiências de estudos distintos, que estão ainda em desenvolvimento, de modo a exemplificar o nosso uso da noção de *recepção/circulação* como recurso de pesquisa em História da Psicologia. Os objetos de estudo exemplificados serão, respectivamente, a caixa de condicionamento operante, o teste Dearborn

[4] O termo *escola* diz respeito a um agrupamento de pesquisadores que, malgrado expressem pensamentos distintos, compartilham um denominador comum em relação a determinado assunto (PENNA, 2000). Este conceito tem sido debatido na contemporaneidade; para os interessados, sugerimos a leitura de Green, Feirener e Burman (2015).

[5] Etimologicamente, *Zeitgeist* significa *espírito de um tempo*. No campo da História e da Epistemologia da Psicologia, o termo *Zeitgeist* alude a um contexto científico que afeta a cultura e a preocupação intelectual de um determinado período histórico (PENNA, 2000).

de inteligência e a noção rogeriana de consciência. Ressaltamos que todos esses exemplos são transversalmente entendidos conforme o uso da noção de *recepção/circulação* de uma Psicologia de um local para outro.

A caixa de condicionamento operante no Brasil: da pesquisa ao ensino em psicologia

A caixa de condicionamento operante[6] foi desenvolvida nos EUA, no início da década de 1930, por Burrhus Frederic Skinner. De acordo com o dicionário de inglês estadunidense Merriam-Webster (s.d.), a caixa de Skinner é "... um aparato de laboratório no qual um animal é utilizado para experimentos em condicionamento operante em que, tipicamente, contem uma barra que deve ser pressionada para que o animal produza reforçamento ou evite punição" (tradução nossa). Keller (1982/1983), colega de doutorado de Skinner e amigo do mesmo, o descreveu durante o doutorado com a caixa de condicionamento operante: "Esse rapaz [Skinner] *tinha uma caixa, dentro da qual tinha uma caixa menor*, dentro da qual ele punha um rato de laboratório faminto" (p. 13, grifos nossos).

O relato de Skinner sobre o desenvolvimento da caixa de condicionamento salienta que sua função era a de viabilizar a pesquisa em psicologia experimental (cf. Skinner, 1956). Entretanto, a caixa de Skinner, ao viajar para o Brasil no início da década de 1960, foi *recepcionada* face às condições locais. Nesse processo de *circulação*, ela foi transformada em um instrumento eminentemente didático. As características materiais salientadas nos EUA, como a caixa dentro de uma caixa, nos ajudará a entender a mudança de função entre seu local de produção original (EUA) e o Brasil no processo de *circulação*.

Skinner, no momento de criação desse instrumento, também produziu um conjunto de aparatos que funcionavam em conjunto com a caixa: o registrador cumulativo[7] e o *rack*[8]. Nos EUA, nessa tríade de

[6] Utilizaremos como sinônimo os termos "caixa de condicionamento operante", "caixa de Skinner" e "caixa".

[7] O registrador cumulativo tem por função registrar graficamente – e ao longo do tempo – as respostas acumuladas do sujeito experimental dentro da caixa de Skinner. O registro gráfico produzido pelo registrador cumulativo é chamado "registro cumulativo".

[8] O *rack* é um conjunto de relês e circuitos elétricos que tem por função programar as condições experimentais nas quais a caixa de Skinner irá funcionar.

aparatos, o registrador cumulativo é o que possui maior valoração pela comunidade de analistas do comportamento. Por exemplo, Keller, ao relembrar o seu período inicial como professor na *Colgate University*, cidade de Hamilton (EUA), salientou que o aparato "mais importante" em seus estudos era o registrador cumulativo: "A coisa mais importante foi Burrhus [Skinner] ter trazido para Hamilton, em 1935, o aparelho que Ralph Gerbrands havia construído para mim" (Keller, 2009, p. 146, tradução nossa). Keller fala do registrador cumulativo especialmente preparado para ele, por Gerbrands, a pedido de Skinner. Outro exemplo, para Lattal (2004): "O registrador cumulativo foi para os primeiros analistas do comportamento aquilo que o microscópio foi para os primeiros biólogos: uma janela para um mundo difícil, se não impossível, de estudar pela observação direta" (p. 329, tradução nossa).

No Brasil, entretanto, o aparato que tem se mostrado de maior destaque é a caixa de condicionamento operante (Cirino, Miranda & Cruz, 2012). Ela foi trazida por Keller, quando de seu ano sabático na USP, cidade de São Paulo, entre 1961 e 1962. Keller (1982/1983), ao iniciar um relato sobre a viagem ao Brasil disse: "Esta é a história de um professor, não de um turista ..." (p. 46). Em 1977, ele escreveu: "Eu venho me dizendo que tenho sido primariamente um professor, mais do que um pesquisador ou autor de livros texto" (Keller, 1977, p. xi, tradução nossa). Esse professor, que acreditava na ciência básica de laboratório, defendia o uso didático do mesmo como forma de treinamento inicial do estudante no campo da experimentação. Sua experiência docente com o laboratório envolvia o uso didático da caixa de Skinner em um curso introdutório de psicologia.

O processo de *recepção* da caixa de Skinner no Brasil se iniciou com um problema inicial: a não-chegada dos instrumentos de laboratório que Keller trouxera para o Brasil. Diante disso eles – Keller, seus estudantes e seus assistentes brasileiros – construíram um equipamento rudimentar que foi utilizado nas aulas práticas até a chegada dos instrumentos industrializados dos EUA:

> ... arrumamos gaiolas de arame em molduras de madeira para fazer delas "caixas" experimentais. Uma barra de arame dobrado foi presa a um suporte de tal modo que sendo uma das extremidades abaixada, a que penetrava na gaiola, faria com que a outra extremidade batesse num retângulo de metal para sinalizar o

> evento. Canetas ou lápis, algum papel milimetrado e um relógio com ponteiro de segundos davam conta dos registros. Um bastão de vidro de misturar "cocktails", tirado rapidamente de um copo d'água e introduzido na gaiola, fornecia reforço ao rato sedento (Keller, 1982/1983, p. 48).

Esse relato nos sugere que o processo inicial de *recepção* brasileira dos instrumentos de Análise do Comportamento ocorreram com uma Caixa de Skinner e de forma *suis generis*. Por exemplo, nesse relato não há menção ao registrador cumulativo. Os aparatos iniciais foram construídos rudimentarmente com o material disponível até a chegada dos artefatos estadunidenses. No relato de Keller (1982/1983), a caixa de Skinner nos EUA "... tinha uma caixa, dentro da qual tinha uma caixa menor, na qual [se] punha um rato de laboratório faminto" (p. 13). O objetivo da "caixa dentro da caixa" era garantir mais controle no experimento. A caixa de fora funcionava como isolante do ambiente externo para garantir que o que ocorria dentro da caixa menor – onde efetivamente o rato estava – era exclusivamente função das manipulações experimentais feitas pelo experimentador. O esforço para o controle experimental da situação também incluía a presença de um "ruído branco" produzido, geralmente, por um rádio fora da estação. Esse ruído mascarava qualquer resquício de som ambiente tornando a "caixa dentro da caixa" um ambiente experimentalmente neutro. Ao experimentador bastava ver as curvas produzidas pelo registrador cumulativo.

Entretanto, o contato dos brasileiros não foi com essa "caixa dentro de uma caixa", mas foi com a adaptação à brasileira. Para o experimentador estadunidense no laboratório de pesquisa era suficiente ver as curvas geradas pelo registrador cumulativo conectado à caixa de Skinner. Entretanto, para os professores e alunos nos laboratórios didáticos brasileiros a situação era outra. No caso dos laboratórios didáticos brasileiros era necessário que o aluno visse o rato durante todo o tempo. Então a "caixa dentro da caixa" não era mais útil. O que estava em jogo era o aprendizado do aluno dos gestos necessários à manipulação das variáveis capazes de modificar o comportamento do rato e, por conseguinte, o aprendizado das leis comportamentais subjacentes.

O processo de adaptação da caixa aos propósitos didáticos nos laboratórios brasileiros contou, em especial, com a participação do brasileiro Mário Guidi, um dos colaboradores de Keller. Guidi desenhou e construiu um novo modelo de caixa de Skinner[9] (Matos, 1998). Nesse processo de *recepção/circulação* a caixa estadunidense que deveria estar ligada a outros aparatos para a realização de pesquisas experimentais se abrasileirou. No país, ela se tornou, via de regra, um instrumento simples para o ensino, contendo: (a) um controlador com alguns botões que regulam a luminosidade; (b) outro controlador atrelado à barra e ao bebedouro, no qual, movendo-se uma chave para cima e para baixo, mudamos o funcionamento do dispensador para automático ou manual; (c) a caixa de condicionamento operante, transparente. No país, nem o registrador e nem o rack se popularizaram. Isso parecer ter relação com a transparência da caixa de Skinner, uma vez que, nesta caixa, o investigador poderia olhar para o rato se comportando e fazer anotações. Ele não precisaria de aparatos que automatizassem o processo. Se pensarmos em um contexto de ensino, o instrutor precisa criar condições para que os estudantes passem a acreditar no comportamento como fenômeno. Um jeito prático de fazer isso é deixar que o estudante veja o sujeito se comportando. Portanto, uma janela ou a transparência da caixa de Skinner faria sentido. Matos nos ajuda nesse ponto, dizendo de suas lembranças como aluna de Keller: "Lembro-me até hoje da sensação, forte e doce, de que, daí por diante, aprenderia não apenas lendo nos livros, mas realizando o que esses livros diziam, e eventualmente podendo até a vir a realizar coisas não escritas!" (p. 92) Se a "janela" para o comportamento, nos EUA, era o registrador cumulativo, no Brasil, ela se tornou a caixa de Skinner.

Recepção/circulação dos testes de inteligência na Escola de Aperfeiçoamento de Professores de Belo Horizonte, entre 1929-1946

Entre as características do processo da *recepção/circulação* dos testes psicológicos no mundo destacam-se os inúmeros processos de tradução e adaptação à realidade de cada país e localidade. A pesquisa em curso tem buscado compreender parte desse processo com base na

9 Esta construção se deu no âmbito da Fundação Brasileira para o Desenvolvimento do Ensino de Ciências (FUNBEC).

experiência do uso dos testes de inteligência a partir de seus usos na Escola de Aperfeiçoamento de Professores de Belo Horizonte.

Tomamos aqui o Teste de Dearborn[10] como exemplo. Primeiro, porque foi um dos primeiros testes a serem traduzidos por Helena Antipoff no Laboratório de Psicologia da Escola de Aperfeiçoamento e, segundo, por termos encontrado documentos e escritos que nos possibilitam traçar não apenas o percurso do teste, mas também minúcias do dito processo, como de tradução e adaptação à realidade mineira do período.

Em texto de Helena Antipoff, datado de 1931, a autora afirma ter sido o Teste de Dearborn o segundo a ter sido adaptado pelo Laboratório de Psicologia à realidade das escolas mineiras. Neste primeiro momento, o mesmo "... foi aplicado pelas professoras-alunas da Escola de Aperfeiçoamento. Desde o mês de novembro de 1929 até o mês de abril de 1930, em 2.464 crianças de Belo Horizonte, na idade de 6 a 16 anos" (Antipoff, 1931/2002, p. 97).

A autora descreve o teste como sendo de aplicação coletiva, com média de aplicação de 30 a 35 crianças por sala. O teste era aplicado sempre por duplas de professoras-alunas da Escola de Aperfeiçoamento, a fim de garantir que as condições de aplicação fossem precisas e que as instruções dadas às crianças fossem rigorosamente seguidas. As aplicadoras dispunham de cópia impressa das instruções do teste, na tentativa de garantir a fidedignidade dos dados coletados (Antipoff, 1931/2002). Ela o descreve da seguinte forma:

> O teste é constituído por 17 exercícios, aos quais o autor dá o nome de jogos e problemas desenhados (*Games and Picture Puzzles*). Ele se faz nas condições de um teste coletivo. Cada criança recebe uma folha policopiada, na qual está impressa uma série de desenhos. Todas as instruções são dadas de viva voz pelo experimentador, que deve apresentar o trabalho às crianças sob uma forma interessante e viva, seguindo, todavia, estritamente a técnica indicada pelo autor. A duração da experiência não é limitada a um

[10] Publicado originalmente por Walter Feno Dearborn, nos EUA, no ano de 1922, pela *Educational Test Bureau*, era composto de duas séries: Série I, para estudantes de primeiro a terceiro anos e Série II, para estudantes do quarto ao décimo segundo ano. A Série I, por sua vez, era composta por duas partes, A e B, que deveriam ser aplicadas, nesta ordem, e possuíam um caráter complementar, sendo o resultado final a somatória de ambos.

> tempo fixo, mas, para passar de um teste da série ao seguinte, o experimentador deve guiar-se pelo trabalho executado por 3/4 das crianças da classe. Esse tempo varia, portanto, nas classes superiores ou inferiores, em que a rapidez do trabalho é consideravelmente maior ou menor. Para execução desse teste a criança pode ser analfabeta; ela deverá saber unicamente empunhar o lápis para desenhar formas simples (p. 95).

Poucas diferenças foram percebidas entre a publicação original e esta encontrada na pesquisa no arquivo em Belo Horizonte. É notável que, apesar de serem os mesmos subtestes, as figuras são ligeiramente diferentes, o que também é indicativo de alterações que vieram ocorrendo durante o processo de *circulação* do instrumento. É possível notar, por exemplo, a diferença nos subtestes 13 e 14, em que as moedas e selos, estadunidenses na edição original e brasileiros na aplicada na Escola de Aperfeiçoamento, como pode ser visto na Figura 1.

Parte da folha de aplicação (EUA) — Parte da folha de aplicação (Brasil)

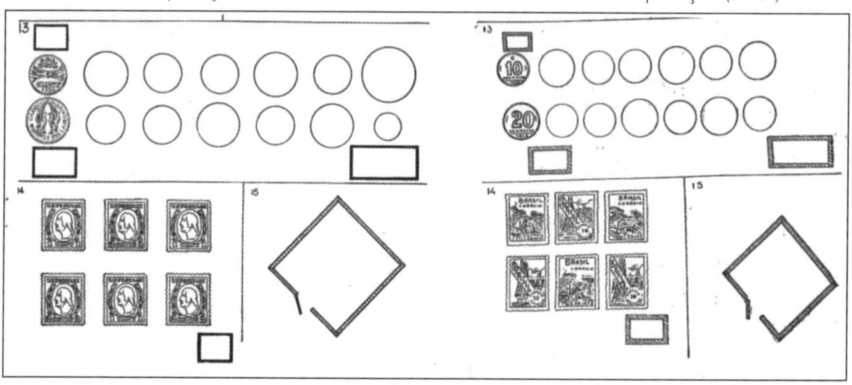

Figura 1 – Partes da folha de aplicação do Teste de Dearborn, edições em inglês e em português.

Fonte: Sala Helena Antipoff (Caixa A1-3, Pasta 07)
(http://www.uakron.edu/chp/archives/)

Nota-se que as moedas de 10 e 20 centavos apresentam data de 1945, na edição brasileira. Não nos foi possível averiguar com precisão a data da folha de aplicação encontrada nos arquivos, mas esse fato nos indica, ainda que de forma aproximada, essa data. Para além disso, existem trechos das instruções do teste original que não estão presentes nas instruções da edição mineira, e vice-versa. Outros são traduções literais. Temos também indícios de que apenas a parte A, da Série I, foi utilizado em Belo Horizonte, o que indicaria uma alteração importante em relação ao teste original.

Porém, outro documento[11], datado de 1932, pertencente aos documentos pessoais de Helena Antipoff, que descreve as instruções de correção do Teste de Dearborn levanta importante ponto.

> Visto o resultado pouco satisfatório da aplicação do teste de Dearborn, feito em 1929, nos grupos da Capital e de novo feita no corrente ano [1932], foi verificado que a técnica (*traduzida do francês*) não havia sido adaptada ao nosso meio, tornando-se, por isso, de difícil interpretação para as nossas crianças (s.p., grifo nosso).

Assim, nossa tese, baseada no argumento feito por Danziger (2006), é que nas décadas de 1920 e 1930 os EUA estavam deixando a posição de periferia e tornando-se um dos centros de produção de medidas de inteligência e uma referência na área de mensuração psicológica para outros países, inclusive o Brasil.

Como sustentação desse argumento, pudemos encontrar outros textos, publicados na década de 1930, em Belo Horizonte, produtos dos usos dos testes nas escolas mineiras, que indicam a utilização do Teste de Dearborn em francês. Um deles, escrito por Helena Antipoff e publicado em 08 de dezembro de 1929, intitulado *A instalação do Museu da Criança como recurso pedagógico*, em que a autora descreve as primeiras pesquisas realizadas pelo Laboratório de Psicologia, nos possibilita esse indício:

> Estalonagem[12] de um teste coletivo, de inteligência global para as idades inferiores. Trata-se de uma adaptação de um teste americano de Dearborn, *que já aplicamos em Genebra* e que nos tem dado resultados eficazes para o diagnóstico das crianças fracas e fortes. 1.400 meninos e meninas foram examinados. A técnica do teste e as normas para apreciação poderão ser dadas, em breve, às pessoas interessadas (ANTIPOFF, 1929/1992, p. 13, grifos nosso).

[11] Sala Helena Antipoff (Caixa A1-3, Pasta 07, Documento 03).

[12] O termo *estalonagem* aparece com frequência nos textos da década de 1930 e tratam do processo de controle estatístico de um teste, produto de sua aplicação em uma amostra populacional específica, próximo do que atualmente é chamado de padronização.

Dessa forma, entre o global e o local, buscamos analisar o processo de *circulação* dos testes de inteligência nesse período, a partir da apreensão das características que estes passam a ter em virtude dos locais onde foram utilizados, para além dos aspectos formais de tradução. Em termos globais, nota-se uma passagem da aplicação clínico-individual original, no teste Binet-Simon, aos testes coletivos, sobretudo a partir da sua passagem pelos Estados Unidos (Martin, 1997). Em termos locais, tendo sido possível identificar, nas formas de utilização dos testes em Belo Horizonte, marcas dessa *circulação*.

Recepção/circulação da noção rogeriana de consciência no Brasil: do funcionalismo a fenomenologia

O processo de *recepção/circulação* da Psicologia de Carl Rogers no Brasil é marcado por dois momentos. No primeiro, percebe-se certa constância entre o pensamento rogeriano e a sua prática clínica; no segundo, ocorrem algumas críticas sobre a falta de consistência social e fenomenológica da teoria e prática de Rogers, ocasionando outras elaborações do seu legado à luz da Fenomenologia. O exame da noção rogeriana de consciência possibilita, pois, uma análise dos processos de *recepção/circulação* da teoria e prática da Psicologia de Rogers no Brasil.

Rogers se doutorou em Psicologia Clínica e Educacional pela Universidade de Columbia, em 1928, sob a orientação de Leta Hollingworth (uma psicóloga funcionalista discípula de James Cattell) e William Kilpatrick (um filósofo pragmatista discípulo de John Dewey), desenvolvendo um inventário traço e fator para auxiliar diagnósticos sobre desajustamentos psicossociais de crianças. Na obra *O tratamento clínico da criança problema* (1938), por exemplo, é possível encontrar diversos elementos funcionalistas no trabalho rogeriano com o aconselhamento psicológico na teoria traço e fator.

Rogers, entretanto, repensou sua abordagem clínica elaborando uma perspectiva não-diretiva de aconselhamento psicológico, posteriormente desenvolvida na Universidade de Chicago[13] sob a égide da

[13] Ressalta-se que as Universidades de Chicago e de Columbia são consideradas os berços do funcionalismo estadunidense. Na Universidade de Chicago, Rogers desenvolveu pesquisas sobre processos clínicos de mudança de personalidade e do comportamento.

psicoterapia centrada no cliente e, em momento mais tardio, sob a alcunha de uma abordagem centrada na pessoa (ACP)[14]. Nesse percurso, Rogers desenvolveu uma perspectiva interventiva com elementos funcionalistas e pragmatistas em seus construtos teóricos e práticos. Em síntese, a herança funcionalista de Rogers (1951/1992, 1959/1977, 1977/2001) se encontra no argumento de que a consciência é uma função evoluída do organismo que opera de modo a simbolizar (significar) tudo aquilo que se passa na experiência da pessoa. A consciência emerge a partir de uma tensão entre o organismo e o ambiente e tem a operação epistêmica de reconhecer o que a gera para direcionar as autorregulações do organismo.

Alguns psicólogos brasileiros estudaram com Rogers e seus colaboradores, como Mariana Alvim e Henrique Justo (apenas para mencionar dois), ao passo que, nos anos de 1940 até 1980, observou-se uma expansão do pensamento rogeriano no Brasil em diversos cursos de graduação, especialização e formação nos estados de São Paulo, Rio de Janeiro, Brasília, Rio Grande do Sul, Pernambuco e Ceará. Na década de 1970 ocorreram, também, às primeiras traduções de alguns livros de Rogers para o português. Nessa conjuntura, Rogers e os seus colaboradores visitaram o Brasil em três momentos - em 1977[15], 1978 e 1985 - para ministrar palestras e facilitar grupos terapêuticos (Gomes, Holanda & Gauer, 2004).

Havia, pois um contexto favorável à *recepção/circulação* do pensamento rogeriano no Brasil, ao passo que se desdobraram alguns trabalhos e publicações de Rogers em colaboração com alguns psicólogos brasileiros, como Rachel Rosenberg, Maria Villas-Boas Bowen, Antônio Monteiro dos Santos e Afonso Fonseca.

Na década de 1980, alguns autores brasileiros, começaram a criticar o pensamento rogeriano apontando-o com americanizado, individualista e desatinado para as querelas sociais. Nesse período, começou um movimento de revisão crítica dos aportes rogerianos à luz da filosofia fenomenológica chancelada, sobretudo, pelo pensamento de Maurice

[14] A locução *abordagem centrada na pessoa* se refere ao trabalho de Rogers com facilitação terapêutica de grupos e de processos de aprendizagem de alunos. Por ser uma perspectiva mais ampliada do que as cercanias clínicas, Rogers abandonou o termo *psicoterapia centrada no cliente.*

[15] É possível encontrar uma entrevista de Rogers concedida a Revista Veja, no ano de 1977. Há uma versão on-line, disponível em: http://www.encontroacp.psc.br/site/entrevista-carl-rogers/

Merleau-Ponty. No período aludido, foram defendidas algumas dissertações e teses[16] que elaboraram esse assunto e, posteriormente, foram publicadas em livros (Amatuzzi, 1989; Moreira, 2001, 2007). Contudo, é interessante notar que em nenhuma obra de Rogers há qualquer elaboração consistente à Fenomenologia de Merleau-Ponty[17].

A partir da década de 1980 em diante, observa-se uma mudança de entendimento em relação à noção rogeriana de consciência, quando se transporta as noções merleau-pontyana de carne, fala e mundo-da-vida (*Lebenswelt*). A Fenomenologia, ao contrário do funcionalismo rogeriano, entende que a consciência se vincula a uma correlação intencional que articula diversos atos psíquicos com os fenômenos do mundo. Ou seja, embora o pensamento rogeriano meneie para uma perspectiva de consciência funcional que precisa de um organismo para se ancorar, a Fenomenologia concebe, pois, a consciência como intencional e transcendental, ou seja, não restrita a um organismo para existir.

Sobre o movimento de crítica e superação da Psicologia rogeriana a partir da Fenomenologia, John Keith Wood, um colaborador de Rogers que residiu no Brasil e, de 1985 a1990, foi professor titular do Programa de Pós-Graduação em Psicologia Clínica da na PUC-Campinas, pontua.

> Há uma tendência desconcertante na América do Norte e do Sul de tentar mostrar que a psicoterapia de Rogers não é 'fenomenológica'. ... Contudo, a suposição perturbadora nesses projetos é que a fenomenologia é 'bom' e o que não é isso é 'mal'. Uma doutoranda numa universidade na América do Sul, por exemplo,

[16] Apontamos os trabalhos de Virginia Moreira intitulados *Limites da Abordagem Centrada na Pessoa Carl Rogers* (Dissertação defendida na UFC, em 1984) e *Para além da pessoa: estudo crítico da psicoterapia de Carl Rogers* (Tese defendida na PUC-SP, em 1990); mencionamos, ainda, o trabalho de Mauro Martins Amatuzzi, intitulado *O resgate da fala autêntica: uma aproximação filosófica da tarefa do psicoterapeuta e do educador* (Tese defendida na UNICAMP, em 1989).

[17] Cabe ressaltar que foi Max Pagès, um psicólogo francês que se doutorou com Rogers, na década de 1950, que pioneiramente apontou algumas lacunas sociais no pensamento rogeriano e indicou a Fenomenologia como uma possibilidade de superação. Essa ideia chegou ao Brasil, em 1976, com as traduções de duas obras de Pagès, a saber, *Orientação não diretiva em psicoterapia e psicologia social* (1965) e *A vida afetiva dos grupos: esboço de uma teoria da relação humana* (1968). O pensamento de Pagès é, frequentemente, citado por muitos autores brasileiros da época (Moreira, 2007).

> concluiu uma tese declarando que Rogers, por não ter 'uma atitude fenomenológica', compromete sua prática em psicoterapia. Uma acusação muito estranha. ... É possível que a postura de Rogers não tenha sido 'fenomenológica', que sua teoria tenha sido incompleta, ou mesmo errada, que sua filosofia seja vaga. No entanto, ... mais importante que tudo, ele era um terapeuta *eficaz*. Sua terapia de forma alguma ficou comprometida por qualquer fenomenologismo que lhe possa ter faltado (Wood, 2008, p. 257, grifos do autor).

A perspectiva de uma leitura fenomenológica do legado Rogers ocasionou uma fase entendida como pós-rogeriana (Moreira, 2010), com uma vasta produção teórica e prática reconhecida nacionalmente e internacionalmente (Frota, 2012). Considera-se, portanto, que a aproximação de Rogers com a Fenomenologia pode ser entendida como problemática, de um ponto de vista epistêmico se considerada a questão da consciência e da falta de menções e referências de Rogers a filósofos fenomenológos. Contudo, se percebido com as lentes de uma dimensão histórica em contexto (Pickren & Rutherford, 2010), em relação à *recepção/circulação* da teoria e prática da ACP no Brasil, desvela-se um olhar mais compreensivo as diacronias, potencialidades e possibilidades de tal aproximação e sustentação de uma Psicologia pós-rogeriana.

Considerações finais

Neste texto, elaboramos uma intelecção introdutória sobre aspectos teóricos da noção de *recepção/circulação* a partir de diferentes perspectivas teóricas que tem sido recorrentes em nosso trabalho. Além disso, apresentamos três apontamentos para estudos em História da Psicologia a partir de excertos de pesquisas em desenvolvimento.

Primeiro. A apropriação da noção de *recepção/circulação* em pesquisas historiográficas se trata de uma atitude crítica concernente à oportunidade de pôr novamente em discussão aquilo que parece óbvio a uma comunidade acadêmica, ao repercorrer o caminho que conduziu a propagação de uma Psicologia de um lugar para outro e suas incorporações locais. Nesse sentido, proporciona-se a recapitulação de algumas reflexões concernentes à historiografia da Psicologia, a saber: continuidade-descontinuidade; presentismo-historicismo; internalismo-externalismo;

etc. Estes versos e reversos não são independentes uns dos outros e devem ser considerados em uma pesquisa de rigor.

Segundo. A noção de *recepção/circulação* abaliza um diálogo entre o eixo original de surgimento da Psicologia estudada e sua expansão para outro local, sendo possível assinalar suas (des)continuidades e hibridizações. Essa perspectiva reforça a ideia de mudança do conhecimento a partir da sua dispersão de uma cultura para outra e das condições que possibilitaram a sua apropriação; além disso, explana a existência de uma história local que não é mera extensão de um centro, pois elucida um horizonte de ideias distintas e singulares ao seu pensamento de origem.

Terceiro e último. É preciso reconhecer as limitações metodológicas deste capítulo. O que pretendemos aqui foi apresentar uma introdução ao conceito de *recepção/circulação* a partir de nossas experiências de pesquisa. Portanto, fizemos seleções de autores e diálogos teóricos. Trabalhos futuros devem apresentar outros diálogos que tem sido produzidos – com a História da Ciência ou com a História Cultural –, uma vez que as pesquisas que subjazem a este texto ainda estão em desenvolvimento e, seus autores, continuam refletindo sobre a temática. Esperamos, entretanto, ter apresentado nossa compreensão de que toda Psicologia é contextual, com influências locais no processo de sua produção e validação; além de introduzir os conceitos de *recepção* e *circulação* como promissoras chaves-de-leitura em História da Psicologia no país.

Referências

Amatuzzi, M. (1989). *O resgate da fala autêntica: filosofia da psicoterapia e da educação.* Campinas, SP: Papirus.

Antipoff, H. (1992). A instalação do Museu da Criança como recurso pedagógico. Em CDPHA (Org.), *Coletânea das obras escritas de Helena Antipoff: fundamentos da Educação* (Vol 2.,pp. 11-14). Belo Horizonte: Imprensa Oficial de Minas Gerais. (Original publicado em 1929).

Antipoff, H. (2002). O desenvolvimento mental das crianças de Belo Horizonte. Em R. Campos (Org.), *Helena Antipoff: textos escolhidos* (pp. 83-125). São Paulo: Casa do Psicólogo; Brasília: Conselho Federal de Psicologia. (Original publicado em 1931).

Baker, D. B. (Org.). (2012). *The Oxford handbook of the history of psychology: Global perspectives*. New York: Oxford University Press.

Brock, A. (2006). Introduction. Em A. Brock (Ed.), *Internationalizing the history of psychology* (pp. 01-15). New York: New York University Press.

Brock, A. (2014). What is polycentric history of psychology? *Estudos e Pesquisas em Psicologia, 14*(2), 646-659. Acesso em 20 de março de 2015, em http://www.e-publicacoes.uerj.br/index.php/revispsi/article/view/12565

Caixa de Skinner (s.d.). Em *Merriam-Webster online dictionary*. Acesso em 01 de abril, 2015, em http://www.merriam-webster.com/dictionary/skinner%20box

Cirino, S., Miranda, R. & Cruz, R. (2012). The beginnings of behavior analysis laboratories in Brazil: a pedagogical view. *History of psychology, 15*(3), 263-272. doi: 10.1037/a0026306.

Dagfal, A. (2004). Para una «estética de la recepción» de las ideas psicológicas. *Frenia*, IV(2), 07-16.

Danziger, K. (1979). The social origins of modern psychology: Positivist sociology and the sociology of knowledge. Em A. R. Buss (Org.), *The social context of psychological theory: Towards a sociology of psychological knowledge* (pp. 27-45). New York: Irvington.

Danziger, K. (1985). Towards a conceptual framework for a critical history of psychology. Em H. Carpintero & J. M. Peiro (Orgs.), *Psychology in its historical context: Essays in honour of J. Brozek* (pp. 99-107). Valência, Espanha: Monografias de la Revista de Historia de la Psicologia.

Danziger, K. (2006). Universalism and indigenization in the history of modern psychology. Em A. Brock (Org.), *Internationalizing the history of psychology* (pp. 208-225). New York: New York University Press.

Frota, A. (2012). Origens e destinos da abordagem centrada na pessoa no cenário brasileiro contemporâneo: reflexões preliminares. *Revista da Abordagem Gestáltica, 18*(2), 168-178.

Gomes, W., Holanda, A. & Gauer, G. (2004). História das abordagens humanistas em psicologia no Brasil. Em Massimi, M. (Org.). *História da psicologia no Brasil do Século XX* (pp. 105-129). São Paulo: E.P.U.

Green, C. D., Feirener, I. & Burman, J. T. (2015). *Searching for the structure of early American psychology: Networking Psychological Review, 1894–1908. History of Psychology*, 18(1), 15-31. doi: 10.1037/a0038406

Jauss, H. (2002). *Pequeña apología de la experiencia estética* (D. Inneraty, Trad.). Barcelona: Ediciones Paídos. (Original publicado em 1972).

Keller, F. S. (1977). *Summers and sabbaticals: Selected paper on Psychology and Education*. Champaign: Research Press Company.

Keller, F. S. (1983). *Aprendendo a ensinar: Memórias de um professor universitário*. São Paulo: EDICON. (Original pulicado em 1982).

Keller, F. S. (2009). *At my own pace: The autobiography of Fred S. Keller*. New York: Sloan Publishing.

Lattal, K. A. (2004). Steps and pips in the history of the cumulative recorder. *Journal of Experimental Analysis of Behavior*, 82(3), 329-355. doi: 10.1901/jeab.2004.82-329.

Matos, M. A. (1998). Contingências para a Análise do Comportamento no Brasil. *Psicologia USP*, 9(1), 89-100.

Martin, O. (1997) *La mesure de l'esprit. Origines et dévelopments de la psychométrie 1900-1950*. Paris: L'Harmattan. (Colection Histoire des Sciences Humaines).

Moreira, V. (2001). *Mas allá de la persona: hacia una psicoterapia fenomenologica mundana*. Santiago: Editorial Universidad de Santiago de Chile.

Moreira, V. (2007). *De Carl Rogers a Merleau-Ponty: a pessoa mundana em psicoterapia*. São Paulo: Annablume.

Moreira, V. (2010). Revisitando as fases da Abordagem Centrada na Pessoa. *Estudos de Psicologia (Campinas), 27*(4), 537-544. doi.org/10.1590/S0103-166X2010000400011.

Penna, A. G. (2000). *Introdução à epistemologia*. Rio de Janeiro: Imago.

Pickren, W. (2009). Indigenization and the history of psychology. *Psychological Studies*, 54, 87-95. doi: 10.1007/s12646-009-0012-7.

Pickren, W. (2012). Waters of march (Águas de março): Circulating knowledge, transforming psychological science and practice. Em E. Lourenço., R. Assis. & R. Campos (Orgs.), *História da psicologia e contexto sociocultural: Pesquisas contemporâneas, novas abordagens* (pp. 17-46). Belo Horizonte: PUC Minas.

Pickren, W. & Rutherford, A. (2010). *A history of modern psychology in context*. Hoboken: Wiley.

Pickren, W. & Rutherford, A. (2012). Rumo a uma história global da psicologia. Em S. Araújo (Org.), *História e filosofia da psicologia: Perspectivas contemporâneas* (pp. 57-66., G. Castanon & S. Araújo, Trads.). Juiz de Fora: UFJF.

Rogers, C. (1977). Teoria e pesquisa. Em C. Rogers & M. Kinget, *Psicoterapia e relações humanas: teoria e prática da terapia não-diretiva* (Vol.1., 2a ed., pp. 143-282., M. Bizzoto, Trad.). Belo Horizonte: Interlivros. (Original publicado em 1959).

Rogers, C. (1992). *Terapia centrada no cliente* (M. J. Ferreira, Trad.). São Paulo: Martins Fontes. (Original publicado em 1951).

Rogers, C. (2001). *Sobre o poder pessoal* (W. Penteado, Trad.). São Paulo: Martins Fontes. (Original publicado em 1977).

Skinner, B. F. (1956). A case history in scientific method. *The American Psychologist*, 11(5), 221-233. doi: 10.1037/h0047662.

Wood, J. K. (2008). *Abordagem Centrada na Pessoa* (4a ed). Vitória: EDUFES.

A biografia na historiografia da psicologia: questões teóricas e metodológicas preliminares

Robson Nascimento da Cruz

Ao final do século XX, a biografia se tornou o mais popular de todos os gêneros literários (Bowker, 1993). Para intérpretes da história da biografia isso significa que estaríamos vivendo, nas três últimas décadas, na *era da biografia* (Bowker, 1993; Kusek, 2014). A popularidade de tal gênero se tornou tão expressiva, que o próprio uso do termo biografia foi ampliado para além das fronteiras de sua definição tradicional como a narrativa da história de vida de homens ou mulheres. Títulos como "A biografia de uma árvore", "a biografia de um olho", "a biografia do casamento vitoriano", "a biografia de um país" exemplificam a extensão que os usos do termo biografia adquiriram, ao final do século XX (Shortland & Yeo, 1992).

A despeito da popularidade, e das novas configurações do gênero biográfico, um aspecto tem perpassado toda a história da escrita biográfica, a saber, a ênfase na celebração dos chamados grandes homens da história: Jesus, Alexandre, Napoleão (Shortland, 1988). Todavia, isso não significa, como a crítica do gênero biográfico tem sugerido, o total apagamento, na história da biografia, de sujeitos à margem da sociedade (Gittings, 1978; Loriga, 2001). Do mesmo modo, embora a estrutura da narrativa biográfica apresente historicamente elementos equivalentes, como o recurso a outros textos biográficos e autobiográficos, as origens familiares como ponto de partida, a influência das origens de classe social, o papel central dos traumas e dos momentos-chave da vida do biografado ou biografada, essa estrutura também nunca foi monolítica e tem apresentado variações ao longo do tempo. Nessa perspectiva, como Smith e Watson (2010) sugerem, a escrita biográfica deve ser interpretada como um fenômeno que sempre se redefiniu à medida que crenças epistemológicas e morais, de determinadas épocas e contextos sociais, estabeleceram os limites e as possibilidades dos modos de escrita da vida.

Nos campos de interesse deste capítulo – a historiografia da ciência, e a historiografia da psicologia –, é notável que a produção biográfica seja também perene, ao longo, sobretudo, da história moderna. Igualmente, observa-se nessa produção uma quantidade expressiva de biografias de baluartes da ciência como Newton, Darwin e Einstein; e ainda que seja observada transformações, nas últimas três décadas, a biografia científica seria o subgênero biográfico no qual a manutenção da história dos grandes homens mais prevaleceu. Isso significou, historicamente, entre outras coisas, que o gênero biográfico, na história da ciência, se manteve até muito recentemente "intocado pelas evoluções filosóficas e históricas, oferecendo narrativas obsoletas de heroísmo, abnegação e devoção ao dever" (Shortland & Yeo, 1996, p. 2). Transformações concretas nas narrativas biográficas da ciência apenas seriam notáveis a partir da década de 1970, quando uma série de críticas expuseram as deficiências da história dos grandes homens, gerando assim ambiente para o surgimento de novas formas de biografias científicas na literatura especializada da historiografia da ciência.

Considerando esse quadro de mudanças o objetivo deste capítulo foi apresentar e discutir, de forma preliminar, as transformações e debates sobre a escrita biográfica na historiografia da ciência e seus impactos na historiografia da psicologia. Da mesma forma, foi objetivo deste capítulo ilustrar um exemplo concreto da influência de tais transformações na construção de uma narrativa biográfica de um expoente da psicologia. Para tanto, apresento os usos que fiz, especialmente, de fontes autobiográficas e biográficas, em uma pesquisa acerca vida acadêmica e profissional do psicólogo experimental estadunidense B. F. Skinner.

A biografia na historiografia da ciência

No século XIX e durante quase todo o século XX, a biografia foi concebida como inexpressiva fonte para a história[1]. Mais do que não se

[1] As considerações tecidas neste texto acerca do gênero biográfico são estendidas ao gênero autobiográfico. Tal abordagem se deve à semelhança entre os diferentes conceitos

comunicarem, biografia e história apresentavam antagonismos profundos. A biografia era compreendida como saber subjetivista e desprovido de erudição; a história, por sua vez, era apreciada como ciência objetiva e culta (Dosse, 2009). Por muito tempo, em virtude de tais diferenças, o gênero biográfico permaneceu menosprezado como fonte de saber na história e demais ciências humanas e sociais (Dosse, 2009; Loriga, 2011). Todavia, a partir da década de 1980, importante mudança ocorreu nesse cenário. As ciências humanas e sociais redescobriram a biografia como "um gênero que a razão gostaria de ignorar" (Dosse, 2009, p. 16)[2]. Um dos motivos que tornou o gênero biográfico como legítimo objeto de estudo é uma singularidade que antes o desqualificava: suas inúmeras possibilidades de classificação. Este atributo antes pejorativo, na história positivista e estruturalista de parte significativa do século XX, se tornou uma prerrogativa da biografia, por torná-la fonte favorável a diálogos, antes inimagináveis, com a história e outras áreas do conhecimento (Dosse, 2009; Loriga, 2011).

Ao mesmo tempo, o gênero biográfico adquiriu crescente valor e foi compatibilizado com o projeto teórico e metodológicas das ciências humanas e sociais de utilizar a história de vida como fonte capaz de auxiliar na análise das complexas relações entre a díade sujeito-sociedade.

de biografia, autobiografia, narrativa de vida, história oral e história pessoal, os quais, a despeito de terem suas especificidades, subordinam-se metodologicamente às mesmas normas que definem a forma como as vidas têm sido escritas durante a longa história do Ocidente. Para Denzin (1989), os elementos mais comuns e equivalentes entre os diferentes modos de escrita de uma vida são: 1) textos biográficos são escritos em referência a "outros" textos biográficos e autobiográficos; 2) tais escritos conferem relevância às influências de gênero e de classe; 3) as origens familiares são o ponto de partida da história biográfica e autobiográfica; 4) as biografias apresentam definições de momentos-chave da vida do biografado; 5) textos biográficos contêm a concepção de que as pessoas são reais e possuem vidas reais; e 6) existem demonstrações verdadeiras que distinguem o relato biográfico e autobiográfico da ficção. Ademais, tratar a autobiografia e a biografia como gêneros semelhantes é permitido, porque ambas são escritas com o pressuposto de que a história de vida, mesmo a do próprio autor, é passível de ordenação e significação (DENZIN, 1989).

2 Apesar da desvalorização do gênero biográfico nas ciências humanas e sociais, Denzin (1989) lembra que isso não significou seu total desprezo histórico. Como exemplo do uso desse tipo de fonte, o autor recorda o valor conferido à biografia nas pesquisas realizadas pelos sociólogos e psicólogos sociais da Escola de Chicago, na primeira metade do século XX.

Sobre isso, no final da década de 1950, Mills (1959/2009) prenunciou a guinada da biografia, que aconteceria nas décadas seguintes, ao afirmar que "nenhum estudo social que não voltar para os problemas da biografia, da história e de suas interseções dentro de uma sociedade não completou sua jornada intelectual" (p. 6).

Na historiografia da ciência, diferentemente de outras áreas das ciências humanas e sociais, o gênero biográfico sempre teve espaço garantido. Seu papel foi, sobretudo, o de preâmbulo ao ensino de conteúdos científicos por meio da exposição de hagiografias de eminentes cientistas (Greene, 2007). Ou seja, uma das funções que desqualificou o gênero biográfico durante muito tempo, a saber, seu caráter excessivamente cerimonial e disciplinar, foi – e ainda é – desempenhada na história da ciência (Nye, 2006; Popkin, 2005). Entretanto, em consonância com as supracitadas transformações nas ciências humanas e sociais, no âmbito da produção especializada da historiografia da ciência, o gênero biográfico começou a ser reavaliado criticamente, a partir do final da década de 1970.

Em texto clássico sobre o início do debate crítico da produção biográfica da ciência, Brush (1974) chamou atenção para o paradoxo existente no uso tradicional da biografia, especialmente, no ensino de ciência. Tal paradoxo é assim descrito: quase sempre as biografias científicas teriam o papel de acentuar que ilustres cientistas – Einstein, por exemplo – alcançaram notáveis realizações porque, de forma criativa, invalidaram, parcial ou totalmente, regras canônicas da ciência e estabeleceram seus próprios princípios científicos. Todavia, ao mesmo tempo em que tal literatura exalta a postura transgressora dos cientistas exemplares, ela apregoa para o neófito, enfaticamente, que a prática científica desejável é resultado do seguimento rígido e meticuloso de regras formais. Ao reavaliar a persistência histórica do paradoxo anunciado por Brush (1974), Green (2007) argumenta que o uso tradicional das biografias científicas mantém a ideia de que a vida dos grandes nomes da ciência é incompatível com a vida dos demais cientistas, pois constituída apenas de desempenhos extraordinários. Como resultado, a maioria dos estudantes seria condenada a imaginar a vida de eminentes cientistas de forma sempre idealizada, uma vez que as biografias daqueles seriam repletas de descrições de performances incomparáveis com aquelas do cotidiano da prática científica.

Por outro lado, no cenário emergente da produção especializada de biográficas científicas, escrita por historiadores da ciência, a partir da década de 1980, o que se observa são propósitos diferentes daqueles presente nos escritos biográficos de manuais científicos e outros textos de introdução à ciência. Consonante com as transformações do gênero biográfico, historiadores da ciência principiaram a incluir elementos até então ausentes nas tradicionais biografias científicas (Porter, 2006; Terrall, 2006). Dentre esses elementos estariam os processos de sociabilidade envolvendo as relações informais no cotidiano das instituições acadêmicas; o apoio financeiro experimentado, ou não, ao longo da carreira dos cientistas; a estrutura das instituições científicas; as relações dos cientistas com outras esferas da sociedade; a construção de lideranças científicas; a aceitação social da ciência; e as disputas internas na comunidade científica (Jo Nye, 2006; Popkin, 2005).

A biografia na historiografia da psicologia

Na historiografia da psicologia, o recurso à narrativa biográfica seguiu caminho similar ao que lhe foi conferido na história da ciência. Primeiramente, compactuou-se com o que desqualificava esse tipo de narrativa nas ciências humanas e sociais: o excesso de comemoração e a celebração de determinados personagens (Ball, 2012; Runyan, 2006). Ao avaliar o livro que se tornou a principal referência da história da psicologia na primeira metade do século XX, *A History of Experimental Psychology* (1929), do psicólogo experimental Edward Boring, Kuhn (1989) classificou tal obra como exemplar de uma historiografia da ciência eminentemente disciplinar, produzida por cientistas para cientistas. O que significava que na história da psicologia empreendida por Boring havia espaço apenas para uma história interna da evolução de métodos e teóricas, como resultado necessário da surpreendente capacidade individual de determinados homens. Porém, assim como a tradicional historiografia da ciência, essa versão da historiografia da psicologia – que foi disseminada para o ensino de psicologia em nível mundial e se tornou a versão oficial da história da psicologia em grande parte do século XX – principiou a sofrer inúmeras críticas a partir das décadas de 1960 e 1970 (Pickren & Rutherford, 2010).

Censuras às orientações internalistas e positivistas da história da psicologia, como aquelas presentes na obra de Boring, surgiram com a prática de psicólogos-historiadores. Psicólogos dedicados, total ou parcialmente, à investigação da história da psicologia (Vaughn-Blount, Rutherford, Baker & Johnson, 2009). Essa nova geração de psicólogos-historiadores introduziu categorias sociais na historiografia da psicologia; o que se deu por meio da crítica à história oficial e ao seu papel na manutenção de estruturas sociais dominantes, resultando no desvelamento de fatores até então tratados, escassamente, como componentes da história da psicologia. Entre os aspectos que foram incorporados às novas tendências historiográficas da psicologia, estão o controle econômico e político; as relações de gênero, raça e classe social; a estrutura colonialista na expansão da psicologia no século XX; e o tratamento de sujeitos e grupos marginalizados – inclusive envolvidos na produção do conhecimento psicológico –, como foi o caso da supressão quase total da atuação de mulheres na história dessa ciência (Kendler & Kendler, 2003; Pickren & Rutherford, 2010; Vaughn-Blount *et al.*, 2009). A implicação de tal panorama de críticas foi que, nas três últimas décadas, "proclamando serem as mais recentes histórias da psicologia muito internas e *presentistas* em sua orientação, a nova geração de psicólogos-historiadores almejou se tornar mais historicista em seus escritos" (Ball, 2012, p. 73).

Consequências quase inevitáveis da nova configuração da historiografia da psicologia foram a censura e o patrulhamento ideológico da biografia dos chamados grandes homens da psicologia. Em razão disso, a produção biográfica foi percebida com desconfiança e descrédito, visto que representava aquilo que era criticado: o heroísmo e a consagração (Ball, 2012). Embora justificável, o excesso de fiscalização ideológica sobre a produção biográfica dos grandes homens da psicologia acabou por impedir a aplicação da crítica que era direcionada àquela produção (Ball, 2012).

Impactos das críticas à produção biográfica da psicologia são observados concretamente somente ao final da década de 1980, e não derivam apenas da mencionada retomada do gênero biográfico nas ciências sociais e humanas, mas do gradual efeito das críticas sociais à psicologia e à sua historiografia. Portanto, são recentes as tentativas de reconstrução da imagem histórica de eminentes nomes da história da psicologia. Mais recentes ainda são biografias de sujeitos antes excluídos da história da área, como mulheres, praticantes da psicologia oriundos de países periféricos e psicólogos e psicólogas representantes de minorias sociais.

Amostras do novo cenário de produção biográfica da psicologia são encontradas em biografias de nomes como Freud (Gay, 1989), Pavlov (Todes, 2014), Lacan (Roudinesco, 1994), Watson (Buckley, 1989), Piaget (Ratcliff, 2010) e Skinner (Bjork, 1996). Para além das suas peculiaridades, estas novas biografias têm em comum o tratamento da vida e da obra de personagens, consagrados na história da psicologia, como parte de quadros sociais diversificados, entendendo-se que as realizações científicas desses indivíduos não se explicam apenas com referências à construção lógica e interna dos seus sistemas psicológicos. Ainda mais atuais são as narrativas de vidas de praticantes da psicologia excluídos da história oficial dessa ciência. Alguns exemplos são a análise biográfica da experiência de enfrentamento da estrutura política e institucional da universidade canadense pela primeira geração de psicólogas do Canadá (Gul *et al.*, 2013), a biografia – ainda em construção – do psicólogo latino-americano Martín-Baró (Portillo, 2012) e a produção de autobiografias de psicólogas e psicólogos negros, no contexto da universidade estadunidense (White; Williams & Majzler, 2011).

Embora introdutório, todo esse panorama da produção biográfica na historiografia da psicologia, propicia uma noção das transformações na escrita da vida na psicologia, nas três últimas décadas. A seguir, de modo a exemplificar as novas possibilidades de pesquisa biográfica na historiografia da psicologia, apresento como se deu a operacionalização de um estudo biográfico que realizei sobre a vida acadêmica e profissional de B.F. Skinner (Cruz, 2013). Além de expor como a pesquisa biográfica sobre um importante nome da história da psicologia pôde ser realizada sem adesão ao ideal dos grandes homens, discuto os prováveis efeitos, na construção da narrativa de vida de Skinner, de um aspecto metodológico central no debate atual sobre a pesquisa biográfica, a saber, o papel desempenhado pelas relações entre a história de vida do biógrafo e do biografado.

A pesquisa biográfica como resultado parcial da vida do biógrafo

Um dos maiores temores metodológicos da pesquisa histórica residiu – e ainda reside – na influência da vida do historiador no processo de escrita da história. Tal medo se remete ao ideal moderno, ainda remanescente, de objetividade e neutralidade do historiador, que deveria, a todo custo, retratar a história da maneira mais fiel possível ao contexto histórico investigado, sem qualquer vestígio de influência, especialmente, da sua subjetividade. Essa concepção, que teve seu ápice com o advento do positivismo histórico, entre a segunda metade do século XIX e o início do século XX, tem sido dissolvida ao longo do último século, em virtude da consciência, cada vez mais crítica, de que a história é uma prática permeada de influências políticas, econômicas, sociais e, necessariamente, pessoais[3].

Tal percepção das relações entre história e historiador, incidiu, nas últimas décadas, na produção biográfica da ciência, em especial, no que diz respeito às influências da história de vida do biógrafo sobre a escrita da história de vida do biografado (Denzin, 1989; Govoni, 2014; Moore, 1996). De modo geral, a discussão sobre este aspecto tem sugerido que, em vez de ser um empecilho indesejável e intransponível para a pesquisa biográfica, assumir tal relação é uma saída metodológica profícua para qualquer pesquisa biográfica, visto seu valor reflexivo e instrumental na realização de tal empreendimento.

No caso da biografia científica, esse aspecto tem sido tratado de modo a evidenciar como as experiências pessoais e profissionais-acadêmicas do historiador-biógrafo – incluindo-se aqui os efeitos do gênero, classe social e raça – incidem na construção da narrativa de vida de um cientista. Note-se como exemplo das relações entre biógrafo e biografado, as primeiras tentativas de construção de biografias de mulheres cientistas, a partir da década de 1970. Até então excluídas da história oficial da ciência, biografias de mulheres cientistas apenas principiaram a ser escritas quando outras pesquisadoras, de diferentes campos do conhecimento, e historiadoras das ciências – preocupadas em compreender como as relações de gênero influenciavam suas próprias carreiras – se interessaram pela vida e pela obra de mulheres, até então apagadas da história da ciência (e.g., Keller, 1977). Para Govoni (2014), o que está em questão neste exemplo, é a premissa de que toda narrativa biográfica, de modo consciente ou inconsciente, é, em alguma

[3] Para um debate sintético sobre a história da historiografia, no século XX, ver Reis, 1999, e Carbonell, 1987).

medida, permeada pela história de vida do autor ou autora da narrativa. Moore (1996) exemplifica, de forma ainda mais objetiva, como a história de vida do biógrafo teria função durante o processo de escrita de uma biografia científica. Lembra, assim, como seu trabalho como um dos principais biógrafos de Darwin, esteve vinculado a sua história de vida. Sobre isso afirmou:

> Minha busca por Darwin tornou-se altamente pessoal. Eu compreendi isso totalmente somente anos mais tarde, depois de ler a obra-prima metabiográfica de Richard Holmes passo a passo. Holmes descreveu um processo de uma cognição histórica composta por três aspectos que correspondeu ao meu próprio processo (Moore, 1996, p. 272).

Desses três aspectos, Moore (1996, p. 272) cita a identificação "ingênua e apenas meio consciente" com Darwin. Nas suas palavras:

> Eu também era um ex-aluno de teologia que não havia conseguido entrar na igreja e se alienou de seu pai por mudar de carreira. Eu tinha visitado a América do Sul, explorado pampas e selvas e vagado pelos Andes. Eu tinha me mudado para Londres como um jovem e me tornado pai de uma menina. Meu pai morreu na minha ausência, como havia acontecido com Darwin e assim por diante (Moore, 1996, p. 272).

A menção do papel da história de vida do biógrafo se faz aqui relevante, pois designa um aspecto metodológico central no tratamento que dispensei à ampla e diversificada autobiografia de Skinner: o fato de que muitos dos critérios que orientaram minha escolha e o tratamento de informações existentes em tal fonte resultaram de interesses derivados da minha história de vida acadêmica, profissional e pessoal. Em outros termos, minha história de vida incorreu nos modos de leitura, seleção, organização e análise de uma pesquisa biográfica, na qual a principal fonte primária foi a narrativa autobiográfica de um cientista distante em termos temporais e geográficos.

Uma conclusão apressada que surge quando se assume que a história de vida do historiador-biógrafo incide diretamente na pesquisa biográfica é a de que tal procedimento resultaria em relativismo ingênuo e um subjetivismo perigoso; por conseguinte, na ausência de qualquer rigor e objetividade. Todavia, sugiro que foi justamente na tomada de consciência dessa relação e no seu uso reflexivo e prático, que estabeleci critérios bem demarcados para compor uma narrativa da qual emergiu uma objetividade histórica satisfatória, como tentarei mostrar a seguir.

A minha autobiografia como norte metodológico para análise da vida de Skinner

A autobiografia de Skinner (1979, 1984a, 1984b) é talvez o mais extenso (mais de mil e duzentas páginas) relato autobiográfico escrito e publicado por um cientista. Seria também, talvez, o relato autobiográfico da ciência mais ousado, visto a impressionante exposição da vida privada feita por Skinner, algo parcamente presente em autobiografias científicas (Guttman, 1980). Além disso, outro aspecto singular do texto autobiográfico de Skinner é a diversidade de informações relativas à diferentes dimensões da sua vida pública. Igualmente, a estrutura narrativa autobiográfica de Skinner apresenta outra característica singular: a ausência de qualquer divisão em capítulos ou tópicos. O que leva o leitor, que entra em contato pela primeira vez com aquele texto, a experimentar a sensação de total desordem autobiográfica (Coleman, 1987). Tal atributo, que por si só, merece uma investigação, indica uma dificuldade inerente no tratamento da autobiografia de Skinner: apreender uma estruturada narrativa aos moldes tradicionais.

É preciso dizer, contudo, que a difusão da escrita autobiográfica de Skinner se mostrou apenas aparente para mim. Ou seja, à medida que lia e categorizada, ainda de forma imprecisa, aquele texto, a aparente desorganização se desfazia. Mais precisamente, à medida que seleciona determinadas informações que se repetiam no texto, padrões históricos e temáticos emergiam, representando uma lógica interna que não se abstraía facilmente de uma leitura não sistematizada daquela fonte. Foi nesse sentido, que minhas primeiras leituras da autobiografia de Skinner foram marcadas pela surpresa com a quantidade de informações relativas ao cotidiano acadêmico, seus efeitos sobre a prática científica e a produção intelectual daquele cientista. Surpresa intensificada pela constatação de que aqueles tipos de informações, além de não serem frequentes em autobiografias de nomes como Freud, Einstein e Darwin, foram repudiadas, por esses, como algo indesejável para compreender suas realizações acadêmicas (Shotland & Yeo, 1996).

Ao constatar que aquelas informações compunham um padrão histórico, passível de ser mapeado, o passo seguinte foi selecionar e classificar todas as passagens referentes às relações sociais de Skinner, no universo acadêmico. O que propiciou a identificação mais objetiva de descrições autobiográficas que compunham um quadro histórico com começo, meio e fim parcialmente definidos. Em outros termos, o procedimento forneceu a base para a observação de que a aparente confusão descritiva da autobiografia de Skinner, quando organizada por meio de categorias temáticas relativas, nesse caso, a sua vida acadêmica, permitia a abstração de padrões históricos específicos, capazes de fornecer elementos para a construção de um quadro histórico que não se percebia de maneira evidente na própria autobiografia de Skinner. Procedimento descrito em detalhes, ainda neste capítulo.

Como mencionado, a minha atenção na leitura da autobiografia de Skinner foi fortemente determinada pela identificação de todo e qualquer aspecto autobiográfico referente ao cotidiano da ciência. Tal procedimento, a princípio pouco consciente, resultou parcialmente da minha história acadêmica e pessoal. Enquanto aluno de graduação vivenciei aquilo que Charles Pierce Snow (1959) denominou de as "Duas Culturas". Grosso modo, essa expressão refere-se às ciências humanas e ciências naturais como dois modos de vida incompatíveis. A sucinta menção a existência das "*Duas culturas*" auxilia contextualizar minha trajetória na história e epistemologia da psicologia: a inserção em duas culturas psicológicas. Ou seja, desde a graduação, realizei estágios e monitorias, ocupei cargos acadêmicos e profissionais e realizei pesquisas históricas em duas áreas da psicologia, que representam duas culturas científicas: a psicologia experimental e a psicologia social. A primeira área representante da cultura científica das ciências naturais e a segunda área – especialmente no caso brasileiro –, das humanidades.

A formação híbrida e, à primeira vista, incompatível teve como consequência positiva a oportunidade de observar os diferentes modos de organização da psicologia experimental e da psicologia social. Todavia, o trânsito em duas áreas, para muitos totalmente divergentes, me situou ao mesmo tempo na posição de um *insider* e de um *outsider* em ambos os campos do conhecimento. Apesar dessa posição nem sempre confortável, uma vez que a psicologia, assim como qualquer outra comunidade científica da psicologia, exige comprometimento, às vezes quase religioso, às convenções filosóficas, metodológicas, teóricas e ideológicas declaradas e não declaradas, existentes em suas diferentes abordagens, meu foco na história da psicologia propiciou oportunidade de vinculação àquelas duas culturas. Contudo, a vivência na fronteiras entre aquelas dois grupos produziu o efeito esperado em qualquer homem ou mulher que transite em grupos sociais com códigos de conduta tão diferentes: o excesso de auto-observação e excesso de observação daqueles ambientes supostamente tão antagônicos. Efeito dessa vivência em duas culturas científicas foi o crescente interesse acadêmico pelas formas de sociabilidade entre os praticantes da psicologia social e psicologia experimental. Não por acaso, meu mestrado foi sobre a organização social da psicologia social e meu doutorado sobre a organização social da vida acadêmica de Skinner e de sua ciência. Porém, apenas gradualmente, obtive a consciência de que os modos de seleção, organização e posterior análise da vida de Skinner refletiam experiências que eram correlatas aquelas que sempre chamaram atenção no meu cotidiano acadêmico; como o papel do reconhecimento na vida dos cientistas, os efeitos do apoio financeiro, as formas de sociabilidade nas diferentes áreas e abordagens psicológicas, as relações informais naqueles ambientes, o controle coercitivo não declarado nos grupos científicos, a distribuição de crédito no interior daqueles grupos, entre outros aspectos.

Grosso modo, foi assim que minha história de vida teve função metodológica e instrumental quando da pesquisa da história de vida de Skinner. Fenômeno que se tornou mais evidente quando considerado que, nos anos que antecederam meu ingresso no curso de psicologia, minhas leituras foram quase exclusivamente restritas à perfis e biografias, especialmente, de filósofos e cientistas. Interesse intensificado durante minha graduação, com a diferença, de ser, a partir de então, direcionado, para figuras históricas da psicologia, mormente alguns de seus expoentes: Freud, Jung, Rogers e, claro, Skinner.

Também determinante dos modos de leitura da autobiografia de Skinner e de outras fontes biográficas e autobiográficas utilizadas em minha pesquisa, foi minha aproximação teórica da história da ciência. Sobre isso, destaco o contato com o livro *A Estrutura das Revoluções Científicas*, de Thomas Kuhn (1962). A leitura de tal obra, ainda no segundo ano de graduação, produziu forte mudança na minha percepção sobre o funcionamento da ciência. Em resumo, a análise psicossocial proposta por Kuhn mostrou-me que a ciência – supostamente, o empreendimento humano mais racional de todos – era permeado, em sua estrutura, por controles sociais nunca declarados e totalmente ignorados pelas análises formais da ciência, e, por sua vez, por parte considerável da comunidade científica. O efeito desse quadro de entrelaçamento de interesse pessoal, acadêmico e teórico por uma análise histórica, social e biográfica da ciência, foi o crescente objetivo em compreender como a história individual dos cientistas poderia ser incorporada ao tipo de análise da ciência, como aquela proposta por Kuhn e por outros historiadores da ciência preocupados com as relações presentes no universo científico, mas que desconsideravam o papel da história de vida do cientista em suas interpretações (Söderqvist, 2007).

Mas é preciso dizer que, em um primeiro momento, a consciência crescente das relações – cada vez mais evidentes – entre minha trajetória e meu estudo biográfico de Skinner foi um empecilho à realização daquela pesquisa, porque violava o ideal de objetividade, enfatizada especialmente em minha formação, especialmente, no campo da análise do comportamento. Não por acaso, o sentimento de desonestidade intelectual era recorrente e surgiu como um alerta para influência negativa que meu trabalho poderia sofrer ao adotar procedimentos que tinham origem parcial em minha história de vida. Contudo, o contato com leituras metodológicas sobre a pesquisa biográfica e os próprios rumos conscientes e inconscientes, que minha pesquisa tomava, muitas vezes, aparentemente improváveis e supostamente indesejáveis, começaram a ser vistos como metodologicamente coerentes para a elaboração da minha tese. Afinal, era inevitável que minha história de vida influenciasse meus procedimentos e análises, como veremos a seguir.

O lado prático da pesquisa biográfica ou o artesanato da construção de uma vida na ciência

Uma narrativa histórica somente se inicia após o historiador ter vislumbrado, mesmo que de forma inacabada, um quadro geral sobre a história que pretende escrever (Kuhn, 1989). Minha investigação, a propósito, teve início após a constatação de um quadro geral com início, meio e fim parcialmente definidos, que permitiram a escrita de uma história da trajetória pessoal e profissional de Skinner, e da organização social da sua ciência, entre meados da década de 1920 e o final da década de 1960. Cronologia correspondente ao ingresso de Skinner no doutorado em psicologia e sua decisão em aposentar. Fase também correspondente ao período da organização da primeira comunidade científica identificada com sua abordagem psicológica. Tal quadro foi delineado com as primeiras leituras não sistematizadas dos três volumes da autobiografia de Skinner (1979, 1984a, 1984b), de relatos autobiográficos da primeira geração de analistas do comportamento nos Estados Unidos, e mais recentemente, pelo acesso ao arquivo pessoal de Skinner, na universidade de Harvard.

As leituras de todas essas fontes foram orientadas pela progressiva identificação de informações alusivas às relações sociais de Skinner, no cotidiano informal da vida acadêmica. De modo mais preciso, sensibilizou-me a descrição autobiográfica de Skinner referente a eventos pertencentes à esfera microssocial da ciência. Entres os aspectos, presente no texto autobiográfico de Skinner, que sinalizavam a possibilidade de mapear o quadro histórico pretendido, cito a quantidade significativa de informações referentes ao cotidiano informal da ciência vivenciado por aquele cientista dentro da estrutura de importantes instituições universitárias estadunidenses.

Contudo, o reconhecimento de que os relatos autobiográficos de Skinner proviam base para o desenvolvimento de uma tese biográfica não definiu, desde o princípio, uma hipótese a ser corroborada. Afinal, desse modo, seria como se houvesse uma interpretação finalizada da história antes mesmo de iniciar a investigação. Na realidade, o desenvolvimento da análise biográfica da vida acadêmica de Skinner se deu pelo intermédio de dois fatores. Primeiramente, a pressuposição de que aspectos desprezados nas explicações tradicionais da prática científica – como aqueles relacionados à vida cotidiana dos cientistas no ambiente institucional da universidade – afetam o desenvolvimento da ciência. Em segundo lugar, o trabalho indutivo de análise desses elementos, amplamente presentes, de modo fragmentado, na autobiografia de Skinner e nas demais fontes utilizadas.

Em termos práticos, a primeira tarefa foi então categorizar os três volumes da autobiografia de Skinner. As principais categorias derivadas desse procedimento foram "as condições e relações institucionais de Skinner", "a relação entre Skinner e o principal divulgador de sua ciência, o também psicólogo experimental Fred S. Keller", "a compreensão de Skinner acerca do conhecimento psicológico", "o reconhecimento acadêmico e público de Skinner", "o isolamento científico de Skinner", "os impactos pessoais e institucionais da rejeição da sua ciência", "o isolamento dos praticantes da análise do comportamento", "a preferência de Skinner por relações informais no cotidiano acadêmico", "os mecanismos de organização social e de institucionalização da análise do comportamento", "as relações com a comunidade não behaviorista" e "os mecanismos de controle social declarados e não declarados entre os praticantes da ciência skinneriana". Essas categorias, estabelecidas no decurso da leitura das fontes, geraram subcategorias à medida que novas informações pertinentes foram encontradas.

A segunda fase da pesquisa teve a função de localizar, em fontes primárias e secundárias, como outros homens e mulheres, descreveram suas participações nos episódios mencionados por Skinner. Isso ocorreu da seguinte forma: assim que concluí a categorização da autobiografia de Skinner, principiei a pesquisa de fontes primárias e secundárias – especialmente relatos biográficos e autobiográficos – de pessoas mencionadas no relato de vida de Skinner. Por exemplo, em diferentes passagens de sua autobiografia, Skinner fez referências ao papel do psicólogo experimental Edward Boring em sua trajetória acadêmica. Em seguida à organização dessas referência, pesquisei nos escritos autobiográficos de Boring e nos textos biográficos sobre este psicólogo, como ele se posicionou com respeito a sua relação acadêmica com Skinner.

O propósito era a elaboração de um quadro histórico amplo, em que a versão historiográfica resultante não derivasse exclusivamente dos relatos autobiográficos de Skinner. Assim, o mesmo evento histórico foi mapeado sob diferentes prismas, criando-se a oportunidade para interpretações inexistentes sobre a obra e a vida de Skinner, e nas quais suas relações sociais aparecem como partes decisivas dos rumos da sua ciência e trajetória acadêmica.

Considerações finais

Este capítulo, ainda que de forma introdutória, expõe o cenário de transformações nos usos e avaliações do gênero biográfico da ciência que incidiram na escrita biográfica da psicologia atual. Essas mudanças revelam um panorama de críticas às tradicionais biografias, naquela ciência, e a emergência de duas novas tendências nos modos de narrar a vida dos praticantes da psicologia. A primeira, composta pela escrita da história de vida de psicólogos e psicólogas até então excluídos e apagados da história da psicologia; e a segunda, configurada pela reescrita biográfica dos chamados grandes homens daquela ciência. É assim que novas biografias de nomes como Piaget, Freud e Pavlov, para falar apenas de algumas, denotam o esforço de contextualizar vida e ciência, como elementos entrelaçados dentro de quadros históricos e sociais complexos.

Além da crítica da tradição e da emergência das novas tendências biográficas da ciência, indicamos o surgimento de avaliações metodológicas no campo biográfico da ciência. O que este debate metabiográfico sugere é que os critérios para a pesquisa biográfica dependem de condições sociais, históricas e pessoais responsáveis por delimitar as possibilidades de narrar uma vida. Assim, qualquer defesa da neutralidade, na escrita biográfica, mais do que ser ilusória, seria prejudicial, porque impediria o controle reflexivo que o biógrafo precisaria ter sobre seu trabalho à medida que identifica e assume as diferentes influências, inclusive, e sobretudo, de sua história de vida, na escrita biográfica da ciência.

Finalmente, a distância entre a produção especializada do gênero biográfico na ciência e a produção biográfica empreendida com fins disciplinares, deve ser vista como sintomática de um problema central para todo o campo historiográfico da ciência atual, a saber, o baixo impacto da história especializada da ciência na pedagogia científica. No caso específico da história da psicologia, esse problema é notável na parca penetração da produção especializada da área, nos cursos de graduação. O que poderia ser amenizado pelo uso da nova produção biográfica da área, que de forma atraente e acessível mostra a conjugação daquilo que muitas vezes aparece de modo extremamente técnico e abstrato na literatura da historiografia da ciência: as inextricáveis relações entre história individual e história social no âmbito científico.

Referências

Ball, L.C. (2012). Genius without the Great Man: new possibilities for the historian of psychology. *History of Psychology*, 15(1), 72-83.

Bjork, D.W. (2006). *B. F. Skinner*: A life. Original publicado em 1993. New York: Sheridan Books.

Bowker, G. (1993). The Age of Biography is upon us. *Times Higher Education Supplement*, 8, january, 9.

Brush, S.G. (1974). Should the History of Science Be Rated X? *Science*, 183(4130), 1164-1172.

Buckley, K.W. (1989). *Mechanical Man*: John Broadus Watson and the Beginnings of Behaviorism. New York: Guilford Press.

Cerullo, J.J. (1996). Skinner at Harvard: Intellectual or mandarin? In: Smith, L.D.; Woodward, W.R. (eds.). *B. F. Skinner and behaviorism in American culture*. Cranbury, NJ: Associated University Presses. pp. 215-236.

Carbonell, C.O. (1987). *Historiografia*. Lisboa: Editoral Teorema.

Coleman, S.R. (1987). Quantitative Order in B.F. Skinner's Early Research Program, 1928-1931. *The Behavior Analyst*, 10, 47-65.

Cruz, R.N. (2013). *B. F. Skinner e a vida científica*: uma história da organização social da análise o comportamento. Tese (Doutorado em Psicologia) - Departamento de Psicologia, Universidade Federal de Minas Gerais.

Denzin, N. (1989). *Interpretative Biography*. Newbury Park: Sage Publications.

Dosse, F. (2009). *O desafio biográfico*: escrever uma vida. São Paulo: Edusp.

Gay, P. (1989). *Freud*: uma vida para nosso tempo. São Paulo: Companhia das Letras.

Gittings, R. (1978). The nature of biography. University of Washington Press.

Greene, M.T. (2007). Writing Scientific Biography. *Journal of the History of Biology*, 40(4), 727-759.

Govoni, P. (2014). Crafting Scientific (Auto) Biographies. In: Govoni, P.; Franceschi, Z. *Writing about Lives in Science*. V& R: Unipress, Goettingen, p. 7-30.

Gul, P., Korosteliov, A., Caplan, L., Ball, L.C., Bazar, J.L., Rodkey, E.N., et. al. (2013). Reconstructing the experiences of first generation women in Canadian psychology. *Canadian Psychology/Psychologie canadienne*, 54(2), 94-104.

Guttman, N. (1980). Book Reviews: The Shaping of a Behaviorist: Part Two of an Autobiography. *Journal of the History of the Behavioral Sciences*, 16(3), 287-290.

Jo Nye, M. (2006). Scientific biography: history of science by another means? *Isis*, 97, 322-329.

Keller, E.F. (1977). The Anomaly of a Woman in Physics. In: Ruddick, S.; Daniels, P. (ed.). *Women Writers, Artists, Scientists, and Scholars Talk About Their Lives and Work*. New York: Pantheon. pp. 71-91.

Kendler, H.H., & Kendler, T.S. (2003). A woman's struggle in academic psychology (1936-2001). *History of Psychology*, 6 (3), 251-66.

Kuhn, T.S. (1989). A tensão essencial. Original publicado em 1977. Tradução de R. Pacheco. Lisboa: Edições 70. (Biblioteca de Filosofia Contemporânea)

Kuhn, T.S. (2006b). *A estrutura das revoluções científicas*. Original publicado em 1962. São Paulo: Editora Broch. (Coleção Debates-ciência)

Kusek, R. (2014). Introduction. The Age of Authors, the Age of Biography. Kraków: Jagiellonian University Press. pp. 11-24.

Loriga, S. (2011). *O pequeno x*: da biografia à história. Tradução de F. Scheibe. Belo Horizonte: Autêntica.

Mills, C.W. (2009). *Sobre o artesanato intelectual e outros ensaios*. Original publicado em 1959. Rio de Janeiro: Jorge Zahar.

Moore, J. (1996). Metabiographical reflections on Charles Darwin. In: Shortland, M.; Yeo, R. (ed.). *Telling Lives in Science*: Essays of Scientific Biography. pp. 268-281.

Pickren, W.E.; Rutherford, A. (2010). *A history of modern psychology in context*. New Jersey: Wiley & Sons.

Popkin, J.D. (2005). *History, Historians & Autobiography*. Chicago: The University of Chicago Press, 2005.

Porter, T.M. (2006). Is the Life of the Scientist a Scientific Unit? *Isis*, 97, 314-321.

Portillo, N. (2012). The life of Ignacio Martín-Baró: a narrative account of a personal biographical journey. *Peace and Conflict*: Journal of Peace Psychology, 18(1), 77-87.

Prost, A. (2008). *Doze lições sobre a história*. Belo Horizonte: Autêntica Editora.

Reis, J.C. (1999). *A história entre a filosofia e a ciência*. São Paulo: Ática.

Ratcliff, M.J. (2010). *Bonjour Monsieur Piaget*: images d'une vie: images of a life. Paris, France: Somogy editions d'art.

Roudinesco, E. (1994) *Jacques Lacan*: esboço de uma vida, história de um sistema de pensamento. São Paulo: Companhia das Letras.

Runyan, W.M. (2006). Psychobiography and the Psychology of Science: Understanding Relations Between the Life and Work of Individual Psychologists. *Review of General Psychology*, 10(2), 147-162.

Shortland, M. (1988). Exemplary lives: a study of scientific autobiographies. *Science and Public Policy*, 15, 170-179.

Shortland M.; Yeo, M. (1996). *Telling lives in science*: Essays on scientific biography. Cambridge: Cambridge.

Skinner, B.F. (1979). *The shaping of behaviorist*: part two of an Autobiography. New York: Alfred A. Knopf.

Skinner, B.F. (1984a) *Particulars of my life*: part one of an Autobiography. New York: University Press.

Skinner, B.F. (1984b). *A matter of consequences*. New York: University Press.

Smith, S., & Watson, J. (2010). *Reading Autobiography:* A guide for interpreting life narratives. University of Minnesto Press.

Snow, C. P. (1959/1963/1995). *As duas culturas e uma segunda leitura*: uma versão ampliada das duas culturas e a revolução científica. Tradução de Geraldo Gerson de Souza e Renato de Azevedo Rezende Neto. São Paulo: Editora Universidade de São Paulo.

Söderqvist, T. (2007). No Genre of History Fell Under More Odium than that of Biography: The Delicate Relations between Scientific Biography and the Historiography of Science", in Söderqvist, Thomas ed., *The History and Poetics of Scientific Biography*, Aldershot, Ashgate, p. 241 - 262

Terrall, M. (2006). Biography as Cultural History of Science. *Isis*, 97, 306-313.

Todes, D. (2014). *Ivan Pavlov*: A Russian Life in Science. Oxford: Press.

Vaughn-Blount, K., Rutherford, A., Baker, D. & Johnson, D. (2009). History's mysteries, demystified: becoming a psychologist-historian. *American Journal of Psychology*, 122, 117-129.

White, A.M., Williams, R.L., & Majzler, R.D. (2011). What Makes a Distinguished Black Psychologist? An Empirical Analysis of Eminence. *Journal of Black Psychology*, 37(2), 131-163.

As relações entre psicologia e história na perspectiva da psicologia histórica: contribuições para a história e historiografia da psicologia

Maria Fernanda Waeny

As relações entre história e psicologia têm sido abordadas por vários pesquisadores ao longo do tempo. É possível circunscrever essas relações em alguns tipos: como relações de contribuição, na qual os dados, documentos e pesquisas de uma área podem ser úteis para a outra área; como relações de dependência entre as duas áreas, seja devido à intersecção entre história e memória, à dimensão psíquica dos fatos históricos e/ou o caráter histórico dos fenômenos psíquicos; como ausência de relação e/ou de diálogo, em parte porque os teóricos de uma área não reconhecem os princípios e métodos da outra; como relações de convergência cujo princípio norteador foi obtido de alguma outra teoria (como psicanálise ou marxismo) e/ou autor (como Pierre Bourdieu, Michel Foucault ou Kenneth Gergen); como relações de hierarquia entre as duas áreas e as respectivas abordagens delas decorrentes, conforme a ênfase recaia história (história das mentalidades) ou na psicologia (psicohistória, psicologia histórica). Deste modo, os motivos do interesse pelas relações entre as duas áreas, assim como as análises e conclusões, adquirem nuances e posicionamentos teóricos que são conformes à conjugação dos diferentes fatores históricos e conceituais implicados na análise dessa relação.

Para analisar as formas desta relação reuniram-se textos com história e psicologia no título, artigos lidos por ocasião de pesquisas em história da psicologia (Antunes, 1989; Araujo, 2012; Mancebo, 2004; Massimi, 1994; Massimi; Campos & Brozek, 1996) e em psicologia histórica (Danziger, 2010; Febvre, 1978; Jaraba, 2009; Lévy-Valensi, 1965; Penna, 1987 e 1991; Richelle, 2002; Vernant, 1965a; Waeny, 2003); a pesquisa em bases de dados e na internet (Bastos, 2003; Mello,

2007; Ramos, 2007; Silveira, 2007; Strazzieri *et al.*, 2001) e a inclusão dos textos de Goblot (1965, citado por Penna, 1991) e Horkheimer (1968, citado por Ramos, 2007) complementam a seleção inicial.

A leitura desses textos permitiu estabelecer duas classificações complementares entre si: de um lado, categorizou-se os motivos que os autores alegaram para se interessarem pelas relações entre psicologia e história; de outro, agrupou-se os autores, teorias e abordagens citados nesses mesmos textos. Alguns autores (como Febvre, Meyerson, Van den Berg, Foucault, Mandrou) e abordagens teóricas (como teoria crítica, psicologia histórica, mentalidades, psicanálise) foram mencionados em mais de um dos textos analisados; para este texto, porém, será dado destaque à psicologia histórica de Ignace Meyerson.

Esta ênfase justifica-se porque, além do interesse pessoal pelo tema, psicologia histórica foi mencionada em onze dos vinte e um textos selecionados (Danziger, 2010; Febvre, 1978; Goblot, 1965; Jaraba, 2009; Lévy-Valensi, 1965; Massimi, Campos & Brozek, 1996; Penna, 1987; Penna, 1991; Richelle, 2002; Vernant, 1965a; Waeny, 2003); e destes onze textos apenas Danziger (2010), Febvre (1978) e Jaraba (2009) mencionaram psicologia histórica sem se referir a Meyerson; ou seja, dos onze textos com menções à psicologia histórica, oito deles citaram Ignace Meyerson.

Para cumprir o objetivo proposto este texto explicita os motivos do interesse pelas relações entre história e psicologia; analisa os autores e abordagens mencionados e os confronta com a psicologia histórica e a proposta meyersoniana; e por fim tece alguns comentários finais sobre as possíveis contribuições da psicologia histórica e da proposta de Ignace Meyerson para a pesquisa em história e historiografia da psicologia.

Motivos do interesse pelas relações entre história e psicologia

Os motivos que os autores alegaram para escrever sobre as relações entre psicologia e história, e respectivas justificativas, são muito distintas entre si: ora os motivos alegados se baseiam em parâmetros e critérios oriundos de diferentes origens teóricas e/ou históricas; ora as análises não contemplam um panorama histórico e conceitual mais amplo; ora as abordagens são avaliadas sem o devido aprofundamento, e/ou sem considerar a biografia e a obra dos autores mencionados. Apesar destas distinções, as justificativas e os principais argumentos expostos em cada texto permitem agrupar as relações entre psicologia e história em cinco classes abrangentes, a saber: 1) houve alguma demanda de ordem prática; 2) pressupõe-se a existência de relação entre as duas áreas; 3) há uma convergência entre as duas áreas; 4) admite-se a importância do contexto histórico; 5) objetiva-se a adoção de algum conceito ou termo complementar às duas áreas. Estas cinco classes abrangentes serão mais bem delineadas a seguir:

1) O interesse pelo assunto surgiu de alguma demanda de ordem prática, seja esta a memória e/ou história pessoal, a prática docente e/ou a pesquisa. Bastos (2003), por exemplo, rememora aspectos incompreendidos de sua infância; o texto de Waeny (2003) é um capítulo da tese; Mello (2007) reconstitui a história do trabalho através do relato de mulheres oriundas do interior; Ramos (2007) compila as principais questões de seminários de historiografia de um grupo de estudos universitário; Danziger (2010) relembra ocorrências de sua atividade docente e seu interesse pela história. Trata-se, portanto, de uma relação de reciprocidade entre o registrar/produzir fontes (anotar, redigir, relatar, escrever) e o resgatar/consultar fontes (rememorar, reconstituir, compilar, esclarecer sobredeterrminações).

2) O interesse pelo assunto partiu do pressuposto de que existe uma relação entre as duas áreas, seja este um diálogo ou sua ausência, ou o manejo e utilização dos dados de pesquisa de uma área pela outra. Horkheimer (1968), por exemplo, cita a discussão acerca das relações entre as áreas; Febvre (1978) cita as decepcionantes relações entre ambas e a utilidade dos documentos históricos para os psicólogos; Lévy-Valensi (1965) considera que a ausência de diálogo decorre de falhas na própria psicologia; Vernant (1965a), filósofo de origem, fala do ponto de vista do psicólogo, e não do historiador; Massimi (1994) menciona a importância da história para a correta formulação dos problemas em psicologia; Richelle (2002) aborda o lugar da psicologia no trabalho dos historiadores; Mello (2007) alega que seres criadores e submetidos à história devem dialogar; para Ramos (2007) a história é um recurso metodológico e epistemológico para se pensar a psicologia; para Silveira (2007) a relação entre os especialistas das duas áreas é superficial; Jaraba (2009) avalia que parte da psicologia rechaçou a história; Danziger (201) diz que era

incomum se interessar por áreas com linguagens tão diferentes entre si; Araujo (2012) relata que há problemas metodológicos envolvidos em tal pesquisa. Trata-se, portanto, de uma relação de perspectivismo, ou seja, avaliações, contribuições, atribuições, especificidades e/ou demandas de uma área em relação à outra e vice-versa.

3) O interesse surgiu pela admissão de uma convergência entre as duas áreas, seja pelo caráter histórico dos fenômenos psíquicos, seja pela dimensão psíquica dos fatos históricos. Horkheimer (1968), por exemplo, caracteriza a psicologia no âmbito da teoria histórica; para Febvre (1978) é impossível estudar homens de uma época sem considerar os aspectos psicológicos dos indivíduos desse período; Lévy-Valensi (1965) alega que historiadores precisam mostrar o valor dos documentos históricos; Vernant (1965a) questiona o significado do surgimento de títulos em psicologia histórica; para Penna (1987) a psicologia está incluída na história; Antunes (1989) afirma que fenômenos históricos e psíquicos estão intimamente ligados; Penna (1991) avalia que propostas psicológicas da história e abordagens históricas da psicologia são homólogas; para Massimi (1994) a própria natureza do homem é histórica; conforme Strazzieri *et al.* (2001) personagens históricos contribuem para a compreensão da identidade de um povo; Richelle (2002) avalias as implicações das duas áreas na vida social e política; Waeny (2003) identifica convergência entre as áreas já em Henri Berr; para Mancebo (2004) há imbricação entre processo histórico e segmentação indivíduo-sociedade; para Mello (2007) a intersecção entre as duas áreas ocorre no processo de reconstituição da vida; Ramos (2007) quer entender o pensar historicamente de psicólogos; para Silveira (2007) as noções de natureza humana nas narrativas historiográficas demonstram o laço que existe entre as duas áreas; Jaraba (2009) considera a noção moderna de indivíduo como historicamente situada; para Danziger (2010) os objetos psicológicos serem constituídos historicamente permitiu escapar de uma metafísica implícita e atemporal. Trata-se, portanto, de uma relação de convergência decorrente da concepção de que existe complementaridade entre os fenômenos e objetos de estudo dessas duas áreas.

4) O interesse pelo assunto surgiu da importância do contexto histórico para se compreender o desenvolvimento das ciências e/ou do conhecimento científico em geral, seja este a renovação historiográfica inaugurada pelos Annales, a aproximação a outras áreas e/ou o melhor

conhecimento da própria área. Febvre (1978), por exemplo, menciona a aproximação com a sociologia; para Lévy-Valensi (1965) o desenvolvimento das técnicas conduziu ao necessário contato com áreas vizinhas; Vernant (1965a) esclarece que títulos em psicologia histórica são de autores de diferentes áreas do saber; Penna (1987) afirma que os Annales foram um marco; para Antunes (1989) compreender o fenômeno psicológico em sua totalidade concreta significa um avanço para a psicologia; para Massimi (1994) é uma chance de se conhecer o próprio trabalho em um horizonte mais amplo; Massimi, Campos e Brozek (1996) reconhecem que a relação entre as disciplinas criou novas abordagens para leitura e compreensão de documentos; Richelle (2002) alude à dimensão histórica de definição dos objetos em psicologia; para Mancebo (2004) os avanços no rigor técnico e metodológico e a aproximação com a antropologia e os Annales motivaram uma hibridação entre as áreas; Mello (2007) considera que a Nova História promoveu um deslocamento temático e a descontinuidade metodológica; Silveira (2007) diz que o conceito de mentalidades propiciou a incorporação de temas e objetos para além dos limites estabelecidos; Danziger (2010) esclarece como Georges Canguilhem e a sociologia da ciência foram determinantes para se pensar o contexto de produção dos objetos psicológicos; Araujo (2012) menciona o caráter interdisciplinar da pesquisa. Trata-se, portanto, de uma relação contextual oriunda do período em que o panorama histórico-e-social adquiriu importância para se compreender a constituição da ciência e o desenvolvimento científico em geral.

5) O interesse pelo tema culminou na proposição de uma relação entre psicologia e história a partir de outra perspectiva e/ou adoção de algum conceito ou termo comum às duas disciplinas. Horkheimer (1968), por exemplo, propõe uma análise a partir da filosofia da história de Hegel; Febvre (1978) sugere criar uma psicologia histórica; Lévy-Valensi (1965) propõe o conceito de significação – de inspiração psicanalítica – como característica constitutiva do homem; para Vernant (1965a) psicologia histórica é uma disciplina autônoma; Goblot (1965) faz uma reflexão marxista sobre a psicologia histórica exposta por Vernant (1965a); Strazzieri *et al.* (2001) fazem sua análise a partir do conceito de Identidade como metamorfose; Waeny (2003) diz que Berr propôs termos como síntese e psicologia histórica; Mancebo (2004) propõe transitar por novos e emergentes paradigmas; para Silveira (2007) os aportes da psicologia

podem consolidar um novo estilo de história; Jaraba (2009) considera que refutar a ideia de indivíduo soberano e isolado do social permite a retomada de uma psicologia histórica; Danziger (2010) avalia que seus trabalhos sobre a memória e periodizações mais amplas o conduziram à psicologia histórica, e que em alguns casos ela poderia ser uma disciplina. Trata-se, portanto, de uma relação propositiva, ou seja, são avaliações críticas, apreciação dos limites e respectiva ampliação da teoria e/ou abordagem com o objetivo de unificá-las pela adoção de novas perspectivas de análise e interpretação.

Observa-se que os motivos apresentados pelos autores se encaixam em mais de uma categoria e por vezes se sobrepõem; alguns esclarecimentos a este respeito integram os comentários finais, já no âmbito da contribuição que a psicologia histórica pode oferecer à pesquisa em história e historiografia da psicologia.

Autores, teorias e abordagens mencionados nos textos analisados

Pode-se agrupar os autores e/ou abordagens teóricas mencionados nestes textos em alguns núcleos como: menções a saberes constituídos como Sociologia, Antropologia, Psicanálise, Filosofia e seus autores; menções a abordagens reconhecidamente importantes como os Annales, Marxismo, Teoria Crítica e seus autores; menções a pesquisadores de relevante produção intelectual como Michel Foucault, Clifford Geertz, Kenneth Gergen, Pierre Bourdieu; menções a abordagens vinculadas a teóricos específicos, como a psicohistória de Lloyd De Mause, a psicologia histórica de Ignace Meyerson, a microhistória de Carlo Ginsburg; e menções a áreas e/ou abordagens teóricas em torno das quais é possível identificar e reunir autores, como a psicologia histórica (com citações a Van den Berg, Zevedei Barbu, Robert Mandrou), a história das mentalidades (com citações a Lucien Febvre, Marc Bloch, Georges Duby), a história cultural (citando Roger Chartier), a história e filosofia da ciência (com citações a Ian Hacking, Thomas Kuhn).

Dos vinte e um textos que analisam as relações entre história e psicologia, onze deles mencionaram psicologia histórica em algum momento. Psicologia histórica foi citada ora porque autores de diferentes áreas escreveram livros com esse título, ora porque poderia ser uma disciplina, uma abordagem e/ou uma alternativa teórica, ora porque é objeto de algum tipo de discussão. Estes aspectos serão melhor examinados a seguir:

Psicologia histórica ser citada porque autores de diferentes áreas escreveram livros assim intitulados justifica-se porque dois deles são psicólogos (Meyerson, 1948; Barbu, 1961), um é psiquiatra (Van den Berg, 1965), um é historiador (Mandrou, 1961) e outro é filósofo (Vernant, 1965b). As análises sobre esses livros são genéricas e versam sobre mais de um desses autores em um mesmo texto; compreende-se que as avaliações sejam genéricas porque a análise recai apenas nos conceitos e ideias centrais de cada livro, sem considerar o contexto em que o livro e o tema se inserem na produção acadêmica mais geral de cada autor.

Sobre a psicologia histórica ser uma disciplina, isto é, sobre sua autonomia perante a psicologia e a história, Febvre (1978), Penna (1991), Richelle (2002) e Berr (Waeny, 2003) a consideram como possível intersecção das duas áreas; Vernant (1965a) e Danziger (2010) a consideram como possível disciplina; para Vernant (1965a) ela seria uma alternativa à tradicional concepção de natureza humana imutável presente em algumas teorias psicológicas; e para Richelle (2002) seria uma alternativa ao debate sobre o biológico *versus* o cultural, ou a "velha querela do inato e do adquirido" (p. 235).

Sobre a psicologia histórica como objeto central de algum tipo de debate, Goblot (1965) e Lévy-Valensi (1965) analisaram a exposição de Vernant (1965a) e delinearam seus limites e proposições à luz da teoria marxista e da psicanálise, respectivamente. Para Penna (1987 e 1991) psicologia histórica e história das mentalidades são equivalentes e ambas estão sujeitas ao mesmo tipo de variação que Kenneth Gergen impôs à psicologia social como história; afirmou ainda que Michel Foucault teria feito a "mais sofisticada espécie de psicologia histórica" (Penna, 1991, p. 47). Massimi, Campos e Brozek (1996) incluíram a psicologia histórica como método para pesquisa em história da psicologia.

As análises não estão incorretas, principalmente porque os autores escreveram apenas um livro e há poucos indícios de atividades ulteriores em psicologia histórica por parte desses autores; já as análises sobre a proposta de Ignace Meyerson são demasiado parciais e incompletas, e os autores que a ele se referiram não consideraram aspectos importantes de sua biografia e de sua atividade relativa à psicologia histórica. Por este motivo apresenta-se a seguir alguns dados sobre Meyerson que explicitam em qual sentido as análises dos autores foram demasiado parciais em relação à sua proposta em psicologia histórica.

A psicologia histórica e a proposta de Ignace Meyerson

Ignace Meyerson é um dos principais representantes da psicologia histórica; ele foi o único que, além da tese (Meyerson, 1948b) reimpressa (Meyerson, 1995), dedicou mais de 30 anos ao tema em cursos, colóquios, ciclos de conferências e artigos, entre outras atividades (ver Waeny, 2005); teve também coletâneas (Meyerson & Guillaume, 1987; Écrits 1920-1987, 1987), cursos (Meyerson, 2000) e homenagens (Parot, 1996; Psychologie comparative et art. Hommage à I. Meyerson, 1972) publicados; outro aspecto importante a se considerar são as pesquisas a seu respeito (Waeny, 1998; Pizarroso-López, 2008; Di Donato, 1990; Parot, 2000; Fruteau de Laclos, 2012a). Este é um dos motivos para que as avaliações sobre Ignace Meyerson precisem ser mais bem contextualizadas e reavaliadas, se for o caso, tanto no panorama da psicologia histórica em geral como no âmbito estrito da proposta meyersoniana.

Pode-se falar em panorama da psicologia histórica porque o termo tem sido ininterruptamente mencionado pelo menos desde 1833, inicialmente em textos e depois como título de livros (Waeny, 2013b). Waeny (2013b) identifica dois períodos de concentração de títulos em psicologia histórica, a saber: 1896-1909 e 1947-1965; ou seja, os livros de psicologia histórica mencionados nos textos que analisam as relações entre história e psicologia são apenas os publicados no segundo dos dois períodos propostos por Waeny (2013b), e este segundo período se caracteriza pela renovação e ampliação no conceito de cultura, que passou a significar a "produção e compartilhamento de processos simbólicos... [cujo foco] serão as condições histórico-culturais" (p. 126) de surgimento e desenvolvimento dos eventos históricos e fenômenos humanos. Os textos sobre as relações entre história e psicologia que mencionam a psicologia histórica não consideraram a própria história desse termo e suas variações no decorrer do tempo; o conjunto dos dados, portanto, está incompleto e as análises são parciais e relativas a determinado período de uso desse termo.

No âmbito específico da proposta de Ignace Meyerson as análises a seu respeito não mencionaram aspectos importantes de sua biografia. Lévy-Valensi (1965), por exemplo, não considerou que Meyerson fez a primeira tradução francesa para um livro de Freud (1900); o título, *Ciência dos sonhos* (Freud, 1926), foi uma decisão do editor; ele pretendia atribuir um título mais científico e obteve autorização do autor (Freud, 1972); sendo esta sua única incursão na psicanálise, pode-se dizer que Meyerson não manteve interesse por esta teoria e nem a aplicou como método em suas pesquisas. Um segundo aspecto importante da biografia foi sua adesão à Seção Francesa da Internacional Operária (SFIO), já em 1908; Meyerson, porém, apesar desta filiação, não restringiu suas pesquisas à perspectiva da teoria marxista do trabalho, como gostaria Goblot (1965); Meyerson abordou a noção de trabalho para apreendê-la como função psicológica em colóquios (Meyerson, 1948a) e artigos (Meyerson, 1951 e 1955); em um desses textos, por exemplo, analisou a noção de trabalho dos primeiros fisiologistas à concepção de trabalho como conduta organizada e contínua (Meyerson, 1948a), e no outro analisou o conceito de trabalho nos principais teóricos (Meyerson, 1955). É também necessário reavaliar a proposição de Penna (1991) sobre a psicologia histórica mais sofisticada de Michel Foucault à luz do contato entre Foucault e Meyerson: em 1951 o filósofo frequentou Meyerson (Defert & Ewald, 2001) e ainda lhe escreveu uma carta solicitando direções de pesquisa (acervo da autora); Fernandez-Zoila (1996), por outro lado, relata a boa impressão que Foucault manteve de Meyerson e esclarece que o afastamento dos cursos de Meyerson foi devido a um mal-entendido; vê-se, portanto, que os contornos dessa relação começam a ser pesquisados (ver Fruteau de Laclos, 2012b).

Contribuições da psicologia histórica para a pesquisa em história e historiografia da psicologia

Algumas das possíveis contribuições da psicologia histórica para a pesquisa em historiografia e história e da psicologia são enumeradas a seguir:

Menções à psicologia histórica podem mostrar nuances sobre a psicologia e sua história. A primeira menção ao termo psicologia histórica foi em um verbete sobre a alma (Ballanche, 1833), e de certa forma reafirma o reconhecido vínculo entre psicologia e filosofia; isto porque Ballanche disse que apresentar os diversos conhecimentos que o homem já produziu sobre a natureza e a diferença das almas, sobre a união da alma e do corpo, é fazer uma psicologia histórica. Concepção similar aparece depois, com Vinet (1853); para ele, das leis naturais as da história são as mais difíceis de determinar; identificar essas leis é obter um tipo de psicologia histórica, uma ciência dos fenômenos da alma social. Os dois autores se referiram à psicologia histórica, mas em Vinet a história já aparece como um conhecimento mais específico, e não apenas como apresentação dos sistemas já produzidos pelo homem, como em Ballanche. Ou seja, a concepção de que a história é regida por leis naturais, e que estas leis se aplicam aos fenômenos da alma, individual e social, pode ter sido mais um dos fatores que contribuiu para separar psicologia e filosofia.

Menções à psicologia histórica podem mostrar um panorama diferente a respeito da difusão das ideias psicológicas. A primeira menção no Brasil (Galvão Bueno, 1877), por exemplo, ocorreu dois anos após a publicação do primeiro título em psicologia histórica que se tem conhecimento (Soury, 1875); e a primeira menção ao termo no Peru (Brayce y Cotes, 1899), outro exemplo, antecede o primeiro título em alemão de que se tem notícia (Koeberle, 1900). Esta antecedência de menções latinas perante algumas referências europeias, porém, deve ser analisada no panorama mais amplo do surgimento de títulos em psicologia histórica na virada dos séculos XIX-XX (Waeny, 2013a).

A história da psicologia histórica e os diferentes conceitos a ela já atribuídos ao longo do tempo, sua historicidade e as diferentes avaliações a seu respeito, assim como o relativo desconhecimento que ainda a caracteriza, por si só já significam uma contribuição para a história e historiografia da psicologia.

A psicologia histórica já interessou historiadores da psicologia, todavia falta ainda discutir as diferentes concepções dos autores que escreveram sobre ela; estas diferentes versões da psicologia histórica, por sua vez, podem ampliar a análise sobre as relações entre história e psicologia e sobre a pesquisa em história e historiografia da psicologia.

A pesquisa sobre a psicologia histórica também pode vir a contribuir para a história dos personagens e instituições do país. Na correspondência entre Ignace Meyerson e João Cruz Costa, por exemplo, o filósofo declarou que a tese de Meyerson esclareceu "uma série de questões que não estavam nítidas para mim até agora" (*apud* Waeny, 2013b, p. 626); conhece-se a importância deste filósofo para o desenvolvimento da *intelligentsia* brasileira e sua trajetória na USP, mas nada se sabe a respeito de qualquer influência da psicologia histórica em sua obra mais conhecida, *Contribuição à História das Idéias no Brasil* (Cruz Costa, 1956). Psicologia histórica como disciplina pode contribuir com a história das universidades, pois já constou de programas em cursos de graduação (UERJ, UFJF, FUMEC, Uni-Facefe) e de pós-graduação (ISOP-FGV) em psicologia; isto significa uma ampliação da pesquisa para os documentos institucionais; e o contato com estes documentos, por sua vez, pode vir a informar sobre as diferentes perspectivas relativas ao ensino da psicologia.

Ignace Meyerson ofereceu cursos regulares durante trinta anos. Ementas desses cursos explicitam como analisou as relações entre história e psicologia: ao abordar como tema o pensamento histórico, por exemplo, ele examinou as regras, preceitos e dificuldades dos principais teóricos da história de fins do século XIX e início do XX (Meyerson, 1956-1957); diferenciou os escritos históricos dos escritos literários (Meyerson, 1965-1966); abordou o significado psicológico do pensamento histórico e as regras de uma história científica aplicáveis a uma psicologia comparativa histórica; propôs que o pensamento histórico foi uma mutação mental, uma invenção nos domínios da memória e do tempo, e que esta propiciou o surgimento das diversas histórias, inclusive a das funções psicológicas do homem (Meyerson, 1970-1971). Ao atentar para as relações entre história e psicologia Meyerson (1970-1971, p. 211) reconhecia que as formas desta relação estavam se alterando, na psicologia (com transformações nas categorias do tempo e da memória, individuais e coletivas) e na história (pela construção de uma história-ciência e de sua definição do passado como objeto) em fins do século XIX e início do XX. Meyerson se deteve nos teóricos da história desse período porque reconhecia sua importância para a constituição de uma história-ciência: foi quando surgiram as primeiras revistas históricas, teve início a profissionalização do ofício de historiador, houve o esforço para tornar a história uma disciplina autônoma (François, 1993), ela foi fundamentada na noção de fato histórico e como reconstituição de "fatos dispersos pelo tempo" (Dumoulin, 1993, p. 323). Assim, uma contribuição da psicologia histórica de

Ignace Meyerson para a história e historiografia da psicologia seria, por exemplo, o uso de periodizações aceitas por historiadores.

As relações entre história e psicologia mostraram comportar diferentes níveis de análise e de categorização; na perspectiva da psicologia histórica esta relação se amplia pelo aporte de novos autores, abordagens e seus temas preferenciais; na perspectiva da psicologia histórica de Ignace Meyerson as relações entre história e psicologia são abordadas no âmbito de uma historicidade das funções psicológicas. Meyerson (2000) expõe "de maneira precisa e concreta os princípios, a aplicação e os resultados desse [seu] método" (p. 407): trata-se de uma psicologia objetiva, comparativa, histórica do homem; objetiva porque parte de matéria precisa, observável; comparativa porque diferencia níveis, gradações, nos objetos pesquisados; e histórica porque pesquisa as transformações das funções psicológicas do homem no curso da história humana.

O objetivo inicial foi analisar as relações entre história e psicologia; os textos selecionados foram classificados e categorizados conforme os argumentos, abordagens e autores citados. A recorrência de menções à psicologia histórica e Ignace Meyerson nesses textos foi um dos motivos de atenção a ambos, privilegiando-se as relações entre psicologia e história na perspectiva da proposta meyersoniana. Ignace Meyerson, porém, introduziu como fator determinante das relações entre história e psicologia transformações ocorridas nas próprias funções psicológicas do homem. A questão, portanto, adquire novos parâmetros.

A adoção de novos parâmetros diferencia a perspectiva de Ignace Meyerson dos demais autores que analisaram as relações entre história e psicologia; ele abordou o tema mais de uma vez e sob diferentes perspectivas, ao longo de sua carreira; alguns de seus textos e ementas (Waeny, 2005) bem servem de exemplo: Problemas de história psicológica das obras: especificidade, variação, experiência (texto de 1953); Estudo do pensamento histórico (curso de 1955/1956); História e psicologia: análise das formas do tempo nas instituições antigas (curso de 1956/1957); A pessoa e sua história (texto de 1960); Significação psicológica do pensamento histórico: ele representa uma mutação mental, uma invenção nos domínios da memória e do tempo. Aparição das diversas histórias; a história das funções psicológicas do homem se enquadra nesta série (curso de 1969/1970). Com Meyerson amplia-se o escopo das relações entre psicologia e história para temas como temporalidade, noção de pessoa e até mesmo a própria possibilidade de uma história das funções psicológicas.

Meyerson amplia o escopo das relações entre psicologia e história porque seu interesse é a própria historicidade das funções psicológicas; as funções psicológicas não são estáveis, fixas, delimitadas; elas se transformaram ao longo do tempo; essas transformações se tornam objeto de estudo através da noção de obra; obra é toda e qualquer criação humana, de ferramentas e instrumentos a instituições sociais e ideias científicas; torna-se possível fazer uma história das funções psicológicas porque, diante das transformações – e respectivo 'inacabamento' – das funções psicológicas, há os acabamentos sucessivos expressados pelas obras; e esta perspectiva permitiu a Meyerson (1948) pesquisar as "funções psicológicas tal como se elaboram na diversidade complexa e concreta de sua historicidade" (p. 195).

As contribuições da psicologia histórica para a história e historiografia da psicologia podem ser elencadas conforme graus de complexidade: os mais simples como a presença da psicologia histórica em universidades; os intermediários, como a análise das relações entre psicologia e história; os mais complexos, como o recurso a teorias ou a inversão de perspectiva proposta por Meyerson. Para qualquer um dos casos aqui citados, porém, trata-se, sempre, das diversas formas de relação entre psicologia e história que desde a virada dos séculos XIX-XX não cessam de se modificar.

Referências

Antunes, M.A.M. (1989). Psicologia e história: uma relação possível? Ou psicologia e história: uma relação necessária! *Psicologia e Sociedade, 7,* 30-36.

Araujo, S.F. (2012). Entre a história, a filosofia e a psicologia: introduzindo um campo de pesquisa interdisciplinar. Em S.F. Araujo (Org.), *História e filosofia da psicologia. Perspectivas contemporâneas* (pp.11-14). Juiz de Fora: Editora UFJF.

Ballanche, P.S. (1833). Âme. *Encyclopédie des connaissances utiles* (pp. 333-339) (tome 2). Paris: Bureau de l' Encyclopédie. Recuperado de http://gallica.bnf.fr/ark:/12148/bpt6k6275749t

Barbu, Z. (1961). *Problems of historical psychology.* London: Routledge & Kegan Paul.

Bastos, C.P.S. (2003). História e psicologia: ferramentas para entender a educação brasileira. Em: A.M. Jacó-Vilela; H.B.C. Rodrigues; A.C. Cerezo. (Orgs.), *Clio-psyche paradigmas - historiografia, psicologia, subjetividades* (pp. 249-259). Rio de Janeiro: Relume Dumará /FAPERJ.

Brayce y Cotes, L.N. (1899). Teoría social orgânica (Tese de Doutorado, Facultad de Letras y Ciencias Humanas da Universidad Nacional Mayor de San Marcos, Lima, Peru). Recuperado de http://cybertesis.unmsm.edu.pe/bitstream/cybertesis/937/1/brayce_cl.pdf

Cruz Costa, J. (1956). Contribuição à historia das ideias no Brasil: o desenvolvimento da filosofia no Brasil e a evolução histórica nacional. Rio de Janeiro: Jose Olimpio.

Di Donato, R. (1990). Invitto alla lettura dell'opera di Ignace Meyerson. Psicologia storica e studio del mondo antico. *Annali della Scuola Superiore di Pisa, 12*(2), 602-644.

Danziger, K. (2010). Introduction. Em K. Danziger, *Problematic encounter: talks on psychology and history* (pp. 2-25). Recuperado de http://www.kurtdanziger.com/Problematic%20Encounter3.pdf

Defert, D. & Ewald, F. (Dirs.) (2001). *Dits et écrits* [2 volumes]. Paris: Gallimard.

Dumoulin. O. (1993). Fato histórico. Em. A. Burguière (Org.), *Dicionário de ciências históricas* (pp. 323-324). Rio de Janeiro: Imago.

Écrits 1920-1983. Pour une psychologie historique. (1987). Paris: PUF.

Febvre, L. (1978). História e psicologia, segundo Febvre. C.G. Motta (Org.), *L. Febvre: história* (pp.108-121). São Paulo: Ática. (Original publicado em 1938)

Fernandez-Zoila, A. (1996). Ignace Meyerson et la psychopathologie. Em F. Parot (Org.), *Pour une psychologie historique. Écrits en hommage a Ignace Meyerson* (pp.137-147). Paris: PUF.

François, E. (1993). Alemanha. Historiadores alemães. Em. A. Burguière (Org.), *Dicionário de ciências históricas* (pp. 18-27). Rio de Janeiro: Imago.

Freud, S. (1900). *Die Traumdeutung.* Leipzid/Wien: Franz Deuticke.

Freud, S. (1926). *La science des rêves.* Paris: Alcan. (I. Meyerson, Trad.). (Originalmente publicado em 1900).

Freud, S. (1972). Prefácio à oitava edição. Em S. Freud (1972), *A interpretação de sonhos* (p.XL). (ESB, v. IV). Rio de Janeiro: Imago. (original publicado em 1939).

Fruteau de Laclos, F. (2012a). Discours de la méthode psychologique. L'acte fondateur d'Ignace Meyerson. Em F. Fruteau de Laclos, *La psychologie des philosophes. De Bergson à Vernant* (pp.55-75). Paris: PUF.

Fruteau de Laclos, F. (2012b). Les mots contre les choses. Ce que Foucault a manque d'être. Em F. Fruteau de Laclos, *La psychologie des philosophes. De Bergson à Vernant* (pp.255-276). Paris: PUF.

Galvão Bueno, C. M. (1877). *Noções de philosophia: Accommodadas ao systema de Krause e extrahidas das obras philosophicas de G. Tiberghien e Ahrens*. São Paulo: Typ. de Jorge Seckler

Goblot, J.J. (1965). Histoire et psychologie. *La pensée. Revue du rationalisme moderne, 124*, 86-90. Recuperado de http://gallica.bnf.fr/ark:/12148/bpt6k5836701f

Horkheimer, M. (1968). Historia y psicología. Em M. Horkheimer, *Teoría crítica I* (pp.22-42). Buenos Aires: Amorrortu Editores. (Original publicado em 1932).

Jaraba, B.(2009). El individuo refutado. La teoría de la práctica de Pierre Bourdieu como alternativa de integración entre psicología e historia. *Revista del Programa de Psicología de la Universidad Piloto de Colombia, 3*, 1-8. Recuperado de http://www.contextos- revista.com.co/Revista%203/A2_El%20 individuo%20refutado.pdf

Koeberle, J. (1900). *Natur und Geist nach der Auffassung des alten Testaments. Eine Untersuchung zur historischen Psychologie*. München: Beck.

Lévy-Valensi, E.A. (1965). Histoire et psychologie? *Annales. Histoire, Sciences Sociales, 5*, 923-938. Recuperado de http://www.jstor.org/stable/27576481

Mancebo, D. (2004). História e psicologia: um encontro necessário e suas armadilhas. Em M. Massimi & M.C. Guedes (Orgs.), *História da psicologia no Brasil. Novos estudos* (pp.11-26). São Paulo: EDUC/Cortez.

Mandrou, R. (1961). *Introduction à la France moderne (1500-1640). Essai de psychologie historique*. Paris: Albin Michel.

Massimi, M. (1994). Considerações gerais sobre psicologia e história. *Temas em psicologia, 3*, 19-26.

Massimi, M; Campos, R.H.F. & Brozek, J. (1996). Historiografia da psicologia: métodos. R.H.F. Campos (Org.), *História da psicologia* (pp.29-56). São Paulo: Educ. (Coletâneas da ANPPEP, nº 15).

Mello, S.L. (2007). Psicologia e história: um diálogo possível. Em M.H.S. Patto & J.A. Frayze-Pereira (Orgs.), *Pensamento cruel - humanidades e ciências humanas: há lugar para a psicologia?* (pp.95-108). São Paulo: Casa do psicólogo.

Meyerson, I. (1948a). Le travail: une conduite. *Journal de Psychologie Normale et Pathologique, 41*, 7-16. (Trabalho originalmente apresentado à Journée de psychologie et d'histoire du travail et des techniques, em 1941).

Meyerson, I. (1948b). Les fonctions psychologiques et les œuvres. Paris: Vrin.

Meyerson, I. (1951). Comportement,travail, expérience, œuvre. *L'Année Psychologique*, 50, 77-82.

Meyerson, I. (1955). Le travail, fonction psychologie. *Journal de Psychologie Normale et Pathologique, 52*, 3-17.

Meyerson, I. (1956-1957). Psychologie comparative. *Annuaire. Comptes rendus des cours et conferences 1956-1957* (pp.63-65). Paris: École Pratique des Hautes Études.

Meyerson, I. (1965-1966). Psychologie comparative. *Annuaire. Comptes rendus des cours et conférences 1965-1966* (pp.228-235). Paris: École Pratique des Hautes Études.

Meyerson, I. (1970-1971). Psychologie comparative. *Annuaire. Comptes rendus des cours et conferences 1970-1971* (pp.211-213). Paris: École Pratique des Hautes Études.

Meyerson, I. (1995). *Les fonctions psychologiques et les œuvres* (2a. ed.). Paris: Albin Michel. (Original publicado em 1948).

Meyerson, I. (2000). *Existe-t-il une nature humaine? Psychologie historique, objective, comparative.* Paris: Sanofi-Synthélabo.

Meyerson, I & Guillaume, P. (1987). *Recherches sur l'usage de l'instrument chez les singes.* Paris: Vrin.

Parot, F. (Org.) (1996). *Pour une psychologie historique. Écrits en hommage a Ignace Meyerson.* Paris: PUF.

Parot, F. (2000). Psychology in the human sciences in France, 1920-1940: Ignace Meyerson's historical psychology. *History of Psychology, 3*(2), 104-121. DOI: 10.1037//1093-4510.3.2.104

Penna, A.G. (1987). Psicologia e história. Em A.G. Penna, *História e psicologia* (pp.17-26). São Paulo: Vértice, Revista dos Tribunais.

Penna, A.G. (1991). Psicologia e história: a psicologia histórica. A.G. Penna, *História das ideias psicológicas* (pp.41-48). Rio de Janeiro: Imago.

Pizarroso López, N. (2008). *La psicología histórica de Ignace Meyerson* (Tese de doutorado). Recuperado de http://eprints.ucm.es/9158/1/T30963.pdf

Psychologie comparative et art. Hommage à I. Meyerson (1972). Paris: PUF.

Ramos, C. (2007). Confrontando psicologia e história: um método para a reflexão crítica da psicologia. Em M.H.S. Patto & J.A. Frayze-Pereira (Orgs.), *Pensamento cruel – humanidades e ciências humanas: há lugar para a psicologia?* (pp.109-131). São Paulo: Casa do psicólogo.

Richelle, M. (2002). Psychologie et histoire. Une réflexion à double sens. *Anuário de Psicología, 33*(2), 231-247. Recuperado de http://www.raco.cat/index.php/anuariopsicologia/article/viewFile/61708/88487

Silveira, M.A. (2007). Do ódio à nostalgia: história, psicologia, poder. Em M.H.S. Patto & J.A. Frayze-Pereira (Orgs.), *Pensamento cruel – humanidades e ciências humanas: há lugar para a psicologia?* (pp.133-158). São Paulo: Casa do psicólogo.

Soury, J. (1975). *Études de psychologie historique. Portraits de femmes.* Paris: Sandoz & Fischbacher. Recuperado de http://www.persee.fr/web/revues/home/prescript/article/rhs_0048-7996_1970_num_23_2_3122

Strazzieri, C.; Soares, L.F.M.; Moreira, M.M.; Lopes, M.M.A.; Baptista, M.T.D.D; Antunes, M.A.M. (2001). Jeca Tatu e a identidade do povo brasileiro: contribuição aos estudos sobre as relações entre psicologia e história. Em A.M. Jacó-Vilela; A.C. Cerezzo & H.B.C. Rodrigues (Orgs.), *Clio-psyché. Ontem. Fazeres e dizeres psi na história do Brasil* (pp.57-82). Rio de Janeiro: Relume Dumará.

Van Den Berg, J.H. (1965). Metabletica. Psicologia histórica. (F. V. D. Walter, Trad.). São Paulo: Mestre Jou. (Original publicado em 1956).

Vernant, J.P. (1965a). Histoire et psychologie. *Revue de synthèse, 37-39*, 85-101.

Vernant, J.P. (1965b). *Mythe et pensée chez les Grecs. Études de psychologie historique.* Paris: Francois Maspero.

Vinet, A. (1853). *Histoire de la littérature française au dix-huitième siècle.* Paris: les éditeurs.

Waeny, M.F.C. (1998). *A psicologia histórica de Ignace Meyerson* (Dissertação de mestrado não publicada). Pontifícia Universidade Católica de São Paulo, São Paulo.

Waeny, M.F.C. (2003) História e psicologia em Henri Berr. *Memorandum, 5*, 36-41. Recuperado de http://www.fafich.ufmg.br/~memorandum/artigos05/waeny02.htm

Waeny, M.F.C. (2005). Bibliografia de Ignace Meyerson. *Memorandum, 9*, 132-140. Recuperado de http://www.fafich.ufmg.br/~memorandum/a09/waeny03.pdf

Waeny, M.F.C. (2013a). Por uma história da psicologia histórica. *Memorandum, 24*, 122-132. Recuperado de www.fafich.ufmg.br/memorandum/a24/waeny04

Waeny, M.F.C. (2013b). Presença da psicologia histórica no Brasil. *Estudos de Psicologia*, 18, p.623-630. DOI: http://dx.doi.org/10.1590/S1413-294X2013000400010

FONTES E ARQUIVOS EM HISTÓRIA DA PSICOLOGIA

Os Arquivos UFMG de História da Psicologia no Brasil: fontes primárias para a pesquisa historiográfica

Regina Helena de Freitas Campos
Érika Lourenço

Desde 1997 estão instalados na Sala Helena Antipoff, no prédio da Biblioteca Central da Universidade Federal de Minas Gerais, os *Arquivos UFMG de História da Psicologia no Brasil*, reunindo um conjunto expressivo de documentos relacionados à história da psicologiae das ciências da educação no Brasil, e uma coleção de publicações nessas áreas.

Arquivos são definidos como os lugares onde se guardam e conservam documentos escritos, que constituem fontes primárias para a escrita da história. No caso em exame, trata-se de um local onde documentos relevantes para a história da psicologia, como área de conhecimento e como profissão, estão preservados e disponíveis para a pesquisa historiográfica, ao lado de documentos relevantes para a história das ciências da educação.

O objetivo deste texto é apresentar como se constituíram os *Arquivos*, a partir do trabalho de organização e preservação do acervo pertencente à psicóloga e educadora Helena Antipoff, e do conhecimento de outras unidades semelhantes, como os arquivos de história da psicologia norte-americana localizados na Universidade de Akron[1], nos Estados Unidos da América, os Arquivos do Instituto Jean-Jacques Rousseau e os Arquivos Jean Piaget, localizados na Universidade de

1 Os Archives of the History of American Psychology foram instalados em 1965 na Universidade de Akron, Ohio, e, a partir de 2010, integrados ao Center for the History of Psychology, na mesma Universidade. Em 2014, a partir de doação efetuada pelos Drs. Nicholas A. e Dorothy M. Cummings, o Centro passou a ser denominado Drs. Nicholas and Dorothy Cummings Center for the History of Psychology. A instituição é dirigida pelo Professor David Baker.

Genebra. Descrevemos também como se integraram aos Arquivos outras doações, especialmente a doação de parte da biblioteca de nosso colega, o historiador tcheco-norteamericano Josef Brozek, e como foi instalada a Sala Helena Antipoff, na Biblioteca Centralda UFMG, para abrigar os diversos fundos que compõem o acervo da Sala na atualidade.

O texto está organizado em quatro partes. Na primeira parte, são apresentados os primeiros contatos que Campos, a primeira autora deste texto, teve com o acervo Antipoff, no contexto das preocupações com o resgate e preservação da memória cultural brasileira que vivenciamos nos anos de 1980. A segunda parte informa sobre a interação com a rede de historiadores da psicologia que se constituiu a partir da criação do Grupo de Trabalho em História da Psicologia da ANPEPP (Associação Nacional de Pesquisa e Pós-graduação em Psicologia), em especial com o psicólogo-historiador Josef Brozek, e suas contribuições aos Arquivos UFMG. As terceira e quarta partes, descrevem os fundos que compõem o acervo atual da Sala Helena Antipoff, e apresenta reflexões sobre as perspectivas atuais e futuras de nossa unidade de pesquisa historiográfica no contexto da pesquisa em história da psicologia.

Primeiro momento: a descoberta do acervo do Centro de Documentação e Pesquisa Helena Antipoff

As origens das iniciativas que resultaram no estabelecimento dos Arquivos UFMG de História da Psicologia no Brasil remontam aos anos de 1980. Foi nessa época, que a preocupação com a preservação da memória e da história da ciência e da cultura tornou-se mais presente entre os estudiosos da sociedade brasileira. A expansão dos programas de pós-graduação e a profissionalização da pesquisa nas universidades promoveram um maior interesse pelo conhecimento das raízes e evolução de nossa formação social. Estudos críticos mostravam cada vez mais os problemas dessa formação diversificada e contraditória, às vezes vista como tendendo à conciliação entre as diversas culturas e etnias que a compõem, outras vezes vista como conflituosa e excludente.

A produção científica sobre a história das ciências humanas no Brasil evidenciavaas dificuldades com que tínhamos de lidar com a diversidade e o conflito, e como idealizávamos os países considerados mais avançados científica e culturalmente, tomando as características de suas populações como modelos a serem imitados e como padrões aos quais deveríamos nos comparar. Nessas comparações, aparecíamos invariavelmente como mais "atrasados". Na história da ciência, essa visão etnocêntrica apareceu fortemente em modelos difusionistas como o de Basalla, que concebe o progresso científico como um movimento do centro para a periferia, onde o centro seriam os países do Primeiro Mundo e a periferia os do Terceiro Mundo (Pickren & Rutheford, 2010).

Na área da psicologia, profissão reconhecida por lei no Brasil em 1962, essa idealizaçãoera reproduzida nos currículos universitários, que propunham predominantemente o estudo e apropriação das teorias e técnicas produzidas em países estrangeiros. Os primeiros cursos de formação de psicólogos estabelecidos no país a partir dos anos de 1950/60 tinham o olhar voltado para o Primeiro Mundo, considerado mais avançado cientificamente. Assim, nós, os primeiros psicólogos formados no Brasil, conhecíamos pouco da psicologia produzida no país. Em consequência, tendíamos a reproduzir os modelos recebidos do exterior em nossas pesquisas. O ser humano descrito nas pesquisas realizadas na Europa e na América do Norte, onde muitos intelectuais brasileiros que se dedicaram à psicologia haviam sido educados, era considerado a norma à qual deveriam ser comparados os homens, mulheres e crianças que se tornaram objeto de nossa análise.

Por outro lado, uma literatura crítica também começou a ser produzida entre nós durante os anos de 1970, especialmente nos novos programas de pós-graduação recentemente instalados, focalizando a história das ciências humanas, das ciências da educação e a própria psicologia no Brasil e seu papel na manutenção ou superação da desigualdade social no país. A pesquisa feita nesses programas evidenciava o quanto a população brasileira se afastava dos padrões europeus ou norte-americanos, e a insuficiência das explicações baseadas na ideia do déficit para essas diferenças (Costa, 1976; Machado *et al.*, 1978; Patto, 1984; Campos, 1980, entre outros).

Essas críticas coincidiram também com mudanças políticas importantes no Brasil: o fim de uma ditadura de 20 anos, em 1984, a retomada de práticas democráticas na política e nas instituições, uma nova Constituição promulgada em 1988, a defesa da cidadania e da eliminação das desigualdades socioeconômicas por intelectuais e ativistas políticos que haviam lutado pela superação do autoritarismo de Estado. Na época, falava-se muito em resgate: resgate da cultura brasileira genuína, resgate da história das populações e comunidades oprimidas, resgate das práticas sociais mais tolerantes com a diferença.

Pois bem, foi nesse clima cultural e político que Campos, a primeira autora teve os primeiros contatos com o acervo da psicóloga e educadora Helena Antipoff, na época reunido com dificuldades pelo pessoal do Centro de Documentação e Pesquisa Helena Antipoff (CDPHA). O acervo, resultante da obra teórica e prática da educadora nas áreas da psicologia do desenvolvimento, da psicologia das diferenças individuais, da educação dos excepcionais e da educação rural, estava guardado em condições bastante precárias em instalações cedidas em comodato pela Fundação Helena Antipoff, sediada em Ibirité-MG[2], cidade distante cerca de 40 km da capital do Estado, Belo Horizonte.

Na época, Campos era professora de Psicologia Social na Universidade Federal de Minas Gerais, em licença para realizar o Doutorado em Educação na Universidade de Stanford, em Palo Alto, nos Estados Unidos da América. A busca de fontes inéditas para o trabalho de tese – que tinha como objetivo comparar as obras de Lourenço Filho e Helena Antipoff e as aplicações que fizeram dos princípios da Psicologia no sistema de ensino brasileiro – motivou a busca pelos documentos do acervo. Essa busca resultou em uma relação duradoura com o Centro de Documentação e Pesquisa Helena Antipoff e, posteriormente, na criação dos Arquivos UFMG de História da Psicologia no Brasil, que passaram a abrigar parte do acervo do CDPHA, cedido à UFMG através de Acordo de Cooperação Acadêmica e Científica firmado em 1997, e outros acervos que vieram a ser doados.

Helena Antipoff é conhecida como uma das principais iniciadoras da pesquisa e da atuação profissional em psicologia no Brasil. Nascida em

[2] A história da Fundação Estadual Helena Antipoff (FHA), localizada na cidade de Ibirité, Minas Gerais, começou em 1948, quando se iniciaramcursos de treinamento para professores rurais nas instalações da Fazenda do Rosário, pertencentes à Sociedade Pestalozzi de Minas Gerais. Em 1949 foi criado o Curso Normal Regional, funcionando também nas instalações do Rosário. Oprédio próprio para esses cursos foi inaugurado em 1952, e em 1955 foi criado o Instituto Superior de Educação Rural (ISER), sucedido em 1970 pela Fundação Estadual de Educação Rural e em 1978 pela Fundação Estadual Helena Antipoff.

1892 em Grodno, na Rússia, viveu com sua família em São Petersburgo até 1909, ano em que se transferiu para Paris, onde iniciou estudos de nível superior. Realizou estágio no Laboratório Binet-Simon, na rua Grange-auxBelles, em Paris, em 1911, tendo participado de alguns dos experimentos feitos por esse Laboratório com os instrumentos de medida do nível mental das crianças que vinham de ser inventados, os famosos testes de QI. Entre 1912 e 1914graduou-seem Ciências da Educação no Instituto Jean-Jacques Rousseau, em Genebra, onde aprofundou os estudos sobre o desenvolvimento mental das crianças sob a orientação do médico e psicólogo Édouard Claparède. Voltou à Rússia em 1916 e lá permaneceu até 1924, trabalhando já como psicóloga e educadora em instituições de acolhimento de crianças e adolescentes abandonados e/ou em situação de risco social, nas cidades de São Petersburgo e Viatka. Em 1924 deixou a então União Soviética para exilar-se em Berlim, junto com o marido Viktor Iretzky e o filho Daniel, e logo a seguir voltou a Genebra, onde trabalhou como assistente de Claparède no Instituto Rousseau e no Laboratório de Psicologia da Universidade de Genebra entre 1927 e 1929.

Em agosto de 1929, Antipoff aceitou o convite do governo de Minas Gerais para atuar na recém-criada Escola de Aperfeiçoamento de Belo Horizonte, instituição de nível superior destinada a formar educadores nas tendências da Escola Nova. Nessa Escola, onde iniciou sua produtiva carreira no Brasil, atuou como professora de Psicologia Educacional edirigiu o Laboratório de Psicologia que havia sido instalado alguns meses antes por Théodore Simon, o médico companheiro de Alfred Binet na elaboração das primeiras escalas de medida da inteligência. À frente desse Laboratório, a educadora realizou, ao longo dos anos de 1930, extenso programa de pesquisa sobre o desenvolvimento mental, os ideais e os interesses das crianças e adolescentes locais. Através dessas atividades, deveria colaborar na reforma do sistema educacional mineiro através do incentivo à modernização de métodos e processos educativos, da coleta de dados sobre características psicológicas das crianças mineiras e da transmissão desses conhecimentos aos educadores, visando aumentar a eficiência de suas práticas.

O contrato como governo mineiro foi sucessivamente renovado, ao longo dos anos de 1930, e a partir dos anos de 1940, Antipoff decidiu permanecer definitivamente no Brasil. Lançou então as sementes de várias instituições, coordenando inúmeras equipes e atuando em diversas frentes de trabalho nas áreas da psicologia, da educação e da assistência social. Ao lado da preocupação com a produção teórica e com a pesquisa educacional, que contribuiu para desenvolver no país, era, sobretudo, uma mulher de ação. Preocupava-se com as condições de vida das crianças e jovens, principalmente os "excepcionais", denominação que adotou para fazer frente ao termo criança "anormal", que era utilizado no período e que ela considerava pejorativo. Dedicou parte de sua obra também à criança abandonada, marginalizada e em situação de risco social, reproduzindo e ampliando a experiência que havia vivido na União Soviética. Desempenhou importante papel no desenvolvimento de uma perspectiva sociocultural em psicologia da educação no Brasil, fazendo uma síntese entre as experiências vividas no Laboratório de Binet e Simon em Paris, no Instituto Jean Jacques Rousseau em Genebra e na Petersburgo dos anos pós Revolução Comunista, em contatos com a psicologia histórico-cultural soviética (Campos, 2012).

A partir dos anos de 1950 até seu falecimento, em 1974, Antipoff residiu simultaneamente em Belo Horizonte e na cidade de Ibirité. Em Belo Horizonte, ocupava a cátedra de Psicologia na Universidade de Minas Gerais (atual Universidade Federal de Minas Gerais), área de estudos que havia iniciado na mesma universidade em 1940, quando da fundação da Faculdade de Filosofia, Ciências e Letras. Em Ibirité, mantinha um pequeno apartamento dentro das instalações da Fundação Estadual de Educação Rural, que ajudou a instalar, com o apoio do Ministério da Educação (através de Anísio Teixeira, então presidente do INEP[3]) e da Secretaria Estadual de Educação.

Em 1948, a educadora havia sido convidada pelo então Secretário da Educação de Minas Gerais, Abgar Renault, a promover ações visando a expansão da formação de educadores para as escolas do campo. Na época, a ideia erafavorecer a interiorização da educação e a civilização do meio rural, buscando na medida do possível interromper o êxodo da população, em busca de melhores condições de vida nas grandes cidades. Na Fazenda do Rosário, Antipoff administrava o funcionamento de um Complexo Educacional, iniciado em 1939 pela Sociedade Pestalozzi com

[3] Instituto Nacional de Estudos Pedagógicos, atual Instituto Nacional de Estudos e Pesquisas Educacionais.

uma pequena unidade de educação de excepcionais, e ampliada, a partir de 1948, com a instalação de cursos de treinamento para professores rurais, escola normal, escola básica, laboratório de psicologia, o Instituto Superior de Educação Rural, entre outras iniciativas.

Os documentos acumulados por Helena Antipoff ao longo de sua vida, acrescidos de manuscritos doados por colegas, alunos e colaboradores, foram reunidos e mantidos pelo Centro de Documentação e Pesquisa Helena Antipoff (CDPHA), instituição criada em 1980 por um grupo de familiares e amigos da educadora com os objetivos de preservar sua memória e divulgar seu ideário e suas realizações. O conjunto mantido pelo CDPHA detinha inestimável valor histórico, tendo em vista a formação e a trajetória de Antipoff como psicóloga e como educadora. No entanto, nos primeiros anos de funcionamento do Centro, as condições para a guarda e organização dos documentos eram bastante precárias.

O primeiro contato com o acervo do CDPHA ocorreu em 1988. Lá foram encontrados inúmeros documentos relevantes para a tese, na qual Campos procurou demonstrar que, no debate que se estabeleceu no Brasil entre os anos de 1930 e de 1960, Antipoff defendia uma posição democrática e inclusiva, visando a expansão e a democratização do sistema educacional com a oferta de oportunidades e a promoção do desenvolvimento integral de crianças e jovens. Nessa proposta, as ciências da educação, e em especial a psicologia, deveriam contribuir para esse desenvolvimento, visando o acesso dos estudantes a melhores possibilidades educacionais. Na época, a literatura crítica apontava que o uso de testes de inteligência para determinar a trajetória educacional de crianças e jovens muitas vezes impedia o acesso a melhores oportunidades, pois tomava os resultados nos testes como indicadores de faltade capacidade dos estudantes. Antipoff, com sua formação construtivista, na tradição de Claparède, Piaget e da psicologia soviética, acreditava na possibilidade de desenvolvimento para todos através da educação, opondo-se fortemente ao viés autoritário das teorias psicológicas mais deterministas, que defendiam a impossibilidade de modificação do legado hereditário. Com os documentos obtidos no acervo do CDPHA, no Arquivo Público Mineiro e em outras bibliotecas, foi possível comprovar essa hipótese de que na Escola de Aperfeiçoamento de Belo Horizonte e na Sociedade Pestalozzi de Minas Gerais, sob a liderança de Antipoff, uma visão menos determinista da relação entre habilidades intelectuais e sucesso escolar havia sido elaborada. Infelizmente, o modelo educacional progressista dela derivado se perdeu na falta de investimento na ampliação da escola pública brasileira em anos subsequentes, tendo sido, contudo, colocado em prática experimentalmente na Fazenda do Rosário, em Ibirité. Essa experiência tornou-se, assim, um testemunho de que era possível ampliar o acesso e permanência de crianças e jovens no sistema educacional, utilizando também ferramentas da psicologia e da psicologia social, ampliando as possibilidades de uma escola realmente democrática no Brasil. Esse testemunho é reconhecido amplamente pelos educadores que participaram das atividades educativas do Rosário entre os anos de 1940 e 1970 (Campos, 1989; Almeida & Campos, 2014).

A tese foi defendida em setembro de 1989, na Universidade de Stanford, perante banca examinadora composta, entre outros, pela orientadora, Elizabeth Cohen, psicossocióloga formada por Gordon Allport, em Harvard; o historiador David Tyack, que muito ensinou sobre as tensões geradas pelo uso de testes de inteligência no sistema de ensino norte-americano; e pelo antropólogo Bernard Siegel, grande conhecedor do meio rural brasileiro, objeto de sua tese de Doutorado.

Ao voltar ao Brasil, a partir de 1989, Campos passou a colaborar na administração do CDPHA,testemunhandoas dificuldades que o Centro enfrentava para dar conta de sua tarefa na preservação do acervo. Alguns dirigentes da Fundação Helena Antipoff consideravam que o conjunto não teria valor e poderia ser descartado. Foi nessa época que a psicóloga Terezinha Rey, ex-aluna de Antipoff que havia se tornado professora na Universidade de Genebra, visitou o CDPHA. Rey buscava documentos de interesse para os Arquivos do Instituto Jean-Jacques Rousseau, de cuja organização participava em Genebra, ao lado dos historiadores Daniel Hameline, Charles Magnin, Fernando Vidal e Martine Ruchat, entre outros. Ao verificar a falta de condições de preservação de documentos valiosos que integravam o acervo, como a correspondência mantida por Antipoff com seus colegas suíços e os manuscritos de visitas ao Brasil de especialistas europeus, a psicólogaprocurou a UFMG pedindo providências para salvar o acervo. Foi decidido que seria feitoum esforço para promover a restauração e conservação daqueleconjunto de documentos. Para isso se contou com a colaboração inestimável do CECOR – Centro de Conservação e Restauração de Bens Culturais Móveis da Escola de Belas Artes da UFMG, especialmente da professora Bethania Reis Veloso, coordenadora do Laboratório de Conservação de Papéis. Bethânia acolheu a parte do acervo que pertencia ao CDPHA, e se encarregou da recuperação decerca de 60 caixas arquivo repletas de papéis que Daniel Antipoff nos entregou, em um trabalho cuidadoso, que se prolongou por muitos anos. Ao mesmo tempo, ela e seus colegas do CECOR, como o professor Luís Antônio Cruz Souza, orientaram o pessoal da Fundação no trabalho de recuperação, limpeza e acondicionamento dos materiais guardados em Ibirité. Foi elaborado então um projeto para inventariar, catalogar, organizar e tornar disponível o acervo do CDPHA para pesquisadores interessados na história da psicologia e da educação brasileiras, com a ajuda dos colegas do CECOR, da Escola de Ciência da Informação e do Centro de Estudos Mineiros da UFMG e se obteve o apoio da Universidade, da Fapemig e do CNPq nesse empreendimento.

Figura 1 – Terezinha Rey e Regina Helena de Freitas Campos – Universidade de Genebra, 1997.
Fonte: Acervo pessoal de Regina Helena de Freitas Campos

A proposta inicial era de que o trabalho de organização do acervo fosse realizado em Ibirité. No entanto, à medida que as atividades se desenvolviam, percebeu-se a necessidade de contar com um centro de pesquisa em História da Psicologia na própria UFMG, o que foi potencializado com a criação do Grupo de Trabalho em História da Psicologia da ANPEPP (Associação Nacional de Pesquisa e Pós-graduação em Psicologia) e a visita de nosso colega Josef Brozek, em 1996, como é relatado na próxima seção.

Segundo momento: interação com o historiador Josef Brozek e o Grupo de Trabalho em História da Psicologia da ANPEPP

Em maio de 1996, a primeira autora participou da instalação do Grupo de Trabalho em História da Psicologia durante o VI Simpósio de Pesquisa e Intercâmbio Científico da ANPEPP (Associação Nacional de Pesquisa e Pós-graduação em Psicologia), realizado em Teresópolis, no Estado do Rio de Janeiro. Foi o primeiro Grupo de Trabalho dedicado à História da Psicologia estabelecido na ANPEPP. Participou também dessa instalação o professor Josef Brozek, historiador da psicologia vinculado à Universidade de Lehigh, nos EUA, então em visita acadêmica à Universidade de São Paulo em Ribeirão Preto, a convite de nossa colega, a pesquisadora Marina Massimi. Participaram assimda criação do GT as professoras Maria do Carmo Guedes e Mitsuko Antunes, do Núcleo de História da Psicologia da Pontifícia Universidade Católica de São Paulo, a professora Marina Massimi e Regina Helena Campos, representando o Programa de Pós-graduação em Psicologia da UFMG. Como resultado dessa reunião, foi organizado e publicado um volume de referência sobre a pesquisa em história da psicologia, e, no capítulo de fontes, de autoria de Brozek e Campos, faz-se referência aos acervos brasileiros para a pesquisa na área, destacando o acervo do CDPHA (Campos, 1996; Brozek & Campos, 1996).

Após a reunião, Brozek visitou Belo Horizonte, e quis conhecer o CDPHA em Ibirité. Foi discutido com ele a possibilidade de instalar uma unidade de pesquisa em história da psicologia na UFMG, aproveitando os recursos do acervo Antipoff, e ele ficou entusiasmado com a ideia. Brozek se identificou com Helena Antipoff por suas origens eslavas e pela trajetória intelectual e profissional. Assim como Antipoff, ele havia nascido em um país do Leste Europeu e vivido os anos difíceis do período entre-guerras na Europa. Nascido na cidade de Melnik, Bohemia, na atual República Tcheca, em 1913, viveu em Varsóvia até 1915, e na Sibéria, na Rússia, entre 1915 e 1920, onde passou os anos difíceis da Grande Guerra e da Revolução Comunista. Em 1937 tornou-se PhD pela

Charles University de Praga, com tese sobre a memória, suas medidas e sua estrutura. Trabalhou como psicólogo em 1938 e 1939, ainda em Praga, e a seguir migrou para os Estados Unidos, onde se naturalizou americano em 1945. Tendo presenciado a falta de alimentos na Europa durante a guerra 1914-1918 e durante a revolução russa, especializou-se na pesquisa sobre os efeitos da desnutrição sobre o desenvolvimento cognitivo em crianças. Tornou-se professor na Lehigh University, em 1958, e, a partir de 1964, participou da criação da Divisão 26 da American Psychological Association, focalizada na história da psicologia, e do *Journal of the History of the Behavioral Sciences*, passando a dedicar-se à pesquisa em história da psicologia.

A visita do psicólogo e historiador foi essencial para ajudar a pensar naorganização das coleções e estabelecer o formato dos Arquivos UFMG. Após conhecer o conteúdo do acervo do CDPHA em Ibirité e tomar conhecimento do trabalho de recuperação e de organização dos documentos, Brozek enviou uma carta ao filho de Helena Antipoff, Daniel, que ele conheceu em Belo Horizonte. Brozek declarou-se "profundamente impressionado com o valor científico dos materiais mantidos em Ibirité" (Brozek, 1997) e sugeriu algumas medidas importantes para melhorar a disponibilidade da coleção para os pesquisadores: "1) manter, como Memorial, o quarto em que [Antipoff] viveu; e 2) transformar o outro quarto em um *Museu Helena Antipoff.*"Com isso, "as numerosas e variadas contribuições de [Antipoff] se tornariam mais acessíveis e inteligíveis para os visitantes." Ainda de acordo com Brozek, alguns materiais inéditos e publicações guardados pelo CDPHA em Ibirité deveriam ser transferidos para a UFMG, "onde eles estariam disponíveis para a investigação de historiadores." Ele terminou sua carta dizendo: "Espero que estes comentários ajudem a chegar à melhor decisão, com a colaboração de todas as instituições envolvidas."

Daniel e Ottília Antipoff, conscientes da relevância do legado de Helena Antipoff para a psicologia e a educação brasileiras, concluíram que a distribuição do acervo do CDPHA em dois locais seria mais eficaz para garantir a preservação do conjunto e sua divulgação. Nos meses seguintes à visita de Brozek, autorizaram a transferência de um conjunto significativo de caixas com documentos não publicados para a UFMG. Para receber essa doação, a administração da Universidade cedeu espaço na Biblioteca Central, onde foi instalada a Sala Helena Antipoff.

Figura 2 – Cerimônia de inauguração da Sala Helena Antipoff – UFMG, 1997.
Fonte: Acervo pessoal de Regina Helena de Freitas Campos.

A partir de então, as caixasforam sendo tratadas pelo CECOR, e a Sala recebeu também uma coleção de publicações de Antipoff e livros de sua biblioteca pessoal. Para a instalação da Sala contribuíram de forma especial as professoras Abigail Lisboa de Oliveira (curadora do acervo da poetisa Henriqueta Lisboa, também abrigado na Biblioteca Central da UFMG) e Ana Lúcia de Almeida Gazzola, respectivamente Pró-Reitora Adjunta e Pró-Reitora de Pós-graduação da UFMG, e a Diretora da Biblioteca Universitária, bibliotecária Maria Helena de Sá Barreto, que providenciou gentilmente o espaço para abrigar a Sala. A inauguração do novo espaço ocorreu em 1997, durante a realização do 9º Encontro Nacional da Associação Brasileira de Psicologia Social, ocorrido na UFMG.

Logo depois, em 1998, Brozek doou parte de sua própria biblioteca pessoal e documentos inéditos para os Arquivos. Este conjunto constitui a Coleção Josef Brozek, e inclui documentos inéditos acumulados pelo autor ao longo da vida, livros, fotografias, revistas científicas, reimpressões e slides. Entre 1998 eo ano de sua morte prematura, em 2004, Brozek divulgou amplamente as atividades de nosso grupo. Nessa época publicou uma nota na Cheiron Newsletter, que dava notícia da existência dos Arquivos UFMG:

> Outro evento importante foi a criação em 1997 de um centro de pesquisa sobre a história da psicologia, combinado com uma biblioteca e arquivos especializados, na Universidade Federal de Minas Gerais. Um grande conjunto de livros, revistas e slides foram doados ao centro por Josef Brozek, membro da Cheiron Internacional, e o centro vai receber outros materiais relevantes, tornando-os acessíveis não só para investigadores brasileiros, mas para os estudiosos latino-americanos e internacionais também. (Brozek, 1998)

Após a sua criação, os Arquivos UFMG receberam outras coleções, como será descrito a seguir.

Terceiro momento: a expansão e consolidação dos Arquivos UFMG de História da Psicologia no Brasil e os acervos

O *Guia dos Arquivos UFMG de História da Psicologia* no Brasil foi elaborado em 1997/1998, pela equipe que trabalhava no inventário e catalogação dos documentos, manuscritos, publicações e fotografias que faziam parte das coleções da Sala Helena Antipoff. Dessa equipe faziam parte estagiários e bolsistas de iniciação cientifica e de apoio técnico das áreas da Psicologia, Educação, Ciência da Informação e Belas Artes. (Campos, Diniz & Nepomuceno, 2003)

No *Guia dos Arquivos*, a expressão "História da Psicologia no Brasil" se referia a iniciativas de caráter teórico ou prático em psicologia que tiveram lugar no Brasil, e às conexões estabelecidas entre essas iniciativas e a psicologia praticada em outras partes do mundo. Como considerávamos que a psicologia no Brasil era profundamente relacionada à história da Educação, sobretudo à história do pensamento educacional e dos sistemas de ensino no país, os acervos constituíam materiais de interesse também para historiadores em Educação. Em termos institucionais, os Arquivos ficaram vinculados tanto à linha de pesquisa "Psicologia, Psicanálise e Educação" do Programa de Pós-Graduação em Educação da Faculdade de Educação da UFMG, quanto à linha de pesquisa "Cultura, Modernidade e Subjetividade", do Programa de Pós-Graduação em Psicologia da UFMG. Na Faculdade de Educação da UFMG, os Arquivos estão vinculados ao CEPDOC – Centro de Documentação e Pesquisa em História da Educação, atualmente coordenado pelo historiador Luciano Mendes de Faria Filho.

Figura 3 – Caixas com documentos inéditos produzidos por Helena Antipoff. Sala Helena Antipoff - Biblioteca Central da UFMG.

A Sala Helena Antipoff abriga atualmente os acervos dos Arquivos UFMG de História da Psicologia no Brasil e conta ainda com uma exposição permanente de painéis que destacam aspectos da vida e obra de Helena Antipoff.

A equipe responsável pelos trabalhos de constituição e manutenção dos Arquivos conta com pessoal com formação em Arquivologia, Ciência da Informação, Psicologia e Educação, além do pessoal treinado em técnicas de conservação e restauração, que trabalha sob a orientação do Centro de Conservação e Restauração de Bens Culturais Móveis (CECOR) da UFMG. Uma equipe de consultores presta assessoria na organização dos acervos.

Fazem parte do patrimônio dos Arquivos os seguintes acervos e coleções:

1. Acervo CDPHA

Em 6 de agosto de 1979, em Belo Horizonte, nas comemorações do cinquentenário da chegada de Helena Antipoff ao Brasil, a Prof.ª Helena Dias Carneiro, dirigente da Sociedade Pestalozzi do Brasil, apresentou o projeto de criação de um centro nacional cujos objetivos seriam: preservar a memória de Helena Antipoff, documentar sua obra e divulgar seu ideário. A proposta foi aceita e, decorridos oito meses, o CDPHA foi criado, em 25 de março de 1980. Dentre as atividades do CDPHA, desde sua fundação, destacam-se a realização do Encontro Anual Helena Antipoff, e a publicação do *Boletim do CDPHA*. Além disso, o CDPHA cuida do acervo documental que pertenceu a Helena Antipoff que hoje se encontra dividido em duas secções: na Sala Helena Antipoff, na Biblioteca Universitária da UFMG, e na Fundação Estadual Helena Antipoff, em Ibirité.

O acervo preservado na Sala Helena Antipoff consistede documentação pertencente ao CDPHA cedida por Daniel Antipoff, através de Acordo de Cooperação firmado entre o Centro, a Secretaria de Estado de Educação de Minas Gerais, a Fundação Helena Antipoff e a UFMG, em 1997. São documentos inéditos como: manuscritos, correspondências, textos avulsos, anotações, publicações de circulação restrita e fotografias. O conjunto inclui documentos relacionados à trajetória profissional de Helena Antipoff: os estudos em Paris e Genebra, o trabalho como psicóloga e educadora na Rússia, na Suíça e no Brasil e à organização e funcionamento do Complexo da Fazenda do Rosário, produzidos e acumulados no período de 1927 a 1987. Inclui também publicações produzidas pelo Centro de Documentação. A outra parte da documentação encontra-se preservada nas instalações do Memorial Helena Antipoff, na Fundação Helena Antipoff, localizada em Ibirité, MG. Os documentos, livros e objetos de uso pessoal de Antipoff integrados ao Memorial foram tombados pelo Conselho do Patrimônio Cultural da cidade de Ibirité, e a Fundação Helena Antipoffc onta com ajuda financeira de programas de preservação do patrimônio histórico e cultural do Estado de Minas Gerais, como o ICMS Cultural. (Lourenço, 2013).

Os documentos do acervo localizados nos Arquivos UFMG estão distribuídos em caixas e obedecem à organização por assuntos inicialmente feite pelo pessoal do CDPHA, na Fundação Helena Antipoff, em Ibirité. Estão disponíveis para consulta 63 caixas. Os livros, teses e periódicos pertencentes ao acervo estão organizados por ordem alfabética pelo sobrenome do autor ou editor, e encontram-se em fase de catalogação.

2. Acervo Josef Brozek

O acervo Josef Brozek é constituído por umconjunto de documentos produzidos e acumulados pelo autor ao longo de sua vida profissional e acadêmica. Inclui livros, correspondências, fotografias, manuscritos, periódicos, separatas e slides. Abrange o período de 1891 a 1996. O acervo foi doado aos Arquivos em 1998, pelo titular. A maior parte dos documentos e publicações tratam da história da psicologia, especialmente história da psicologia norte-americana.

3. Acervo Helena Dias Carneiro

Helena Dias Carneiro teve um primeiro contato com Helena Antipoff no Rio de Janeiro no ano de 1945, buscando tratamento para seu filho excepcional. Tornou-se, a partir desde momento, uma das primeiras mães de excepcionais a colaborar na obra de criação da Sociedade Pestalozzi do Brasil (SPB),naquele mesmo ano, e atuou em vários outros projetos em prol da infância excepcional.Participou também da fundação da primeira Associação de Pais e Amigos dos Excepcionais (APAE) no Rio de Janeiro, em1954, e da criação do Centro de Documentação e Pesquisa Helena Antipoff (CDPHA), em 1980, tendo uma secção em Ibirité e outra no Rio de Janeiro, coordenada por ela. Foi a idealizadora não só do CDPHA, mas também da implantação de um Arquivo Oral e da instituição de Encontro Anual Helena Antipoff e da publicação do *Boletim do CDPHA*.

O acervo, doado por Daniel Antipoff em 1997, é constituído pordocumentos produzidos e acumulados por Helena Dias Carneiro durante o período de convivência com Helena Antipoff e nos anos que se seguiram ao desaparecimento da colega. A parte mais valiosa do acervo são as correspondências mantidas entre as duas Helenas, entre os anos de 1947 e 1974, tratando da administração das atividades das Sociedades Pestalozzi do Rio de Janeiro e de Minas Gerais.

A organização dos documentos preserva a ordem original definida pela titular: arranjo em séries, por tipo de documento: série correspondência, em ordem cronológica e série recortes de jornais, por assunto. Inclui 240 Correspondências, recortes de jornais(em processo de organização), Livros e periódicos sobre educação especial e outros assuntos relacionados.

4. Acervo Daniel Antipoff

Daniel Antipoff (1919-2004) era filho da educadora e psicóloga Helena Antipoff com o jornalista e escritor Vitor Iretzky. Nascido em

São Petersburgo, morou nessa cidade com a família até que o pai foi preso e deportado para Berlim, em 1922, como prisioneiro político, por discordar do controle ideológico imposto pelo regime soviético. Daniel então morou com a mãe em abrigos para crianças abandonadas em que ela trabalhou na Rússia, nas cidades de São Petersburgo e Viatka. Em 1924, mãe e filho deixaram a União Soviética para se encontrar com Vitor em Berlim. Entre 1927 e 1929, Daniel acompanhou a mãe a Genebra, onde ela se tornou assistente de Édouard Claparède. Em 1929, ao aceitar o contrato no Brasil, Helena deixou Daniel aos cuidados de uma colega do Instituto Jean Jacques Rousseau, Marguerite Soubeyran, que havia fundado uma escola orientada por princípios escolanovistas na cidade de Dieulefit, na Provence francesa – a escola Beauvallon. Helena Antipoff contribuiu com parte de seu salário no Brasil para a manutenção de Daniel nessa escola. O menino esteve no Brasil, visitando a mãe, em 1934. Na Europa, permaneceu em contato com o pai, que morava em Berlim, até o falecimento deste, em 1935. Por volta de 1936, foi morar com a avó, Sofia Antipoff, em Paria, onde a matriarca dava aulas de russo e cuidava das outras duas filhas. Nessa época, então com 15 anos, Daniel começou a se preparar para cursar a universidade na França. A ameaça de uma nova guerra, contudo, fez a família modificar esse plano, e em 1938 o jovem russo reuniu-se à mãe, no Brasil. A conselho dela, e para aprender melhor o português, matriculou-se na Universidade de Viçosa, Minas Gerais, para cursar Agronomia. Helena considerou que a nova Universidade, recém instalada com o apoio de técnicos norte-americanos, proporcionaria o ambiente adequado a uma formação científica mais avançada. A passagem por Viçosa foi bem sucedida: e Daniel formou-se em 1948, e casou-se com Ottília Braga, que lecionava o francês na Escola Normal de Visconde do Rio Branco, cidade próxima a Viçosa. O jovem agrônomo trabalhou em escolas de formação de técnicos para o meio rural, até o início dos anos de 1950, quando voltou a Belo Horizonte e graduou-se em Filosofia pela UMG. Trabalhando com a mãe, iniciou-se na psicologia e foi um dos fundadores do Serviço de Orientação e Seleção Profissional (SOSP), primeiro serviço público de psicologia instalado no estado de Minas Gerais, sob a orientação de Emílio Mira y López. Qualificou-se então na aplicação de testes de inteligência e na condução de entrevistas psicológicas. Em 1956 frequentou o curso de Psicologia Experimental ministrado pelo psicólogo genebrino André Rey no Instituto Superior de Educação Rural (ISER), em Ibirité. Em 1957, quando foi constituída a Sociedade Mineira de Psicologia, foi eleito primeiro secretário geral da instituição. Atuou como psicólogo residente no Instituto Tecnológico da Aeronáutica em São José dos Campos - SP em 1963. Fez um curso de pós-graduação na Universidade de Denver, nos Estados Unidos, sobre Crianças com Deficiências Físicas ou Mentais.

Em 1980 Daniel Antipoff participou da fundação do Centro de Documentação e Pesquisa Helena Antipoff (CDPHA), junto com Helena Dias Carneiro, o psiquiatra Hélio Alkimin, a professora de música Elza Moura e outros colegas e amigos. Foi presidente do CDPHA entre 1980 e 2000, quando transferiu a presidência a Regina Helena de Freitas Campos, professora de Psicologia da Educação na UFMG. Trabalhou como psicólogo clínico desde a década de 1950 até a década de 1980 e ficou conhecido por sua atuação no diagnóstico de crianças e adolescentes bem dotados.

O acervo Daniel Antipoff é constituído por livros e periódicos acumulados pelo doador ao longo de sua carreira. As obras abrangem o período entre 1892 e 1998.

5- *Acervo Campos*

Esta coleção é composta por um conjunto de 103 livros, 14 títulos de periódicos, dissertações, teses, manuscritos e protocolos de pesquisa doados em 1998 por Regina Helena de Freitas Campos e seu marido, o advogado ambientalista Léo Pompeu de Rezende Campos. As obras abarcam o período entre 1936 e 2003. Os livros eram parte da coleção pessoal dos doadores, tendo alguns sido editados por eles. Os temas de abrangência da coleção são: psicologia, psicologia social, direito, direito ambiental e educação.

6- *Catálogo de fontes Marina Massimi*

Constitui-se de uma base de dados bibliográficos (referências de livros, teses, manuscritos) para pesquisa em história da psicologia no Brasil, sendo que todo o material está fisicamente localizado em bibliotecas do Estado de São Paulo. Foi gerada a partir de pesquisa feita pela Profa. Marina Massimi, da Universidade de São Paulo - Ribeirão Preto, e doada pela titular em 1997.

A base de dados permite a busca por autor, título e assunto, e traz o número de localização da obra, na biblioteca em que se encontra.

7- Catálogo de fontes Denise Nepomuceno

Trata-se de um catálogo de fontes bibliográficas para a história das ideias psicológicas em Minas Gerais no período entre 1830 e 1930. Foi organizado por Denise Maria Nepomuceno, estudante de Pedagogia da UFMG, sob a orientação da Profa. Regina Helena de Freitas Campos. Lista um total de 264 títulos. As bibliotecas escolhidas para a pesquisa, conhecidas por conterem fontes relevantes para a história de Minas Gerais,foram as seguintes: Arquivo Público de Minas Gerais, Biblioteca Pública Luiz de Bessa, Sistema de Bibliotecas da UFMG, Biblioteca da Universidade Federal de São João del Rey (UFSJ), Biblioteca Batista Caetano (obras raras da UFSJ), Biblioteca Municipal de São João Del Rey, Biblioteca do Centro de Referência do Professor e Sistema de Bibliotecas da Pontifícia Universidade Católica de Minas Gerais(Nepomuceno & Campos, 2004).

8. Acervo Laboratórios de Psicologia Experimental

Este acervo é constituído por uma variedade de fontes documentais. Há uma coleção de instrumentos utilizados para o ensino de Psicologia Experimental em Laboratórios de Psicologia existentes na Universidade Federal de Minas Gerais entre 1970 e 1990. Tal coleção inclui oito caixas de condicionamento operante, também chamadas de caixas de Skinner, um registrador cumulativo e um rack para controle analógico de contingências. O acervo conta ainda com planos de curso, fotografias, material didático, protocolos para práticas de laboratório e outas fontes produzidas por professores que passaram pelos laboratórios de Psicologia Experimental da UFMG. Há também um acervo de entrevistas realizadas com alguns dos primeiros professores e estudantes do curso de graduação em Psicologia da UFMG. O acervo também conta com documentos, livros e periódicos vinculados à Análise do Comportamento doados pelo Prof. Sérgio Cirino. Dentre os livros destacam-se livros raros escritos por Fred Keller, autografados, e um exemplar da tradução japonesa do livro *Ciência e Comportamento Humano*, de Skinner.

Quarto momento: produção e circulação de conhecimentos

Os pesquisadores que cuidam dos Arquivos UFMG de História da Psicologia no Brasil têm participado dos eventos anuais promovidos pelo

CDPHA, em conjunto com a Rede Interinstitucional de Pesquisadores em História da Psicologia que se constituiu a partir da reunião de professores, pesquisadores e estudantes da história da psicologia vinculados a diversas universidades brasileiras reunidos no Grupo de Trabalho em História da Psicologia da ANPEPP. Mais recentemente, a Rede foi incorporada pela Sociedade Brasileira de História da Psicologia (SBHP), criada em outubro de 2013.

Os Encontros Anuais Helena Antipoff têm sido realizados com o apoio da UFMG, da Fundação Helena Antipoff, da UEMG e das demais entidades criadas sob a liderança da educadora, como a Associação Pestalozzi de Minas Gerais, a ADAV (Associação Milton Campos para o Desenvolvimento de Vocações de Bem Dotados) e a ACORDA (Associação Comunitária do Rosário). Através dos anos, a escolha dos temas dos Encontros tem procurado atender aos interesses dos pesquisadores, que acabaram por consolidar esses eventos como um espaço de divulgação de pesquisas e de troca de experiências nas áreas da história da psicologia, psicologia da educação e educação especial.

Desde 2007, artigos resultantes das comunicações nas sessões coordenadas são selecionados para publicação na Coleção Encontros Anuais Helena Antipoff, que está sendo editada na forma de coletâneas de textos publicadas periodicamente, com organização a cargo de membros da diretoria do CDPHA (Campos & Vieira, 2007; Nassif & Nunes, 2008; Lourenço, Guedes & Campos, 2009; Campos & Santiago, 2011; Lourenço, Assis & Campos, 2012; Assis, Lourenço & Borges, 2015).

Além de intensa produção de artigos originados a partir dos Encontros Anuais, podem ser destacadas asdissertações e teses no âmbito dos Programas de Pós-Graduação em Educação e em Psicologia da UFMG. Desde 1996 os pesquisadores em história da psicologia vinculados a esses programas de pós-graduação se reuniram no Grupo de Pesquisa em História da Psicologia e Contexto Sociocultural, registrado no Diretório de Grupos de Pesquisa no Brasil.

Os Arquivos UFMG de História da Psicologia no Brasile o Centro de Documentação e Pesquisa Helena Antipoff têm também articulado importantes convênios com centros de pesquisa internacionais, como o Centro Alexander Solzenitcyn de Estudos da Diáspora Russa, em Moscou, na Rússia, com a Universidade de Akron, nos EUA, Universidade de Rouen, na França; além da já consolidada parceria com a Universidade de Genebra (UNIGE).

O contato na UNIGE, realizado a partir da parceria com Silvia Parrat-Dayan, tem proporcionado uma troca intelectual importante. Estudantes de pós-graduação tem acesso aos Archives Jean Jacques Rousseau e Archives Jean Piaget, e podem investigar as conexões entre Europa e Brasil estabelecidas a partir da vinda de Antipoff. Martine Ruchat, professora de História da Educação na Faculdade de Psicologia e Ciências da Educação da Universidade de Genebra, editou e promoveu a publicaçãoda coleção de cartas trocadas por Helena Antipoff e Édouard Claparède entre os anos 1914-1940. Além disso, seus artigos sempre destacam o papel relevante de Helena Antipoff como uma das primeiras alunas do Instituto Rousseau e posteriormente, como professora, pesquisadora e criadora de instituições em Educação Especial (Ruchat, 2008, 2010).

Laurent Gutierrez, da Universidade de Rouen, pesquisador da Escola Nova e do trabalho de Alfred Binet e Théodore Simon, também tem colaborado com o grupo de pesquisa que se estabeleceu a partir dos Arquivos, participando de eventose recebendo alunos da pós-graduação na França.

A historiadora Marina Sorokina e a psicóloga Natalia Masolikova, do Centro Alexander Solzenitcyn de Estudos da Diáspora Russa, promoveram seminário internacional sobre Helena Antipoff em Moscou, em 2012, reunindo pesquisadores do Brasil, Suíça, França e Rússia em torno de sua obra. As pesquisadoras russas estudam a trajetória de Antipoff na Rússia, entre seu nascimento em 1892 e a mudança para Paris, em 1908, e depois entre 1916 e 1924, quando trabalhou como psicóloga em abrigos para crianças abandonadas ou carentes e interagiu com psicólogos como Alexandre Nechaev, diretor do Laboratório de Psicologia da Universidade de São Petersburgo. O trabalho de Antipoff interessa fortemente ao pessoal do Centro Solzenitcyn, por evidenciar a difusão do pensamento de intelectuais russos em outros países. (Sorokina & Masolikova, 2014).

David Baker, diretor do Center for the History of Psychology da Universidade de Akron, nos Estados Unidos da América, cujos arquivos constituem-se como um dos maiores acervos de manuscritos e artefatos em psicologia atualmente existentes nomundo, visitou a UFMG em 2012, tendo participado do 32º Encontro Anual Helena Antipoff. Ao conhecer o acervo dos Arquivos UFMG, relatou sua surpresa ao se deparar com tão importante acervo de História da Psicologia no Brasil.

Todo o material dos Arquivos é conservado em ambiente apropriado, na Biblioteca Central da UFMG. A preservação dos documentos é garantida através de processo de limpeza e retirada de qualquer objeto que possa danificá-los, como grampos de metal, por exemplo, e acondicionamento em caixas e pastas confeccionadas em papel neutro. A Sala Helena Antipoff está localizada no 4° andar da Biblioteca Central da UFMG. O acesso é livre e é feito através da entrada principal da Biblioteca. A consulta aos documentos é feita mediante a orientação da equipe responsável, observando-se alguns procedimentos de proteção do usuário e do acervo.

Aceita-se doações de acervos relacionados à História da Psicologia no Brasil. O material a ser doado será previamente avaliado para verificar suas relações com o objetivos dos Arquivos.

As condições de doação são acertadas entre o doador e a Universidade, podendo-se estabelecer restrições à consulta, ou mesmo estipular um prazo para que a consulta ao material seja permitida livremente.

Os Arquivos e a história da psicologia: perspectivas

Gundlach (2006) propôs o conceito de *disciplina* para tratar do desenvolvimento da psicologia como área de conhecimento na modernidade. Na sua definição, uma disciplina consiste em um grupo formado por professores e estudantes, um corpo mais ou menos consistente de conhecimentos teóricos e práticos (genuínos ou errôneos), um conjunto de passos formais pelos quais devem passar aqueles que pretendem se tornar *experts* naquele campo de saber.

Se nos orientamos por essa noção de "disciplina", observamos que a história da psicologia se constitui no Brasil, na atualidade, em uma disciplina. Isto significa que a área dispõe de um conjunto de pesquisadores com seus discípulos, reunidos com a finalidade de fazer avançar um corpo de conhecimentos que tende a se tornar um cânone na análise das relações entre a produção e circulação de conhecimentos em psicologia. Novos pesquisadores têm sido regularmente formados, especializando-se como historiadores da psicologia, e contribuindo para a crescente literatura que trata da história dessa ciência, em especial no Brasil e no mundo ibero-americano.

Os trabalhos em história da psicologia alimentam a rede de formação de novos psicólogos. Atualmente há cerca de 250 mil psicólogos no Brasil, uma das maiores comunidades nacionais de psicólogos atualmente existentes no mundo. A profissão é regulada e amparada pelo Conselho Federal de Psicologia, instituição que tem apoiado a realização dos estudos históricos no Brasil, através do projeto Memória da Psicologia Brasileira, iniciado em 1999 e com grande repercussão na área. Professores e pesquisadores formados no nível pós-graduado dedicam-se ao ensino de história da psicologia nos cerca de 400 cursos de graduação e 128 de pós-graduação em psicologia atualmente existentes no país (Conselho Federal de Psicologia, 2015).

Vários são os motivos que sustentam a necessidade do ensino e pesquisa da história da psicologia em cursos de formação de psicólogos. Entre eles, destaca-se o desejo de conhecer melhor essa vasta área de estudos que, conforme muitos autores já apontaram, se confunde muitas vezes com a própria história das reflexões da humanidade sobre si mesma.

Também tem sido lembrado que o campo de conhecimento da psicologia tem um longo passado e uma curta história (Allport, 1968; Farr, 1996). O longo passado da área é associado à história da filosofia, e à história dos conceitos e teorizações sobre a dimensão psicológica do ser humano. Sua curta história está ligada ao nascimento da profissão do psicólogo e da pesquisa experimental em psicologia nos períodos moderno e contemporâneo, com as vicissitudes que acompanharam esses processos.

Michel Foucault, nas obras que descrevem as contradições que emergiram com a separação da psicologia de sua herança filosófica, alerta para a necessidade de que a psicologia como ciência se apoie no conhecimento da história concreta do ser humano, em perspectiva semelhante à defendida por Wundt na Volkerpsychologie (Castro, 2009; Wundt, 1926). Ao mesmo tempo, aponta a forte presença da psicologia como parte da *episteme* moderna, isto é, da consciência histórica do ser humano acerca de si mesmo como constituinte da compreensão do mundo na modernidade. Nesse sentido, o estudo da história da psicologia visaria primordialmente esclarecer as relações do conhecimento psicológico com as tramas do saber e do poder nas sociedades contemporâneas, e essa é temática expressiva dos estudos historiográficos da área na atualidade. Trata-se muitas vezes de buscar compreender, com as ferramentas historiográficas, a (sócio)lógica que preside a elaboração teórica dos psicólogos, a trama de conceitos e tecnologias que produzem, e sua imersão na própria organização das redes de saúde, educação e bem-estar social nas sociedades contemporâneas. Cada vez mais é necessário, portanto, o conhecimento da formação histórica de nossa área de estudos, exatamente para tentar compreender sua configuração atual e a rede de trocas e retroalimentação que mantem com o tecido social. Conceitos psicológicos são fortemente imbricados com os saberes do senso comum. Cabe a nós, historiadores, contribuir para deslindar as complexas relações que esses saberes mantem com a cultura e própria organização social com as quais estão entrelaçados (Massimi & Gontijo, 2015).

O estudo da história da psicologia se impõe também na construção da identidade dos profissionais da área, que buscam a legitimação de suas perspectivas teóricas e práticas através do aprofundamento do conhecimento histórico, conforme lembra Danziger (1994). Teorias e técnicas em psicologia são elaboradas em momentos históricos específicos, visando responder questões colocadas pela prática social daquele contexto. Quando utilizadas em contextos diversos, passam por processos de transformação e adaptação nem sempre transparentes ao observador. Aparentemente trata-se do mesmo conceito ou técnica. Na verdade, porém, seu significado poder ter deslizado, fruto da intervenção do debate que ocorre no contexto de apropriação. Para descrever esse processo, os historiadores da psicologia ou da cultura tem utilizado conceitos como apropriação, hibridização ou indigenização. O conceito de apropriação é utilizado pelo historiador Roger Chartier, especialista em história cultural, para se referir ao processo de recepção de representações e práticas culturais em uma cultura diferente daquela de origem, enfatizando o fato de que se trata de processo ativo, dependendo fortemente da ação do sujeito que recebe e assimila a nova prática ou representação (Chartier, 1988). O conceito de hibridização, importado das ciências biológicas, supõe que, no processo de apropriação, novas representações e novas práticas são construídas a partir de uma mistura de características da cultura de origem e da cultura de recepção (Burke, 2009). Já o conceito de indigenização chama atenção para o fato de que, no processo de transmissão, as novas representações ou práticas culturais que resultam do encontro entre culturas e da recepção de métodos, práticas, aplicações e resultados refletem as condições locais de recepção, produzindo transformações que incluem elementos da linguagem, história e cultura da sociedade local, ou seja, do contexto de recepção (Pickren & Rutherford, 2010). Essas formas de abordar a circulação de conhecimentos – utilizando os conceitos de apropriação, hibridização e indigenização – coloca em questão a ideia de que as teorias e práticas científicas circulam de um suposto centro a uma periferia. Mais interessante é a ideia de uma história multicêntrica da Psicologia. Nesse modelo, "Psychology would be presented as a communal, socially constructed endeavor, heavily influenced by time, place and culture, involving a diversity of constituents" (Pickren & Rutheford, 2010, p. xxxiii).

Os autores que defendem essa forma de reconstruir a história da Psicologia, com os quais nos alinhamos, lembram também a importância da pesquisa em arquivos, inclusive para evitar a repetição de anedotas e mitos de origem que tendem a ser divulgados de maneira superficial e pouco crítica nos manuais, e passam de uma geração a outra sem que seja feito um esforço de verificação. A alternância entre pontos de vista e a incorporação de novos *insights* na descrição do processo de circulação de ideias, conceitos, procedimentos e tecnologias parecem ser a regra, e não a exceção na história da psicologia. Muitos desses *insights* se devem a pesquisas cuidadosas de fontes primárias encontradas em arquivos.

Segundo Bingmann e Ungerer (1998), citando Cadwallader, a pesquisa de fontes primárias em arquivos pode revelar aspectos insuspeitados da história de uma ciência. Pode, por exemplo, indicar como se deu a gênese de um conjunto de ideias ou mesmo de uma nova teoria, conhecer influências pessoais desconhecidas ou mesmo aspectos relevantes das políticas institucionais que afetaram a produção científica de um autor, contribuindo para compor o quadro de sua personalidade.

As descobertas proporcionadas pela pesquisa em arquivos podem resultar em novas interpretações da história, tão necessárias na composição de um quadro mais completo do desenvolvimento da psicologia. Conforme já assinalado porWertheimer (1980, p.20), destacando a necessidade de compreender a psicologia em seu contexto:

> as razões mais importantes para o estudo da história da psicologia tem a ver com o desenvolvimento de uma certa perspectiva. Esse estudo pode ajudar a evitar uma visão puramente "internalista" e desenvolver uma visão "externalista" mais madura. Pode também transcender uma orientação "presentista", levando a

> uma perspectiva mais realista e "historicista". As ideias tendem a ser em grande medida o produto do contetxosocio-culturalno qual aparecem, e os esforços de pesquisa atuais não são exceções a esse princípio.

Com isso, Wertheimer apoia fortemente a pesquisa de fontes primárias em arquivos, que contribui para mostrar ao historiador os fatores contextuais – pessoais, familiares, institucionais, sociais – que podem ter influenciado o pensamento de um autor ou de um grupo de cientistas.

Danziger (1994) elabora um quadro mais complexo e contemporâneo sobre essas questões, argumentando que a subjetividade humana é, em si mesmo, histórica, mudando com o tempo. Essa afirmativa coloca a história como um objeto de estudo proeminente para os psicólogos. Nas palavras de Danziger:

> No caso da Psicologia, (...) não são apenas os conceitos e métodos da disciplina que passam por mudanças históricas constantes, mas o seu próprio objeto de estudo. A subjetividade humana, a realidade por detrás dos objetos de investigação psicológica, está fortemente implicada no processo histórico. (...) A história da psicologia e a história da subjetividade humana não são independentes uma da outra. Mudanças em uma tendem a afetar a outra. (Danziger, 1994, p. 475)

O processo descrito por Danziger é bastante visível na história da psicologia no Brasil, em parte porque a disciplina, em nosso país, desenvolveu-semais na área aplicada do que a partir da investigação desinteressada de laboratório. A necessidade de resolver problemas de uma sociedade em rápido processo de transformação, ao longo do século 20, levou os psicólogos a inventarem formas inovadoras de lidar com questões psicológicas e psicossociais trazidas pelos sistemas de educação, saúde e bem-estar social. Como isso tem acontecido em um país caracterizado por fortes desigualdades sociais e pela diversidade cultural, a inadequação de muitos conceitos produzidos pela psicologia dos países dominantes se tornou mais visível quando da aplicação à população local. Isso levou naturalmente à busca de modelos mais apropriados para a compreensão da realidade.

Por todos esses motivos, visões muitas vezes contraditórias sobre o desenvolvimento da psicologia no país tem sido produzidas. Para fomentar o debate e chegar a versões cada vez mais complexas e fiéis à realidade, o recurso a fontes primárias tem sido relevante, contribuindo para o aperfeiçoamento teórico e técnico do campo da história da psicologia. Conforme lembrado por Brozek, a história das teorias e sistemas em psicologia tem sido feita com base primordialmente em fontes secundárias. Mas, para o historiador preocupado com as relações entre histórias de vida dos autores, histórias das organizações onde a demanda pelo trabalho dos psicólogos se construiu, ou o clima cultural no qual se produziram contribuições teóricas e técnicas na área a consulta afontes primárias em arquivos é essencial.

Referências

Allport, G.W. (1968)The historical background of modern social psychology. In:*The Handbook of Social Psychology*. Eds. G. Lyndzey& E. Aronson, 2nd. ed., Vol. I. Reading, Mass.: Addison-Wesley Publishing Co., pp. 1-80.

Almeida, Marilene O.; Campos, Doralice A. (2014) *Helena Antipoff – 85 anos de Brasil*. Ibirité, MG: Fundação Helena Antipoff.

Bringmann, W.G.; Ungerer, G. A. (1998) Uma viagem pelos arquivos em busca de Wilhelm Wundt. In:Brozek, J.;Massimi, M. (Orgs.). (1998).*Historiografia da psicologia moderna: versão brasileira*.São Paulo: Loyola, p. 265-304.

Brozek, J.; Campos, Regina H.F. (1996) Fontes em historiografia da Psicologia. In: Campos, Regina H.F. (Org.) (1996). *História da Psicologia – Pesquisa, Formação, Ensino*. São Paulo: EDUC; ANPEPP, p. 57-63.

Brozek, J. (1997, July 12). Dearcolleague Daniel (carta a Daniel Antipoff). Manuscrito original pertencente a Regina Helena de Freitas Campos.

Brozek, J. (1998, JanuaryJune, 1) DearfriendRegina (carta à Profa. Regina Campos com um rascunho de uma mensagem a ser enviada à Dra. Nadine Weidman), manuscrito original pertencente a Regina Helena de Freitas Campos.

Brozek, J.;Massimi, M. (Orgs.). (1998). *Historiografia da psicologia moderna: versão brasileira*. São Paulo: Loyola.

Burke, Peter (2009) *Cultural hibridity*. Cambridge, England: Polity Press.

Campos, Regina H.F. (1980) *Psicologia e ideologia – Um estudo da formação da Psicologia Educacional em Minas Gerais*. Belo Horizonte: Universidade Federal de Minas Gerais (Dissertação de Mestrado).

Campos, R.H.F. (1989). *Conflicting interpretations of intellectual abilities among Brazilian psychologists and their impacton primary schooling.*Unpublished doctoral dissertation, Stanford University, Palo Alto, CA, USA.

Campos, Regina H.F. (Org.) (1996) *História da Psicologia - Pesquisa, Formação, Ensino.*São Paulo, SP: Educ; ANPEPP.

Campos, R.H.F. (2001). Helena Antipoff (1892-1974): a synthesis of Swiss and Soviet psychology in the context of Brazilian education. *History of Psychology*, 4(2), 133-158.

Campos, R.H.F. (2010). The UFMG Archives of the History ofPsychology in Brazil. *HistoryofPsychology*, 13(2), 201–214.

Campos, Regina H.F.; Diniz, Geraldo I.; Nepomuceno, Denise M. (2003) Guia dos Arquivos UFMG de História da Psicologia no Brasil. *Boletim do CDPHA*. 16, p. 17-32.

Campos, R.H.F.; Vieira, Rita de C. (2007) Instituições e Psicologia no Brasil. Rio de Janeiro: Nau Editora.

Castro, E.(2009) *Vocabulário de Foucault*. Belo Horizonte: Autêntica.

Chartier, Roger.(1988) *Cultural History. Between Practices and Representations*, tr. Lydia G. Cochrane, Cambridge, Polity Press;Ithaca: Cornell University Press.

Conselho Federal de Psicologia (2015) http://www2.cfp.org.br/infografico/quantos-somos/, retrieved 14/07/2015.

Costa, Jurandir F. (1976) *História da Psiquiatria no Brasil*. Rio de Janeiro: Documentário.

Danziger, K. (1994). Does the history of psychology have a future? *Theory&Psychology*, 4, 467-484. doi: 10.1177/0959354394044001.

Farr, R.M. (1998) *As Raízes da Psicologia Social Moderna*. Trad. Pedrinho-Guareschi. Petrópolis: Vozes.

Gundlach, H. (2006). Psychology as science and as discipline: The case of Germany. *Physis: Revista Internazionale diStoriadellaScienza*, 43, p. 61-89.

Lourenço, Érika; Guedes, Maria do Carmo; Campos, Regina H.F. (Orgs.) (2009) *Patrimônio Cultural, Museus, Psicologia e Educação - Diálogos.*Belo Horizonte: Editora PucMinas.

Lourenço, E.; Assis, R. M. & Campos, R. H. F. (Eds.) (2012). *História da Psicologia e Contexto Sociocultural: Pesquisas Contemporâneas, Novas Abordagens*. Belo Horizonte: Editora PUC Minas.

Lourenço, E. (2013). Entrevista com Regina Helena de Freitas Campos. *Psicologia Escolar e Educacional,17*(1), 177-180. Retrieved July 09, 2015, from http://www.scielo.br/scielo.php?script=sci_arttext&pid=S1413-85572013000100019&lng=en&tlng=pt.10.1590/S1413-85572013000100019.

Machado, R.; Loureiro, A., Luz, R & Muricy, K. (1978). *Danação da Norma – Medicina Social e Constituição da Psiquiatria no Brasil*. Rio de Janeiro: Graal.

Massimi, M. &Gontijo, S.R. (2015) History of psychological knowledge in Brazilian culture.Weaving Threads on the Loom of Time. *History of Psychology*, Vol. 18, No. 2, 170–182. Disponível em: http://dx.doi.org/10.1037/a0038863.

Nassif, Lilian E.; Nunes, Maria Therezinha (Orgs.) (2008) *Formação de Professores – Diálogos com a Experiência Antipoffiana*. Belo Horizonte: Editora Puc Minas.

Patto, Maria Helena S. (1984) *Psicologia e Ideologia – Uma Introdução Crítica à Psicologia Escolar*. São Paulo, SP: T.A.Queiroz.

Nepomuceno, D.; Campos, R. H. F. (2004). Fontes para difusão das ideias psicológicas em Minas Gerais entre 1830 e 1930.*Memorandum*, 6, 114-123.

Pickren, Wade E.; Rutherford, Alexandra (2010). *A history of Modern Psychology in Context*.Hoboken, N.J.: John Wiley & Sons.

Ruchat, M. (2008). « Escola de Psicologia de Genebra em Belo Horizonte: Um estudo através da correspondência entre EdouardClaparède e HélèneAntipoff (1915-1940) », *Revista Brasileira de História da Educação*, 17. Campinas: EditoraAutoresAssociados, pp. 181-205.

Ruchat, Martine (Org.) (2010) *Edouard Claparède-Hélène Antipoff. Correspondance 1914-1940*. Florença: Olschki Editore, Collection: Histoire des sciences.

Santiago, Ana L. ; Campos, Regina H.F. (Orgs) (2011) *Educação de Crianças e Jovens na Contemporaneidade – Pesquisas sobre Sintomas na Escola e Subjetividade*. Belo Horizonte: Editora PucMinas e CDPHA.

Sorokina, M.;Masolikova, N. (Org.) (2014) *The Global Educational Space and the Academic Migrants – The legacy of the Russian-Brazilian psychologist*

*Helena Antipoff (1892-1974) in science, education and human rights (Latin America, Europe and Russia).*Moscou; Centro Solzenitcyn de Estudos da Diáspora Russa (ProceedingsoftheInternationalColloquium, June 18-20 2012).

Wertheimer, M. (1998) Pesquisa histórica – Porquê? In: Brozek, J.;Massimi, M. (1998) *Historiografia da Psicologia Moderna – Versão Brasileira*. São Paulo, SP: Ed. Loyola.

Wundt, W. (1926) *Elementos de Psicología de losPueblos*. Trad. Santos Rubiano. Madrid: Daniel Jorro, Editor.

Historiografia curricular em registro fotográfico: primórdios da formação acadêmica em psicologia no sul do Brasil

Thiago Gomes de Castro
Raíssa Telesca Arrial

O capítulo apresenta uma possibilidade de análise histórica da formação acadêmica em Institutos de Psicologia no Brasil, a partir da historiografia curricular em acervos documentais de instituições de ensino superior. Na presente pesquisa, toma-se como estudo de caso o acervo documental do Instituto de Psicologia da PUCRS (IP-PUCRS). Documentos datados entre 1953 e 1979 foram selecionados no acervo, conforme os eixos de interesse da pesquisa, e fotografados para compor um banco de registro histórico. As análises preliminares encaminharam a discussão para a relação entre currículos acadêmicos e concepções de ciência psicológica nos primórdios da profissão no estado do Rio Grande do Sul.

Pesquisa histórica e análise documental

A pesquisa em história da psicologia pode ser considerada uma área de concentração relativamente recente, mas que vem se consolidando a partir da criação da Divisão em História da Psicologia da *American Psychological Association* em 1965. De acordo com Brozeke Campos (2008), um dos campos consagrados da pesquisa histórica em psicologia científica é a análise de documentos encontrados em arquivos de universidades e instituições dedicadas a pesquisa e ao ensino. A qualificação da pesquisa histórica passa necessariamente pela incorporação da consulta e análise de fontes primárias de dados, que podem ser encontradas nesses acervos. Nessa direção, o aumento de investimentos em pesquisas com documentos e arquivos de depósitos e acervos de universidades e sociedades científicas deve ser considerado prioritário para o desenvolvimento da pesquisa histórica.

No Brasil, a pesquisa histórica em psicologia tem crescido exponencialmente nos últimos 20 anos, como se pode constatar pela presença de dois ativos Grupos de Trabalho em História da Psicologia na Associação Nacional de Pesquisa e Pós-graduação em Psicologia (ANPPEP). No contexto da pesquisa em fontes primárias no Brasil podemos citar como exemplos os trabalhos de Massimi, com textos produzidos no Brasil Colonial sobre as noções de psicológico e as concepções de natureza humana (Massimi, 2000; Massimi, 2011), e os trabalhos de Rocha sobre a presença de temas psicológicos nas teses da Faculdade de Medicina da Bahia defendidas no século XIX (Rocha, 2000; Rocha & Moraes, 2003).

Um dos principais objetivos das investigações históricas da ciência é tornar disponíveis fontes de informação que auxiliem a elucidar as condições passadas e recentes do fazer científico. A análise de documentos seria um dos modos de descrição desse elo entre o passado e o presente. Conhecer a história a partir de uma perspectiva descritiva de documentos é estabelecer conexões entre a evidência documental e uma linha de explanação subsequente. De acordo com Brozek e Guerra (2008), os documentos constituem a matéria-prima, os dados crus da historiografia, porém não são eles a história mesma, sendo necessário analisá-los para posterior elucidação.

Conforme Massimi, Campos e Brozek (2008), a historiografia da psicologia moderna pode ser contemplada por cinco abordagens possíveis de investigação: 1) a abordagem biográfica, baseada na reconstrução da história de vida de cientistas; 2) a abordagem descritiva e analítica, baseada na reconstrução dos acontecimentos históricos a partir do levantamento de fontes primárias; 3) a abordagem quantitativa, que aplica a análise historiométrica à literatura psicológica; 4) a abordagem da história social, que enfatiza a primazia dos fatores sociais para explicar a evolução da psicologia científica; e 5) o enfoque sociopsicológico, que combina a primeira e a quarta abordagens.

Soma-se à escolha da abordagem historiográfica a necessidade do estabelecimento de recortes. Conforme Barbosa (2012), a definição dos recortes é fundamental na orientação da pesquisa histórica. São quatro os tipos de recorte necessários para a condução desse tipo de pesquisa: os recortes temático, espacial, temporal e das fontes a serem utilizadas no garimpo das informações. No caso da análise de documentos, a organização dos recortes auxilia o pesquisador a descrever sua análise de acordo com o tipo de acervo do qual dispõe. Nessa medida, em meio a grandes acervos, por exemplo, os recortes facilitam a filtragem de documentos. Contudo, um processo de filtragem de documentos não deve perder de vista a disposição geral do acervo. Assim, uma medida de comparação intermitente entre o critério de recorte e as evidências recortadas, conforme se amplia o contato com o acervo, pode ser considerada uma alternativa mais adequada para evitar a redução danoção de conjunto dos documentos. O recorte tem função de orientação para uma busca, mas deve ser flexível, pois eventualmente será redefinido para ampliar o escopo de busca ou modificar recortes temporais e de fontes.

O IP-PUCRS e o acervo documental

Realizou-se nesta pesquisa um estudo de caso deanálise documental em fontes primárias no acervo do Instituto de Psicologia da PUCRS (IP-PUCRS). O IP-PUCRS iniciou suas atividades em 1953 e é reconhecido como o primeiro curso regular de Psicologia no Brasil, instituído inicialmente em nível de pós-graduação *lato sensu* em 30 de junho de 1953 (Scarparo, 2011). É, portanto, um dos precursores da formação acadêmica em Psicologia no Brasil. Cronologicamente, o curso de graduação em Psicologia da PUCRS foi o primeiro na região sul do Brasil. A título de ilustração, as outras faculdades de Psicologia mais antigas do estado do Rio Grande do Sul, a Universidade Federal do Rio Grande do Sul (UFRGS) e a Universidade do Vale dos Sinos (UNISINOS), iniciaram suas atividades apenas no início dos anos 1970.

A Psicologia na PUCRS é também considerada uma das primeiras em nível de graduação no Brasil, precedida pelos cursos da PUC-Rio (Féres-Carneiro, 2011) e da USP, ambos de 1958. Isto significa que a PUCRS foi a primeira instituição acadêmica brasileira a oferecer formação em Psicologia (nível *lato sensu*), mas não a primeira em nível de graduação (Jacó-Vilela, 2012). No início, as atividades da Psicologia estavam concentradas no então Instituto de Psicologia (IP-PUCRS), vinculado a Faculdade de Filosofia da Universidade Católica do Rio Grande do Sul (João & Clemente, 1995). O IP-PUCRS esteve associado à Faculdade de Filosofia entre 1953 e 1969. A partir de 1969 se tornou unidade acadêmica independente, mas ainda com o título de Instituto de Psicologia, designação que foi substituída apenas em 1998 pelo atual nome Faculdade de Psicologia (FAPSI). Em 2013 a faculdade de Psicologia da PUCRS comemorou seus 60 anos de existência.

Documentos anteriores já abordaram a história da Psicologia na PUCRS, como o relato de Justo (1979) sobre os anos de 1976 a 1978 no IP-PUCRS, um artigo sobre a tradição do ensino de psicologia clínica no IP-PUCRS (Andrade, Hausen & Camara, 1979), os tomos monográficos de síntese histórica sobre a construção da Faculdade de Psicologia da PUCRS de Schroeder e Faustino (1990), um artigo comemorativo de 45 anos de existência da Psicologia na PUCRS (Raymundo & Hausen, 1998), e um verbete sobre a Faculdade de Psicologia da PUCRS no dicionário histórico de instituições de psicologia no Brasil (Scarparo, 2011). No entanto, uma análise documental específica sobre a evolução curricular do Instituto de Psicologia da PUCRS ainda não foi realizada. Os currículos acadêmicos constituem fonte primordial de informação sobre a visão de ciência em períodos históricos específicos, além de servirem como forma de verificar tendências e concepções de transmissão de conhecimento ao longo do tempo (Velden & Leite, 2013).

Considerando que o IP da PUCRS é um dos pioneiros na formação acadêmica em Psicologia no Brasil, é fundamental compreender a visão de psicologia e ciência psicológica vigente nos primórdios do curso. Tal análise demarcaria um importante fragmento do início dos cursos de Psicologia no país. Na presente pesquisa, a análise histórica dos currículos do IP-PUCRS fez uso de uma abordagem descritiva em fontes primárias, fontes estas disponíveis nos arquivos da FAPSI. Os recortes que orientaram a pesquisa foram: a) recorte temático – caraterização dos currículos de psicologia; b) recorte espacial – Instituto de Psicologia da PUCRS; c) recorte temporal – da fundação do IP (década de 1950) até o final dos anos de 1970; d) das fontes – relatórios anuais de atividade, listas de antigos docentes do IP-PUCRS, e atas curriculares anuais presentes no acervo da FAPSI.

O período de análise entre 1950 e 1970 foi escolhido porque a década de 1950 simboliza os primórdios da formação profissional acadêmica em psicologia, com poucos centros de formação, em um período em que a profissão ainda não era reconhecida e regulamentada pelos órgãos competentes. Outro fator que justifica a escolha do período é que a década de 1960 representa a fase de institucionalização da Psicologia, sendo a PUCRS parte da vanguarda nesta orientação. A análise finaliza na década de 1970, pois termina aí um importante período de consolidação da profissão nos meios acadêmicos brasileiros. Segundo Tuleski (2011), o início dos anos 1980 demarca um período de grande expansão institucional da Psicologia brasileira, sendo fruto da consolidação identitária da Psicologia galgada por algumas instituições nas décadas precedentes. Portanto, foi foco da pesquisa a fase em que a PUCRS estabelece suas bases em um período de poucas instituições na formação do psicólogo.

Em razão da disponibilidade de acesso ao acervo do IP-PUCRS, definiu-se como objetivo da pesquisadescrever a historiografia curricular do Instituto de Psicologia da PUCRS entre as décadas de 1950 e 1970 e analisar a sua relação com os primórdios da profissão e da ciência psicológica no estado do Rio Grande do Sul e no Brasil. A pesquisa aqui relatada é um dos estudos que compõemum projeto guarda-chuva sobre as origens conceituais e científicas da Psicologia no estado do Rio Grande do Sul. Portanto, não se pretende esgotar o tema na discussão dos achados.

Método

A abordagem metodológica utilizada na pesquisa foi a historiografia descritiva, pois refere um modelo adequado para compreender o fato histórico no seio do seu contexto de produção, a partir da descrição das fontes primárias disponíveis. Outro aspecto que justifica o uso dessa abordagem descritiva é a ausência de outras pesquisas versando sobre o tema específico de interesse da investigação, que é a análise documental de currículos e a organização do conteúdo das disciplinas nos anos iniciais do IP-PUCRS.

Acervo

O recorte das fontes foi definido a partir de um contato inicial com o acervo da Faculdade de Psicologia. Com vistas a privilegiar a historiografia curricular foram definidos como fontes para a pesquisa: (I) relatórios anuais de atividade do IP-PUCRS, (II) listas de antigos docentes do IP-PUCRS com sua respectiva formação acadêmica, (III) atas curriculares por semestre de formação, e (IV) provas ou avaliações das disciplinas. Os arquivos estão localizados no Almoxarifado da Faculdade de Psicologia da PUCRS / Prédio 11, junto à secretaria da graduação do curso. A área do almoxarifado é de $18{,}72m^2$ (2,4m x 7,8m). Os documentos estão organizados em caixas alocadas em diversas prateleiras. Os critérios de organização dos documentos por caixa são variados, como por exemplo, relação de psicólogos formados em determinado intervalo de tempo, documentos judiciais, correspondências entre FAPSI e outros departamentos de Psicologia, entre outros. O acesso ao Almoxarifado é restrito aos funcionários da secretaria. O acesso do pesquisador e da auxiliar de pesquisa ao local foi previamente acordado com a Direção da Faculdade. Obteve-se também permissão da Direção da FAPSI para o registro fotográfico dos documentos.

Procedimentos de coleta dos dados

Os documentos descritos na sessão acervo foram fotografados com uma máquina de fotografia profissional digital. A busca e seleção dos documentos no almoxarifado da FAPSI compreendeu um período de três meses, entre janeiro e março de 2015. Os registros foram realizados em ao todo sete visitas ao almoxarifado, com uma média de 2hs de permanência no local por visita. A primeira visita ao acervo teve como objetivo o reconhecimento da organização e natureza dos documentos ali depositados. Na ocasião da primeira visita nenhuma foto foi realizada. Após exploração inicial do material, passou-se às visitas para registro fotográfico. Os arquivos encontravam-se já separados por ano ou biênio em pastas e caixas no almoxarifado, conforme organização própria da secretaria da FAPSI. Dois pesquisadores manusearam as caixas e pastas relativas ao período de recorte da pesquisa (1950-1970). A sequência de seleção dos arquivos foi organizada por ordem do ano mais antigo ao mais recente encontrados no acervo. O registro fotográfico ocorria a cada vez que os recortes temáticos e das fontes eram encontrados no garimpo do material. Após esgotamento do material nas pastas disponíveis, os arquivos fotográficos foram armazenados em dois computadores de uso restrito do Grupo de Pesquisa Fenomenologia: Ação e Percepção (GPFAP-PUCRS). O projeto de pesquisa encontra-se em andamento, após análise e conclusão do projeto os arquivos de foto serão armazenados em um *hard drive* externo, que será chaveado em armário dedicado no GPFAP. Na fase de análise descritiva das fotos os arquivos foram acessados apenas pelos dois autores da presente pesquisa.

Procedimentos de análise dos dados

Após rastreio e identificação das informações, foi iniciadaa análise documental descritiva (Pimentel, 2001). A análise iniciou com a composição de organogramas curriculares por ano de formação, com a respectiva identificação dos docentes responsáveis por cada disciplina e a identificação da bibliografia básica ou autores de referência por disciplina. Como essa especificidade de documentação não foi homogênea por ano de busca, definiu-se um procedimento de caracterização dos anos mais completos em informação e também dos anos com menor número de registros. Em um segundo momento foi elaborada uma descrição cronológica dos eixos curriculares por década de análise, conforme supressão e adição de disciplinas ao longo do tempo. Nesse processo cinco eixos documentais começaram a despontar no material do acervo:

a) Estrutura curricular por período de formação conforme relatórios anuais de atividades;

b) Nome dos professores responsáveis pelas disciplinas e cruzamento com fichas de identificação dos antigos professores armazenadas no acervo;

c) Documentos de reforma curricular nos relatórios anuais de atividade;

d) Autores de referência para cada disciplina conforme atas bibliográficas anexadas às atas curriculares;

e) Provas e avaliações das disciplinas.

Com base nos eixos documentais encontrados, a seção de resultados do artigo será organizada em duas partes: a) descrição numérica da divisão de documentos encontrados por período histórico e número de disciplinas e professores entre 1954 e 1962; e b) seleção e descrição dos conteúdos programáticos das disciplinas "psicologia clínica", "psicologia geral experimental" e "estudo dos problemas brasileiros". A seleção específica dessas três disciplinas ocorreu, primeiramente, em razão da centralidade das duas primeiras já nos primeiros currículos do curso de Assistente de Psicologia na PUCRS e, em segundo lugar, a terceira disciplina para elucidar a interferência de aspectos sociais e culturais na composição de currículos em diferentes períodos históricos.

Resultados

Foram registrados em fotografia ao todo 645 documentos, cada foto indicou o registro de uma página/lauda documental. Do total de documentos registrados, 101 não se referem à delimitação temática inicial estabelecida para as fontes. Em análise do material excedente, constatou-se que as 101 fotos referiam-se em sua maioria a correspondências entre direção da FAPSI e outros departamentos de Psicologia, nacionais e internacionais. Esses documentos adicionais poderão ser discutidos em pesquisa futura sobre políticas de interação acadêmica em Psicologia nas décadas de 1960 e 1970. Contudo, mantendo o foco estabelecido no recorte inicial da pesquisa, registraram-se efetivamente 544 documentos que correspondem aos eixos iniciais de demarcação. Conforme se ampliou o contato com as fontes observou-se uma maior ou menor heterogeneidade de documentos condicionada pelo período histórico específico a que se referia dentro do recorte temporal.

Nessa direção, a pesquisa encaminhou a análise inicial para as especificidades documentais, de acordo com os períodos específicos da janela temporal. Essa opção se justificou pela constatação de uma diferença marcante na frequência dos registros entre as décadas de 1950-1960 e 1960-1970. A maior concentração de documentos encontrados data de meados da década de 1950 e início da década de 1960. Ou seja, do período mais antigo do recorte temporal pré-estabelecido. A partir de 1963 começa a se observar uma redução expressiva do acervo disponível para consulta. Em geral o padrão de ocorrência dos documentos se discriminou em três períodos: 1) 1954-1962; 2) 1963-1972 e 3) 1973-1974. Essa demarcação refere-se também aos tipos de documento acessíveis para consulta, que se diferiram conforme os três intervalos temporais. No presente capítulo nos concentraremos na descrição dos documentos da primeira janela temporal, que se notabiliza pela presença central de disciplinas relacionadas à psicologia clínica e à psicologia experimental, como veremos mais adiante.

No período que vai de 1954 a 1962 foram registradas 364 fotos (67% do total). Os documentos desse período se distribuem em: a) livros de ata com informações sobre a instituição e o IP-PUCRS; b) cadeiras com seus conteúdos e respectivos docentes; c) provas e avaliações por disciplinas do curso, e d) anuários do IP-PUCRS. Dentro dessa janela temporal o período específico de 1958 a 1962 foi o com maior número de registros, 305 fotos (56% do total dos registros concentrado em cinco anos). Entre o período de 1963 a 1972 observou-se lacuna importante de documentos, cerca de 10 fotografias apenas, nas quais os registros de informação eram breves e sem especificação de conteúdos ou das disciplinas ministradas. Entre 1973 e 1974 foram encontrados documentos com mais descrição de detalhes, semelhante ao encontrado entre 1954-1962, mas apenas durante esse período, 170 fotos (31%). Após 1974 não são mais encontrados documentos relativos à historiografia curricular até o final da década de 1980, período que já extrapola o recorte temporal da pesquisa.

A análise descritiva da composição curricular do curso de Psicologia no período inicial de registros fotográficos (1954-1962) indica uma tendência ascendente no número de disciplinas (Gráfico 1). Tal achado deve ser discutido no contexto das reformas curriculares específicas da Psicologia na PUCRS. De acordo com Raymundo e Hausen (1998), o primeiro triênio do IP-PUCRS, entre 1954 e 1957, ofertava o curso de pós-graduação em psicologia com duração de dois anos. A partir de meados de 1957, o curso é ampliado para a duração de três anos. Em um intervalo de seis anos o curso quase que duplica a oferta de disciplinas.

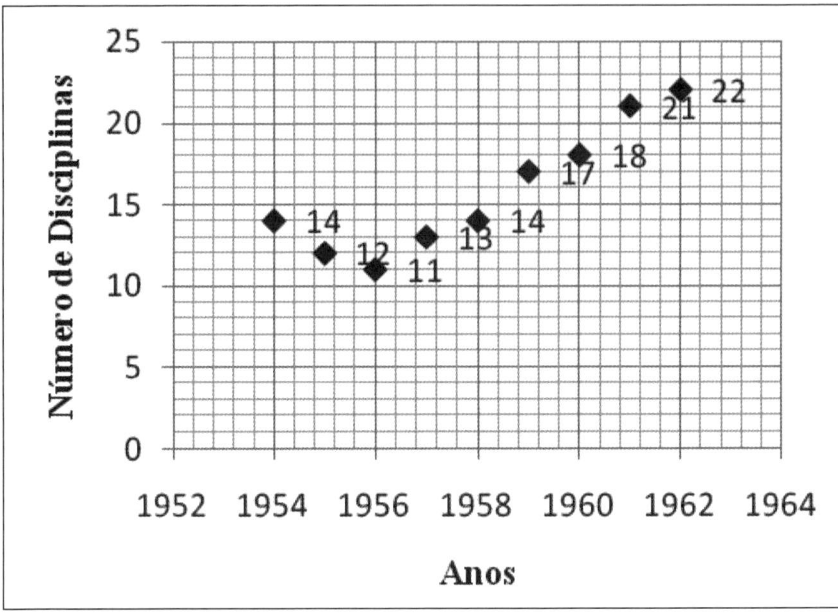

Gráfico 1 – Número de disciplinas por ano na primeira fase do IP-PUCRS.

Importante assinalar que até 1958 o IP-PUCRS outorgava o título de Assistente em Psicologia, que caracterizava uma forma de especialização em psicologia para egressos de outras faculdades. Os ingressantes no curso de Psicologia eram mais notadamente alunos advindos das faculdades de filosofia, teologia e pedagogia, conforme observação às atas de registro dos alunos no período[1]. A partir de 1959 o IP-PUCRS passa a conceder o diploma de psicólogo, porém ainda em uma configuração de pós-graduação, sem a devida regularização da profissão que viria a acontecer em 1962. A lei 4119/62 de 27 de agosto de 1962, que dispõe sobre os cursos de formação em psicologia e regulamenta a profissão de psicólogo, apresentou em seu sexto capítulo a necessidade de adaptação dos cursos de Psicologia já existentes às novas regulamentações em um período de um ano. Em 1962 o curso da PUCRS já contemplava vários dos requisitos estabelecidos pela lei 4119/62, mas com o incentivo da regulamentação da profissão ampliou sua infraestrutura e oferta de disciplinas.

[1] Uma análise mais consistente do perfil de ingressantes no curso de Psicologia não foi realizada para esse capítulo, mas os documentos foram registrados e serão analisados em estudo futuro.

O parágrafo primeiro do artigo 13 da lei de 1962 dispõe sobre as funções do profissional psicólogo, que seriam: a) oferta de diagnóstico psicológico, b) orientação e seleção profissional, c) orientação psicopedagógica, e d) solução de problemas de ajustamento. De certa forma boa parte dessas funções já era ensinada no IP-PUCRS a partir de 1957 com as disciplinas "técnica de investigação psicológica", "orientação profissional", "psicologia clínica", "psicoterapia" e "psicopatologia". Contudo, se observa a expansão das disciplinas na década de 1960 para o trabalho mais ostensivo com as disposições apresentadas pela lei 4119/62.

Além do aumento do número de disciplinas nos anos iniciais, nota-se um aumento expressivo no número de professores do corpo docente do IP-PUCRS no período (Gráfico 2). Na análise comparativa entre disciplinas e corpo docente observa-se uma especialização de funções entre os professores. Enquanto no início do curso, entre 5 e 7 professores ministravam em torno de 14 disciplinas ao todo, em meados de 1962 essa distribuição muda para 17 professores em 22 disciplinas. Esta descrição indica também a mudança do perfil dos professores, que ocorreu entre os períodos de 1954-1957 e 1958-1962.

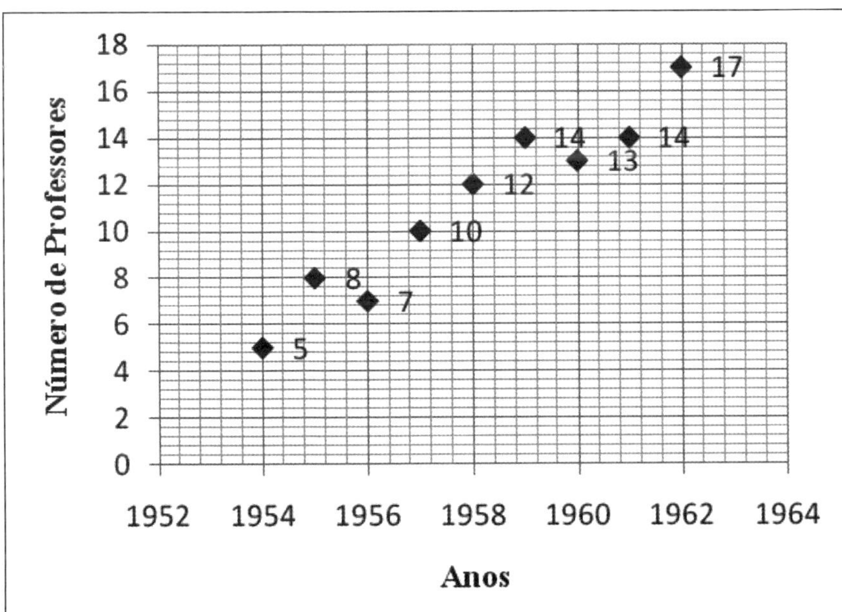

Gráfico 2 – Número de professores por ano na primeira fase do IP-PUCRS.

Enquanto no início do curso todos os professores possuíam uma formação religiosa, associada à formação em filosofia, a partir do final da década de 1950 (1958-) passam a incorporar o corpo docente professores com formação acadêmica científica específica. Destacam-se médicos e pedagogos, que trazem consigo uma formação consolidada em psicologia clínica e metodologia científica. Uma das caracterizações mais destacadas desse período inicial é a influência marcante do pensamento psicanalítico na consolidação do IP-PUCRS. Conforme Gomes e Gauer (2006), os primeiros professores de psicopatologia e psicologia clínica no Rio Grande do Sul foram psiquiatras psicanalistas. Assim, no IP-PUCRS essa influência se mostrou notória, especialmente com a inserção no corpo docente de médicos psiquiatras formados nessa tradição.

Nos documentos curriculares da primeira fase do IP esta influência psicanalítica é constatada com força na disciplina de psicologia clínica. A foto 1 ilustra o conteúdo de duas provas de psicologia clínica em 1958. Em relação ao conteúdo da cadeira é possível observar uma integração entre psicopatologia e modelos psicodinâmicos de diagnóstico e tratamento. Interessante também notar que, embora Freud apareça no conteúdo programático da segunda prova (Prova Final), há referência explícita às "limitações da psicanálise ortodoxa" na primeira prova, "Escola Psicanalítica de Chicago" na primeira e segunda prova, e "I. Caruso e a Psicologia Clínica" na segunda prova. Em especial, a menção a Igor Caruso (1914-1981) como conteúdo inicial da "prova final" se destaca, pois este autor é reconhecidamente um analista, que se pautou por orientação teórica eclética e que buscou conciliar a psicanálise com outras correntes de pensamento, inclusive propondo uma forma de "Psicologia Cristã".

Caruso fundou o Círculo Vienense de Psicologia Profunda em 1947 e foi uma das referências fundantes do Círculo Psicoanalítico Mexicano, em 1969. Digno de nota é a descoberta recente sobre a associação de Igor Caruso com o regime nacional-socialista em Viena, durante a segunda guerra mundial (List, 2008). Em 1942, Caruso realizou diversas avaliações psicológicas como perito psicológico no pavilhão de crianças da clínica *AmSpiegelgrund* em Viena, avaliações estas que justificaram, comprovadamente, pelo menos 14 procedimentos de eutanásia no contexto do programa nazista de eutanásia infantil (González, 2015). A presença de Caruso no currículo do IP-PUCRS se justifica por sua proximidade ao Professor Dr. Malomar Edelweiss, de quem foi analista em Viena. Edelweiss foi Diretor da Faculdade de Filosofia de Pelotas e fundador do Círculo Brasileiro de Psicanálise (CBP). Em 1956, Edelweiss e um grupo de professores gaúchos fundaram o CBP e convidaram o psicanalista Igor Caruso para uma série de conferências em Pelotas, depois Porto Alegre pelo IP-PUCRS e em São Paulo pelo IP-PUCSP. Vale mencionar que o contato de Edelweiss com Caruso se deu por meio de Bela Székely, psicanalista húngaro-argentino, que ministrou conferências em Porto Alegre em 1953. Em especial a conferência de Székely na PUCRS é considerada o evento que celebra a fundação do IP-PUCRS. Székely também aderia a uma psicanálise mais integrativa e eclética, sendo o título de sua conferência de inauguração do IP-PUCRS "Introdução à Análise Existencial". A análise existencial era considerada, na época, uma evolução do modelo de psicanálise de base freudiana.

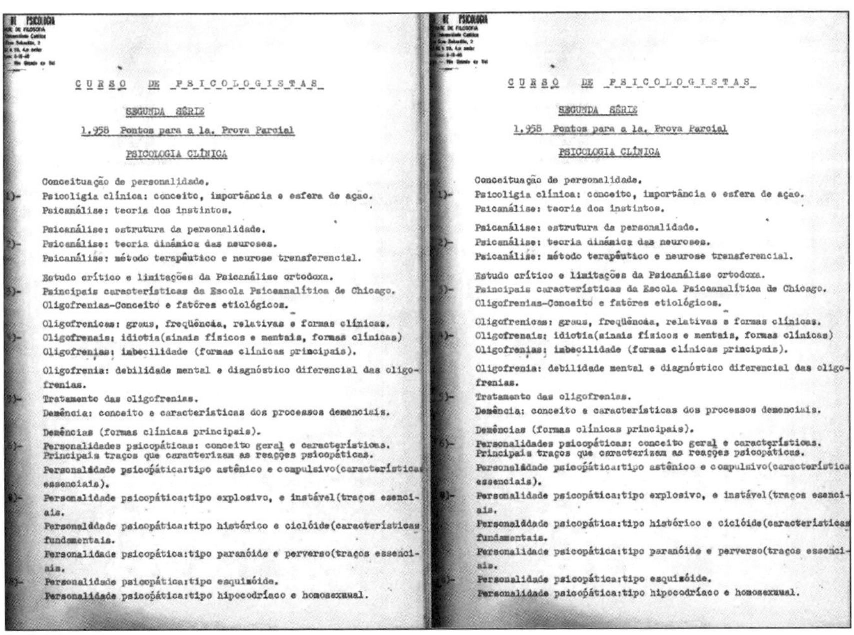

CURSO DE PSICOLOGISTAS

SEGUNDA SÉRIE

1.958 Pontos para a 1a. Prova Parcial

PSICOLOGIA CLÍNICA

Conceituação de personalidade.
1)- Psicoligia clínica: conceito, importância e esfera de ação.
Psicanálise: teoria dos instintos.

Psicanálise: estrutura da personalidade.
2)- Psicanálise: teoria dinâmica das neuroses.
Psicanálise: método terapêutico e neurose transferencial.

Estudo crítico e limitações da Psicanálise ortodoxa.
3)- Principais características da Escola Psicoanalítica de Chicago.
Oligofrenias-Conceito e fatôres etiológicos.

Oligofrenicas: graus, freqüência, relativas e formas clínicas.
4)- Oligofrenais: idiotia(sinais físicos e mentais, formas clínicas)
Oligofrenias: imbecilidade (formas clínicas principais).

Oligofrenia: debilidade mental e diagnóstico diferencial das oligofrenias.
5)- Tratamento das oligofrenias.
Demência: conceito e características dos processos demenciais.

Demências (formas clínicas principais).
6)- Personalidades psicopáticas: conceito geral e características.
Principais traços que caracterizam as reações psicopáticas.
Personalidade psicopática:tipo astênico e compulsivo(características essenciais).
7)- Personalidade psicopática:tipo explosivo, e instável(traços esenciais.
Personalidade psicopática:tipo histórico e ciclóide(características fundamentais.
Personalidade psicopática:tipo paranóide e perverso(traços essenciais.
8)- Personalidade psicopática:tipo esquizóide.
Personalidade psicopática:tipo hipocodríaco e homosexual.

Figura 1 – Pontos para provas da disciplina Psicologia Clínica, 1958.

A partir dessas informações, pode-se compreender a entrada do pensamento psicanalítico no estado do Rio Grande do Sul, para além da psiquiatria de origem argentina. Há forte presença de uma psicanálise de origem europeia pós-freudiana. O dado relevante nessa recepção do pensamento psicanalítico em solo gaúcho é que a psicanálise praticada pelos europeus, em meados dos anos de 1950, era uma psicanálise não ortodoxa. No Brasil tal não ortodoxia repercutiu de modos distintos em instituições de transmissão do pensamento psicanalítico, ora mais refratárias e, por conseguinte, mais próximas ao pensamento freudiano, ora combinadas com outras tradições psicodinâmicas. Diferenças que de modo algum diminuíram o impacto da psicanálise enquanto teoria dominante em cursos de Psicologia desde o início da profissão, pelo menos no Rio Grande do Sul.

O papel da psicanálise como teoria estruturante da clínica no IP-PUCRS permanece vigente na década de 1970, como se pode constatar na ementa e conteúdo programático da disciplina de Psicologia Clínica de 1973. Ainda que se abra espaço para "integrar conceitos da psicologia da Gestalt e das teorias da aprendizagem", como informa o conteúdo programático da disciplina, o curso mantém o alicerce na orientação psicodinâmica. Vale ressaltar o destaque concedido pelo professor responsável da disciplina, no documento de 1973, na descrição dos objetivos específicos da cadeira. O professor reafirma o enfoque da disciplina "em uma orientação dinâmica independente de escolas ou correntes", aludindo mais uma vez a tradição psicanalítica integrativa, que influenciou o estado em seus primórdios. Também associado a este princípio integrativo e possibilista de ensino de teorias, se destaca o objetivo específico da disciplina, quanto à necessidade de formação no aluno de um "caráter científico, mas relativo das verdades contidas nas diversas teorias psicológicas".

De modo surpreendente a influência psicanalítica incide no próprio conteúdo e definição da Psicologia Experimental, nos primórdios do IP-PUCRS. Em 1958, a amplitude e demarcação de Psicologia Experimental na faculdade se destacam, porém as conclusões sobre a composição curricular da cadeira diferem do contexto visualizado em Psicologia Clínica. De maneira peculiar, os pontos da primeira prova de Psicologia Experimental em 1958 revelam que o conteúdo ministrado na disciplina abrangia desde a Psicologia na Idade Média e Descartes até Wundt e a Gestalt, passando por James, Behaviorismo e Neobehaviorismo, e contemplando Freud, Jung e Adler. Em observação aos registros didáticos encontrados no período, se descobriu que os materiais de História da

Psicologia compunham parte do ensino de Psicologia Experimental. Assim, faz sentido entender a amplitude de conteúdos nessa cadeira. Contudo, é relevante apontar a demarcação da temática psicodinâmica na segunda prova da disciplina. O conteúdo é integralmente relativo à psicanálise e aos mecanismos psíquicos, o que reforça a tese de um princípio fortemente psicanalítico na formação de Psicólogos no estado.

Os contornos da história da Psicologia Experimental no Rio Grande do Sul fomentam uma investigação aparte. A partir de breves observações no material registrado se constata grande diferença entre a recepção da Psicologia Experimental no estado e outras regiões do Brasil. Destoam as influências e descrições da área no currículo e material didático. De acordo com Hausen e Raymundo (1998) isto fica ainda mais notório se considerarmos que, apenas em 1976, o IP-PUCRS incorpora o ensino de abordagens behavioristas no currículo da graduação. Em 1974, a faculdade já havia construído um Laboratório de Psicologia Experimental, hoje desativado. Todavia, a natureza de experimentação ali praticada deve ser tema de um estudo separado dada sua diferença em relação ao entendimento de Psicologia Experimental, especialmente em estados como São Paulo e Minas Gerais.

Todorov e Hanna (2010) relatam o impacto que a Análise do Comportamento teve em solo brasileiro, no início dos anos de 1960, com a vinda de Fred S. Keller ao Brasil. Ainda que a teoria behaviorista conste no conteúdo programático de Psicologia Experimental do IP-PUCRS, em 1958 e nos anos subsequentes de consulta, não observamos menção ao texto de Skinner, em momento algum. Referências a Watson são encontradas. Cabe apontar que, ao se observar as áreas de concentração atuais e recentes em Programas de Pós-graduação em Psicologia, no estado não se encontram linhas específicas dedicadas à agenda behaviorista.

As mudanças empreendidas paulatinamente no currículo podem ser constatadas em 1973, quando a Faculdade de Psicologia já apresenta um curso estruturado no formato atual de cinco anos e com 87 disciplinas no decorrer de toda a formação. Mesmo com todas as informações descritas até aqui, uma pergunta central que despontou no trabalho com os registros do acervo foi: Onde estão os documentos do IP-PUCRS entre 1963-1972 e 1975-1979? A primeira impressão foi de que os documentos poderiam estar em algum local do acervo, que ainda não havíamos procurado ou que esses documentos poderiam estar guardados na

Biblioteca Central da PUCRS. A biblioteca central da Universidade foi consultada sobre a existência de documentos adicionais do IP-PUCRS, que eventualmente pudessem ter sido deslocados para um setor específico. A resposta foi negativa. A biblioteca reafirmou que os documentos antigos disponíveis estavam concentrados no almoxarifado da FAPSI e que desconheciam eventuais locais alternativos, onde a documentação pudesse ser encontrada. No almoxarifado nenhuma pasta ou caixa adicional foi encontrada. Com base nessa incompletude de informações, passou-se à hipótese de que a ausência de documentos, nesse período, pudesse estar relacionada ao período de regime governamental militar no Brasil. O período com maior escassez de documentação coincide com a vigência do período de regime governamental militar no Brasil.

De acordo com Motta (2014), a implantação do regime político militar no Brasil transformou a Universidade brasileira, abrangendo os âmbitos programáticos, conceituais e fundamentalmente ideológicos da vida acadêmica. Do ponto de vista prático, cabe apontar que desde os anos de 1950, acordos entre o MEC e a United States Agency for International Development (Usaid) já incidiam no planejamento educacional e escopo ideológico anticomunista na educação básica brasileira. Com o início do regime militar em 1964, as Universidades brasileiras passaram a receber maior atenção dos pactos MEC-Usaid. Esta referência de acordo Brasil-EUA na educação foi observada na presente pesquisa em currículos de professores do IP-PUCRS, através da alusão esporádica a programas de estudo, que os professores frequentaram financiados pelo pacto MEC-Usaid.

Em relação à documentação específica do período, é conhecido que, a partir de 1970, o governo criou órgãos de informação dentro das universidades, as chamadas Assessorias Especiais de Segurança e Informação (ASIs). Nas universidades, as ASIs teriam papel de extensão do Sistema Nacional de Informações (Sisni) e funcionariam como um tipo de canal de transmissão das determinações de escalões superiores à Universidade e, ao mesmo tempo, vigiariam a comunidade universitária e os próprios dirigentes (Motta, 2014). Neste cenário, pode se hipotetizar que a troca de informações e o registro documental de determinações acadêmicas, sendo agora supervisionados pelo regime de estado, podem ter sido extraviados ou armazenados em locais fora da Universidade. Empiricamente, a única constatação que se pode fazer, a partir dos documentos do acervo do

IP-PUCRS é que os relatórios anuais de atividade encontrados de 1973 e 1974 apresentam uma descrição mais suscinta dos trâmites internos do IP-PUCRS, quando comparado ao período 1954-1962. Além disso, outros documentos, como o currículo de professores contratados no período de 1964-1979 e correspondências entre o IP-PUCRS e departamentos de Psicologia de Universidades nacionais e internacionais, estão disponíveis no acervo.

No tocante às influências políticas e sociais sobre a formação de psicólogos no IP-PUCRS, um registro específico da influência do regime militar no currículo foi a inserção das disciplinas "Estudo dos Problemas Brasileiros I e II" no curso de Psicologia. A inclusão seguiu normativa do governo, durante o período para todos os cursos de graduação universitária. No processo de busca dos currículos e conteúdos programáticos das cadeiras encontramos, no acervo, o conteúdo da disciplina "Educação Moral e Cívica" de 1973 (foto 2). Curiosamente, a disciplina "Educação Moral e Cívica" não consta no rol de cadeiras do curso, conforme o disposto no documento de organização curricularde 1973. De acordo com Motta (2014), a disciplina "Estudo dos Problemas Brasileiros" pode ser considerada o correspondente acadêmico de "Educação Moral e Cívica" no ensino superior. Desse modo, o documento serve de indicativo sobre o ambiente histórico e social da Psicologia na PUCRS. Ainda assim, pela escassez de informações sobre o paradeiro dos documentos ausentes do acervo, é precoce afirmar que a incompletude do acervo, nesse período, está relacionada ao regime governamental militar no Brasil.

A influência do regime militar na rotina do curso de Psicologia da PUCRS já foi descrita em estudo de Machado e Scarparo (2010). As autoras analisaram imagens e documentos oriundos do acervo do Diretório Acadêmico do Curso de Psicologia da PUCRS (DAIP). Como os documentos encontrados foram escassos, as autoras passaram ao procedimento de entrevista com indivíduos que haviam sido estudantes no período em questão. Dentre os resultados evidenciados pelas pesquisadoras, destacam-se as estratégias de resistência à repressão utilizadas pelos estudantes de Psicologia da PUCRS. Seminários e grupos de estudo clandestinos eram organizados para a discussão de autores proibidos pelo regime militar, tais como Paulo Freire e Felix Guatari. Além do estudo secreto de práticas de saúde coletiva, que à época fugiam do modelo convencional de tratamento psicológico.

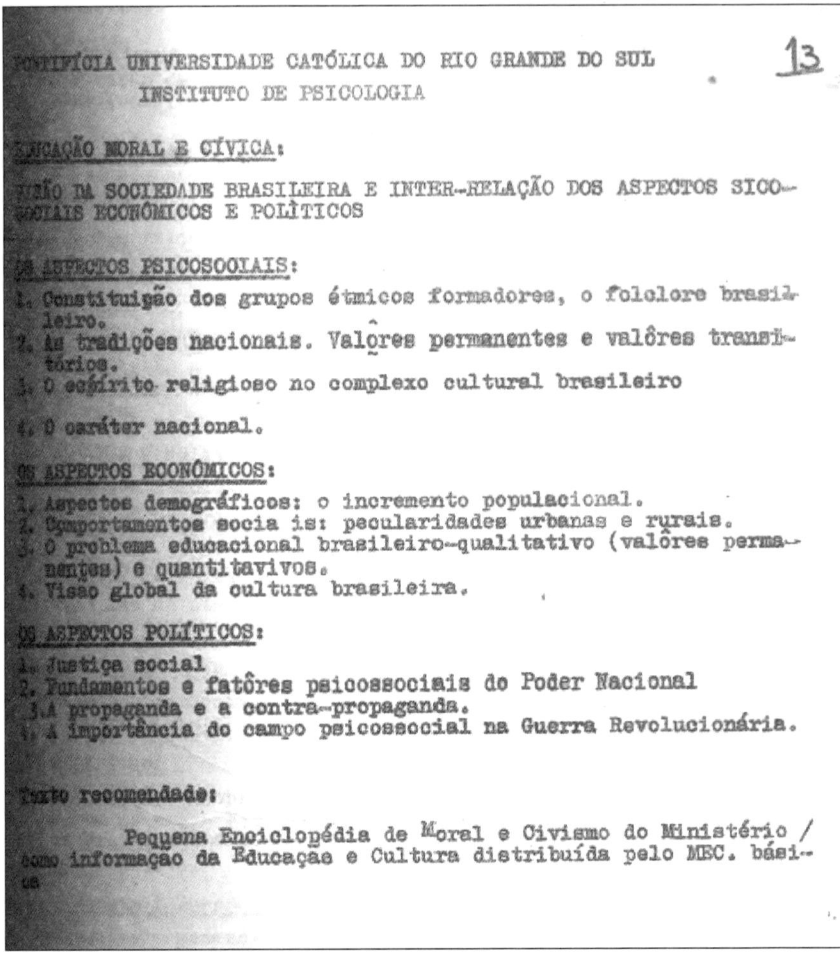

PONTIFÍCIA UNIVERSIDADE CATÓLICA DO RIO GRANDE DO SUL 13
INSTITUTO DE PSICOLOGIA

EDUCAÇÃO MORAL E CÍVICA:

...ÇÃO DA SOCIEDADE BRASILEIRA E INTER-RELAÇÃO DOS ASPECTOS SICO-SOCIAIS ECONÔMICOS E POLÌTICOS

OS ASPECTOS PSICOSOCIAIS:
1. Constituição dos grupos étmicos formadores, o folclore brasileiro.
2. As tradições nacionais. Valores permanentes e valôres transitórios.
3. O espírito religioso no complexo cultural brasileiro
4. O caráter nacional.

OS ASPECTOS ECONÔMICOS:
1. Aspectos demográficos: o incremento populacional.
2. Comportamentos socia is: pecularidades urbanas e rurais.
3. O problema educacional brasileiro-qualitativo (valôres permanentes) e quantitavivos.
4. Visao global da cultura brasileira.

OS ASPECTOS POLÍTICOS:
1. Justiça social
2. Fundamentos e fatôres psicossociais do Poder Nacional
3. A propaganda e a contra-propaganda.
4. A importância do campo psicossocial na Guerra Revolucionária.

Texto recomendado:

Pequena Enciclopédia de Moral e Civismo do Ministério / como informação da Educaçao e Cultura distribuída pelo MEC. básicos

Foto 6 – Ementa e Conteúdo programático de "Educação Moral e Cívica" em 1973. A disciplina não consta no currículo geral de 1973, mas o conteúdo se assemelha ao que seria visto em "Estudo dos Problemas Brasileiros", esta sim prevista no currículo.

Considerações finais

A pesquisa encontra-se em curso, mas os documentos discutidos nesse capítulo já oferecem uma amostra das possibilidades que o exame de currículos apresenta para a compreensão dos processos de recepção e constituição de saberes psicológicos. De uma perspectiva documental, a pesquisa não conseguiu acessar com sucesso as fontes primárias a partir de 1963 até 1973 e de 1974 até o final do recorte temporal. Estas grandes lacunas documentais atrapalharam a composição de uma linearidade de provas que permitissem observar com maior clareza as transições curriculares. Uma solução parcial a estas lacunas seria a realização de entrevistas com personagens que testemunharam os períodos, como professores e alunos do IP-PUCRS. Esta série de entrevistas deve constituir uma segunda etapa da pesquisa, o que consolidaria uma combinação de técnicas para a descrição total da historiografia curricular entre 1950 e 1970. A relação entre análise documental e entrevistas levaria a um exame mais adequado sobre as origens científicas da Psicologia na instituição e no estado. Além disso, diminuiria as especulações sobre as causas da ausência de documentos no período investigado.

Mesmo com as lacunas documentais, muitos documentos precisam ainda ser analisados. Será importante nas análise subsequentes, por exemplo, examinar com mais cuidado os documentos que apresentam o início e o desenvolvimento do ensino de psicologia social, psicologia escolar e psicologia organizacional na década de 1960. Uma outra possibilidade de análise dos documentos do acervo seria, redefinindo o recorte temático, examinar os documentos que evidenciam o sistema de avaliação e conteúdo de provas nas décadas inicias do IP-PUCRS. A busca em fontes primárias curriculares nos acervos contribuiu para o exercício descritivo de elucidação das condições contextuais de práticas científicas da Psicologia em períodos remotos. Tal contribuição pode ajudar a ampliar o entendimento sobre os movimentos políticos e de predomínio teórico da Psicologia no estado, em períodos mais recentes da formação acadêmica.

Referências

Andrade, I. D., Hausen, D. C. & Camara, M. A. (1979). O ensino da psicologia clínica no Instituto de Psicologia da PUCRS. *Psico, 16*, 78-86.

Barbosa, D. R. (2012). Contribuições para a construção da historiografia da psicologia educacional e escolar no Brasil. *Psicologia: Ciência & Profissão, 32* (nº. Especial), 104-123.

Brozek, J. & Campos, R.H.F. (2008). Fontes em historiografia da psicologia. In R.H.F. Campos (Org.), *História da Psicologia: pesquisa, formação, ensino* (pp. 49-56). Rio de Janeiro: Centro Edelstein de Pesquisas Sociais.

Brozek, J. & Guerra, E. (2008). Que fazem os historiógrafos? Uma leitura de Josef Brozek. In R.H.F. Campos (Org.). *História da Psicologia: pesquisa, formação, ensino* (pp. 4-20). Rio de Janeiro: Centro Edelstein de Pesquisas Sociais.

Féres-Carneiro, T. (2011). Departamento de Psicologia da Pontifícia Universidade Católica do Rio de Janeiro (PUC-Rio). In A. M. Jacó-Vilela (Org.), *Dicionário Histórico de Instituições da Psicologia no Brasil* (pp.149-150). Rio de Janeiro: Imago.

Gomes, W. B., & Gauer, G. (2006). Influências da psiquiatria e da psicanálise. In: William Barbosa Gomes. (Org.). *Psicologia no Rio Grande do Sul* (pp. 47-57). Porto Alegre: MuseuPsi.

González, F. M. (2015). *Igor A. Caruso: Nazismo y Eutanasia.* México: Tusquets Editores S.A.

Jacó-Vilela, A.M. (2012). História da psicologia no Brasil: uma narrativa por meio de seu ensino. *Psicologia: Ciência & Profissão, 32* (nº. Especial), 28-43.

João, F., & Clemente, E. (1995). *História da PUCRS.* Porto Alegre: EDIPUCRS.

Justo, H. (1979). O Instituto de Psicologia da PUCRS de 1976-1978. *Psico, 16*, 71-77.

List, E. (2008). Warumnicht in kischiniew? Zu einem autobiographis chenton dokument Igor Carusos. *Zeitschrift für psychoanalytische Theorie und Praxis, 23,* Heft 1-2.

Machado, P. F.,& Scarparo, H. B. K. (2010). Golpe civil-militar: a psicologia e o movimento estudantil do Rio Grande do Sul. *Memorandum, 19*, 225-238.

Massimi, M. (2000). Os afetos do coração na história da cultura brasileira do século XVI ao século XVII. *Temas em Psicologia, 8*(2), 155-162.

Massimi, M. (2011). Imagens e imaginação nas tradições filosóficas transmitidas no Brasil colonial. *Arquivos Brasileiros de Psicologia, 63*(3), 117-129.

Massimi, M., Campos, R.H.F. & Brozek, J. (2008). Historiografia da psicologia: métodos. In R.H.F. Campos (Org.), *História da Psicologia: pesquisa, formação, ensino* (pp. 21-48). Rio de Janeiro: Centro Edelstein de Pesquisas Sociais.

Motta, R.P.S. (2014). *As universidades e o regime militar.* Rio de Janeiro: Zahar.

Pimentel, A. (2001). O método da análise documental: seu uso numa pesquisa historiográfica. *Cadernos de Pesquisa, 114*, 179-195.

Raymundo, M.G.B, & Hausen, D.C. (1998). A história da faculdade de psicologia – 45 anos. *Psico, 29* (2), 5-13.

Rocha, N.M.D. (2000). A preocupação com questões psicológicas nas teses da Faculdade de Medicina da Bahia no século XIX. *Temas em Psicologia, 8*(2), 163-173.

Rocha, N.M.D. & Moraes, E.S.D. (2003). Histeria: influência de Charcot em teses da Faculdade de Medicina da Bahia no século XIX. *Revista do Departamento de Psicologia da UFF, 15* (2), 105-117.

Scarparo, H. (2011). Faculdade de Psicologia da Pontifícia Universidade Católica do Rio Grande do Sul (FAPSI/PUCRS). In A. M. Jacó-Vilela (Org.), *Dicionário Histórico de Instituições da Psicologia no Brasil* (pp. 211-213). Rio de Janeiro: Imago.

Schroeder, H. & Faustino, J. (1990). *Síntese histórica do instituto de psicologia da PUCRS: Tomos I e II.* Relatório não publicado. Porto Alegre: PUCRS.

Todorov, J. C., & Hanna, E. S. (2010). Análise do comportamento no Brasil. *Psicologia: Teoria e Pesquisa, 26* (número especial), 143-153.

Tuleski, S.C. (2011). A história das instituições brasileiras e a inserção do psicólogo em relevo no Dicionário histórico de instituições de psicologia no Brasil. *Psico, 42* (4), 536-538.

Velden, H.F.V. & Leite, L.P. (2013). Método de pesquisa da temática deficiência nos currículos de psicologia. *Psicologia em Estudo, 18*(3), 497-507.

Fontes para a história da psicologia na Bahia

Nádia Maria Dourado Rocha

Em 29 de março de 1549, Tomé de Souza, primeiro governador geral da Colônia, chega à enseada do Porto da Barra, com a incumbência de fundar a cidade de Salvador, a primeira cidade e capital do Brasil (Risério, 2000; Tavares, 2001; Teixeira *apud* Vianna, 2002). Para situá-la, foi escolhida uma encosta a direita da entrada da Baia de Todos os Santos, local que favorecia a defesa em caso de ataque.

Segundo Antônio Risério

> Os motivos que ordenaram a escolha não são difíceis de imaginar. Entre eles contaram, certamente, o fato de a Capitania ter voltado às mãos da Coroa[1], a boa posição geográfica da região, a sua capacidade de receber grandes frotas, a fertilidade comprovada do solo para o plantio da cana de açúcar e de algodão, e mesmo a presença, ali, de Diogo Caramuru, capaz de facilitar a entrada dos portugueses e de atrair a massa indígena para os trabalhos vistos como necessários (Risério, 2000, p. 70).

Tomé de Souza veio com instruções precisas do rei D. João III (1502-1557) para efetivar a constituição da nova cidade. O traçado urbano da

[1] Para facilitar o povoamento europeu do Brasil a Coroa Portuguesa instituiu o sistema de capitanias hereditárias. O atual território da Bahia ficou, grosso modo, dividido em três: Bahia de Todos os Santos (da foz do S. Francisco a Itaparica), Ilhéus (de Itaparica à ilha de Comandatuba) e Porto Seguro (de Comandatuba a Mucuri). Em 1547 Francisco Pereira Coutinho, o único donatário da capitania de Todos os Santos foi morto pelos tupinambás, num cerimonial antropofágico. Portugal então compou a capitania dos herdeiros, o que possibilitou a instalação da sede do governo geral.

mesma foi definido pelo mestre de cantaria Luís Dias, com nítida preocupação de defesa. As primeiras construções foram de taipa e palha, cercada por uma paliçada. A partir da fundação, surgiram as primeiras instituições. Além das necessárias à administração portuguesa, ainda em 1549 foi instalada a Santa Casa de Misericórdia da Bahia. Dois anos depois o papa Júlio III criou a nossa primeira diocese, denominada São Salvador da Bahia (Jacó-Vilela, 2001). Em 1582, atendendo ao pedido da população local, chegaram os primeiros monges beneditinos, instalando-se fora dos muros da cidade (atualmente considerado Centro Histórico). Em 1587 os Franciscanos iniciaram a construção do seu convento. (Rower, 1941). A essas primeiras instituições juntaram-se outras que, atualmente estudamos para buscar compreender como começou a preocupação com questões de ordem psicológica aqui na Bahia, expressas, por exemplo, nos sermões proferidos, na correspondência, em teses doutorais ou de concurso, em livros e artigos de revistas.

Este texto então busca trazer informações sobre locais em Salvador onde é possível encontrar material que nos auxilie a compreender melhor a História da Psicologia no Brasil em geral e na Bahia em particular.

Foram verificadas as seguintes instituições:

1. Arquivo Público do Estado da Bahia
2. Biblioteca Pública do Estado da Bahia
3. Faculdade de Filosofia e Ciências Humanas da Universidade Federal da Bahia
4. Faculdade de Medicina da Bahia da Universidade Federal da Bahia – Biblioteca Gonçalo Muniz
5. Laboratório de Conservação e Restauração Reitor Eugênio Veiga – LEV da Universidade Católica do Salvador
6. Mosteiro de São Bento

Em 2011 foi publicado o Dicionário de Instituições de Psicologia no Brasil[2]. Na Bahia foram identificadas 20 delas[3], algumas das quais já

[2] http://www.sao-salvador.com (Acesso em 10.03.15)

[3] Associação Baiana de Psicólogos; Associação Baiana de Recuperação do Excepcional; Casa de Saúde Ana Nery; Casa de Saúde Santa Mônica Ltda (Espaço Bom Viver) Centro Comunitário de Saúde Mental Mario Leal; Centro de Informações Antiveneno da Bahia;

não existem. Todas merecem estudo mais aprofundado. Entretanto, sem demérito para as demais, gostaríamos de destacar duas: A Santa Casa de Misericórdia da Bahia (SCM-BA) e o Instituto Central de Educação Isaias Alves (ICEIA). A SCM-BA tem história paralela a de Salvador, fundados que foram no mesmo ano. Alguns trabalhos já têm sido realizados, com foco na proteção à infância (Chaves, Borrione, 2004; Chaves, Guirra, 2000; Chaves, Mesquita, 2001, 2002 a,b,c; Chaves; Ribeiro, 2000; Souza, 2002; Chaves, Souza, Góes Filho, 2001 a,b).

O ICEIA, por ter a sua origem na Escola Normal da Bahia, com mais de 150 anos de história dedicados a formação de professores. É Alípio Franca (1871-1957), professor da Escola Normal e seu vice-diretor em algumas oportunidades que nos conta um pouco da história da instituição por ocasião do seu primeiro centenário (Franca, 1936). Em 14 de abri de 1836 o Presidente da Província da Bahia sancionou a Lei 37/36, instituindo o Curso Normal da Bahia (com possibilidade de matrícula apenas para alunos do sexo masculino), havendo a previsão de que professores fossem se qualificar na Escola Normal de Paris. Assim, o funcionamento efetivo ocorreu em março de 1842. É de 2/08/1850, a Lei provincial 403/50, que, entre outras providências, possibilitou a frequência de mulheres que teriam aulas em dias alternados com os rapazes. Em 1918, através da Lei 1293 foi criada a cátedra de Psychologia Experimental e Antropologia. Em 14/08/1925, através da Lei 1846, foi excluída Psychologia Experimental e incluída a cátedra de Psychologia Infantil, a ser cursada por alunos do terceiro ano normal. Seis anos depois, obedecendo a Lei 7.548, de 01/10/1931, foi estabelecida a cadeira de Psychologia Educacional.

O poeta Antônio Gonçalves Dias, quando em missão do Governo Imperial, inspecionou a instrucção publica em diversas províncias do Império, assim se expressa em seu relatório oficial, apresentado ao Governo em 29 de julho de 1852: "De uma só Escola Normal terei de me

Centro de Logopedia e Psicomotricidade da Bahia; Centro de Orientação Familiar; Centro de Saúde Mental Oswaldo Camargo; Colégio Estadual da Bahia (Central); Divisão de Recrutamento e Seleção do Banco Econômico S.A.; Faculdade de Medicina da Bahia da Universidade Federal da Bahia; Hospital de Custódia e Tratamento da Bahia; Hospital Especializado Mário Leal; Hospital Juliano Moreira; Instituto Central de Educação Isaías Alves; Instituto de Cegos da Bahia; Instituto de Orientação Vocacional; Instituto de Psicologia da Bahia; Instituto de Psicologia da Universidade Federal da Bahia.

ocupar pois nenhuma outra existe nas Províncias por mim visitadas. É a da Bahia, cuja creação data de 14 de abril de 1836." (Franca,1936, p.10)

Outro fato que Franca considera digno de nota é a visita de Henri Wallon (1879-1962) realizada em 07/10/1935.

Em 1939, a Escola Normal foi transferida para um imóvel no bairro do Barbalho. Houve então a deliberação de homenagear um dos seus docentes, o professor Isaias Alves, portador do título de Masters of Arts e Instructor in Psychology pelo Teachers College da Columbia University, provavelmente o primeiro titular da cátedra de Psicologia Educacional, que possuía renome nacional, já tendo estruturado e dirigido o Serviço de Testes no Serviço de Medidas Escolares do Instituto de Educação do Distrito Federal, membro do Conselho Nacional de Educação e, à época, Diretor Geral de Instrução Pública do Estado da Bahia (1938-1942).

Arquivo Público do estado da Bahia (APEB)

Criado em 16 de janeiro de 1890, por ato do Dr. Manoel Victorino Pereira então governador do Estado da Bahia, tendo por objetivo principal [...] recolherem-se, quanto antes, em certo e determinado lugar todos os papéis e documentos históricos, administrativos, judiciários, e legislativos deste Estado, disseminados nos diversos archivos públicos das diferentes repartições [...][4].

O seu acervo, organizado segundo os regimes políticos do Brasil, reúne:

Correspondência diversa, a exemplo de:

– Cartas Régias (1648-1821), cartas para o Governo Imperial (1823-1886), ofícios dos Ministérios Imperiais (1822-1873), da Escola Normal da Bahia, da Escola Agrícola, do Colégio Médico-Cirúrgico (1824-1832), da Escola de Medicina da Bahia (1832-1889); de D. Romualdo de Seixas (1787-1860), arcebispo da Bahia, para o governo imperial (1823-1886), de orfanatos, dos provedores das Santas Casas de Misericórdia da Bahia, da Associação das Senhoras da Caridade, por exemplo.

– Atos do governo da Província (1835-1889).

[4] http://www.fpc.ba.gov.br/espaco-para-conhecer/arquivo-publico-do-estado-da-bahia/ (acesso em 10/03/15)

– Documentos intitulados Séries, referentes: Instrução Pública, Justiça e Religião.

Esse é um conjunto de fontes documentais que ainda não foi "descoberto" por pesquisadores de Psicologia.

Biblioteca Pública do estado da Bahia (BPEB)

Teve seu funcionamento autorizado por D. João, Príncipe Regente de Portugal, atendendo à solicitação formulada por Pedro Gomes Ferrão Castelo Branco, com inauguração no dia 13/05/1811, aniversário do Regente. É considerada a biblioteca pública mais antiga da América Latina. Em 1912 foi atingida por um incêndio, que destruiu quase todo o seu acervo (Soares e cols, 2011).

Dentre os seus departamentos há dois que nos interessam mais de perto: O Setor de Períodicos Raros (SPR) e a Subgerência de Obras Raras e Valiosas (SORV). O primeiro, reune anais de eventos, almanaques, jornais, revistas. O segundo é composto por livros, tendo dois setores: Obras Raras e Obras Valiosas.

O acervo de jornais tem exemplares de 122 períodicos que podem nos interessar, o mais antigo destes com publicação iniciada em 14/05/1811, ou seja, um dia após a inauguração da BPEB – é o Idade d`Ouro no Brazil[5].

A maioria das publicações é de Salvador. As do interior do Estado são da cidades de: Alagoinhas, Cachoeira, Canavieiras, Candeias, Feira de Santana, Ilhéus, Itabuna, Jequié, Lençóis, Livramento, Nazaré, São Félix, Serrinha e Santo Amaro.

Canavieiras, cidade de médio porte, situada no sul da Bahia, chama a atenção pois de 1903 a 1963 teve iniciados 21 jornais[6]. Em sequência vem Feira de Santana, a segunda maior cidade do Estado, que teve quatro, cuja publicação começou de 1885 a 1910. Uma constatação é que as séries estão descontinuadas: 51 dos titulos constam apenas em um ano. Vale

[5] Está digitalizada, disponível em http://hemerotecadigital.bn.br/artigos/idade-d%E2%80%99ouro-do-brazil (acesso em 07.03.15)

[6] No site oficial da cidade há um link para "Jornais e revistas", que não contem informação. http://www.canavieiras-ba.com.br (acesso em 07.03.15)

destacar que, como o levantamento foi realizado no catálogo, não houve condição de verificar se o período referido está completo. As publicações mais longevas são apresentadas no Quadro 1:

Título	Cidade	Início-Fim
Correio da Manhã	Salvador	1914-1943
O Imparcial	Salvador	1918-1947
Orvalho	Livramento	1871-1904
Jornal de Notícias	Salvador	1884-1920
Estado da Bahia	Salvador	1933-1970
O Tempo	Salvador	1901-1949
Folia dos Rocero	Salvador	1899-1948
Jornal Oficial	Canavieiras	1918-1975
Folha do Norte	F de Santana	1910-1975
A Tarde	Salvador	1912-[1]
A Ordem[2]	Cachoeira	1900-1988

Quadro 1 – Periodicos baianos de potencial interesse para a psicologia existentes no SPR[7]

Vale ressaltar, esses números referem-se a exemplares existentes no setor. Deste acervo o único que está em circulação é o jornal "A Tarde"[8].

Quanto às revistas, no setor há 68 títulos lançados a partir de 1876, que potencialmente podem nos interessar. Dentre esses, 52 tem até 10 anos de exemplares no acervo, sendo que 19 tem registro de apenas um ano. Há então 16 que tem entre 13 anos a 99 anos de exemplares disponíveis para consulta. Alguns títulos nos chamam logo a atenção:

[7] Ainda em circulação.

[8] O Jornal está digitalizando todas as suas edições. Para tal, na primeira etapa, contou com a parceria do Fundo de Cultura, programa do governo estadual a Bahia. Previsto para ter dois pontos de acesso gratuitos, um na Biblioteca Pública do Estado da Bahia e o outro no Arquivo Público da Bahia, ambos estão desativados. Para efetivar consulta, só na sede do jornal, que cobra um preço proibitivo para a maioria dos pesquisadores brasileiros.

A Paladina do lar (1910 a 1917) – periódico baiano que, segundo Marinho[9] (s.d) era meio de entretenimento para suas leitoras, cujos principais temas versavam sobre moda, literatura e belas-artes. Constitui-se então em documento importante para os estudos de gênero no início do século XX, bem como para aprofundar a história das mulheres e sua efetiva participação na formação de uma sociedade.

Gazeta Médica da Bahia (GMBahia) (1886-1976)[10]

Mensageiro da fé (1912 a 1952) – publicado pelos frades franciscanos da Bahia

O Petiz (1907 a 1919) - Veículo de propagação do ideal eugênico do Instituto de Proteção e Assistência à Infância da Bahia (1907-1917) (Moreira, 2010).

Revista Eclesiástica da Bahia (1908 a 1960) - Editada pela Arquidiocese de São Salvador da Bahia.

Além dos jornais e revistas o setor também abriga vários almanaques, anais de eventos científicos bem como de instituições administrativas e relatórios diversos.

A SORV, conforme já enunciado, possui dois Setores: de Obras Raras e de Obras Valiosas. No primeiro, estão exemplares de livros publicados até meados do século XIX Neste setor, de interesse para nós, há duas publicações:

Investigações de Psicologia[11] - escrito pelo médico baiano Eduardo Ferreira França (1809-1857), doutor em medicina pela Faculdade de Medicina de Paris e professor catedrático de Mineralogia da Faculdade de Medicina da Bahia. O livro, editado em 1854, pela Typographia Pedroza, sobreu grande influência de filósofos franceses.

Cartas para a Educação de Cora[12] – esse livro póstumo reune 42 cartas escritas pelo médico e político baiano José Lino dos Santos Coutinho (1784-1836), para orientar a preceptora de sua filha sobre a educação

[9] Marinho, SR - História e Imprensa Feminina: possibilidades de um diálogo (Bahia, 1860-1917) in http://www.historiaehistoria.com.br/materia.cfm?tb=alunos&id=462 (acesso em 08/03/15).

[10] Descrita na parte que trata da Faculdade de Medicina da Bahia.

[11] Existe também um exemplar na Biblioteca Isaias Alves.

[12] Está disponível no site do "Museu Virtual Bertha Lutz" da Universidade de Brasília - http://lhs.unb.br/bertha/ (Acesso em 07.12.2014).

da mesma. Cora, fruto de relação extra-conjugal, ficou sob a guarda do seu pai, que eleito deputado provicial precisou permanecer um período no Rio de Janeiro, apesar de fazer oposição ao Imperador, foi nomeado médico honorário de D. Pedro I e, durante a Regência Trina, atuou como Ministro dos Negócios do Império (1831-1832) (Souza, 1949). Um amigo da família, tendo conhecimento das cartas, insistiu em publicá-las, para tal organizando uma subscrição de âmbito nacional, que contou com a contribuição de várias personalidades, inclusive da Condessa de Barral (1816-1891), baiana, preceptora das princesas imperiais do Brasil.

Já o Setor de Obras Valiosas, pode ser analisado em três categorias quanto a autoria, a saber:

1. estrangeiros, editados no exterior;
2. estrangeiros, traduzidos para o português
3. brasileiros.

Na primeira, foram localizados 886 títulos, publicados em 13 países[13]. A Figura 1 apresenta a distribuição dos seis mais frequentes. É visível o predomínio da França com 527 obras. Argentina, a segunda colocada, tem 124. Vale, entretanto, a ressalva que esses números se referem à quantidade de livros existentes no acervo. Eles podem se referir, por exemplo, a várias edições do mesmo título.

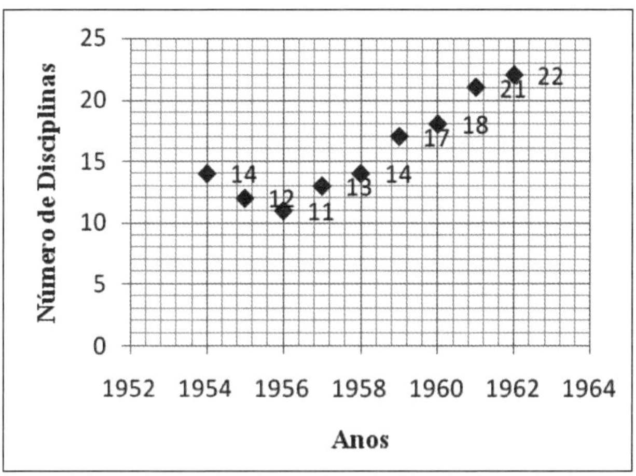

Figura 1 – Países com maior quantidade de publicações

[13] Alemanha, Argentina, Bélgica, Chile, Espanha, Estados Unidos, França, Inglaterra, Itália, México, Portugal, Suíça e Uruguai.

Com essa quantidade de títulos é impossível relacioná-los neste texto[14]. A guisa de exemplo são listados alguns dos autores, segundo o país de origem:

- Alemanha: Wilhelm Wundt (1832-1920), Herman Ebbinghaus (1850-1909)
- Argentina: José Ingenieros (1877-1926)
- Canadá: George John Romanes (1848-1894),
- Dinamarca: Carl Lange (1834-1900)
- Escócia: Alexander Bain (1818-1903)
- Estados Unidos da América: William James (1842-1910), Jame Mark Badwin 1861-1934, Robert Woodworth (1869-1962)
- França: Adolphe Garnier (1801-1864), Édouard Séguin (1812-1880), Teódule Ribot (1839-1916), Gustave Le Bon (1841-1931), Alfred Binet (1857-1911), Édouard Toulouse (1865-1947)
- Inglaterra: Charles Robert Darwin (1809-1882), Herbert Spencer (1820-1903)
- Itália: Angele Mosso, (1846-1910)
- Rússia: Ivan Setchénoff (1825-1905), Wladimir Mikhailovich Bechterew (1857-1927)

As publicações no Brasil ocorreram em seis Estados: Alagoas, Bahia, Minas Gerais, Pernambuco, Rio de Janeiro, Rio Grande do Sul e São Paulo. Não houve ainda estudo que permita conhecer melhor esse grupo. Assim, seguem também exemplos de autores publicados.

Autores traduzidos:

- Alemanha: Karen Horney (1885-1952), Ernest Kretschmer (1888-1964)
- Austria: Sigmund Freud (1856-1939), Alfred Adler (1870-1937), Anna Freud (1895-1982)
- Bélgica: Ovide Decroly (1871- 1932)
- Estados Unidos da América: John Dewey (1859-1952)

[14] Para maior informação, consultar Rocha (2002).

- França: Henri Pieron (1881-1964)
- Hungria: Franz Alexander (1891-1964)
- Suíça: Edouard Claparéde (1873-1940)

Autores brasileiros:

- Antônio Austregésilo (1876-1960)
- Arthur Ramos (1903-1949)
- Francisco Franco Rocha (1864-1933)
- Gastão Pereira da Silva (1898-1987)
- Henrique Roxo (1877-1969)
- Isaias Alves de Almeida (1888-1968)
- Júlio Pires Porto Carrero (1887-1937)
- Medeiros e Albuquerque (1867-1934)
- Noemy da Silveira Rudolfer (1902-1980)
- Raimundo Nina Rodrigues (1862-1906)
- Sylvio Rabello (1899-1972)

Está em curso o processo de digitalização do acervo, com consultas no endereço http://acervo.fpc.ba.gov.br/pergamum/biblioteca/index.php

Faculdade de Filosofia e Ciências Humanas da Universidade Federal da Bahia (FFCH)

Fundada em 13/06/1941, essa instituição foi a concretização de projeto idealizado por Isaias Alves. Segundo Salles (2010), de início tinha ela quatro seções: Filosofia, Ciências, Letras e Pedagogia. Em 1946 foi incorporada à recém-criada Universidade da Bahia, atualmente Universidade Federal da Bahia.

Dois de nossos pioneiros da Psicologia foram aí professores catedráticos de Psicologia Geral e Psicologia Educacional. João Ignácio de Mendonça (1903-1969) e Isaias Alves, homenageados, nomeando, o primeiro, o Serviço de Psicologia do Instituto de Psicologia e o segundo, a Biblioteca da Faculdade de Filosofia e Ciências Humanas da UFBA e o Instituto Central de Educação do Estado da Bahia.

A atuação de ambos nesta Faculdade foi extremamente importante. Provavelmente foi a primeira a oferecer o curso de Pedagogia e à época o currículo de Filosofia contemplava vários aspectos de Psicologia, já que o curso específico só veio a ser instalado em 1968.

A título de ilustração, ambos estiveram presentes no grupo responsável pela instalação do Instituto de Orientação Profissional da Universidade Federal da Bahia, cuja organização e direção foi confiada a Emílio Mira y Lopez (1896-1964). Impõe-se o estudo tanto dos programas especificamente destes dois cursos bem como da biblioteca da FFCH.

Uma outra possibilidade é o estudo do ex-Departamento de Psicologia, atualmente Instituto de Psicologia e Serviço Social, o primeiro do Norte-Nordeste do País. Sem dúvida é um terreno extremamente fértil. A esse respeito, Carvalho, Rocha e Moraes (2010) pontuaram a necessidade de estudar especificamente a contribuição de Isaias Alves na formação de quadros para a Psicologia na Bahia. Ressalte-se que ele foi, mui provavelmente, o primeiro a utilizar testes psicológicos em Salvador.

Faculdade de Medicina da Bahia (FAMEB) da Universidade Federal da Bahia

Sua autorização para funcionar, como Escola de Cirurgia da Bahia, foi firmada em 18 de fevereiro de 1808 por D. João, príncipe-regente de Portugal quando, fugindo das tropas de Napoleão Bonaparte, desviou-se da rota traçada e aportou na Bahia. É a decana das instituições de ensino superior no Brasil. Ao longo dos seus mais de dois séculos de história passou por sucessivas alterações de ordem funcional, sendo, atualmente, a Faculdade de Medicina da Bahia da Universidade Federal da Bahia. No período de 1832 a 1928, para integralizar os créditos necessários à obtenção do título de Doutor em Medicina era necessária a apresentação de uma "these"[15]. Com a inexistência de outros centros formadores, a FAMEB ofereceu aos doutorandos a possibilidade de tratar de vários outros temas que atualmente são objeto de estudo de outras ciências, a exemplo da Psicologia. Além destas, havia também dois outros tipos de teses: de concurso e de verificação de título. Há cerca de 20 anos alguns já se

[15] Equivalente aos atuais TCCs – Trabalhos de conclusão de Curso.

dedicaram a estudar as teses. As mesmas já foram analisadas em projetos de bolsas de iniciação científica em parceria com o CNPq[16], projetos de pesquisa[17], trabalhos de conclusão de curso[18], artigos publicados[19], apresentações em eventos científicos[20], dissertação de mestrado[21] e tese de doutorado[22]. As teses que tratam de questões de ordem psicológica antecedem a existência da cátedra de Psychiatria, o que ocorreu no final do século XIX[23]. De 1845 a 1955 foram localizados mais de 200 trabalhos cujos temas potencialmente nos interessam[24], apresentados a 19 das cátedras, sendo as mais frequentes de: Psychiatria, Medicina Legal, Fisiologia e Higiene, sendo que em 52 delas não consta informação da cátedra. Em 02 de março de 1905 a FAMEB foi praticamente destruída por um incêndio, que consumiu grande parte da sua biblioteca. Assim, a nossa análise pode não compreender a totalidade das teses ai apresentadas.

Os trabalhos até o momento publicados trataram de:

- Alcoolismo Crônico e suas variedades clínicas[25]
- Caracterização geral do acervo[26].

[16] Peixoto (1996); Zucoloto (1997); Chaves; Barros Filho (2002).

[17] Prof. Dr. Antônio Marcos Chaves (UFBA) - Estudo sobre o significado de infância nas teses doutorais da faculdade de medicina da Bahia (1840-1928). Período 2006-09.

[18] Tranquilli (2007)

[19] Rocha; Padovani; Passos; Almeida (2006); Rocha (2004), Rocha; Tranquilli; Lepikson (2004); Rocha; Moraes (2003); Rocha (2001), Rocha (2000).

[20] Carmo; Brandão; Rocha (2004), Carnaúba, Cunha; Lima; Silva; Gomes; Brandao; Oliveira; Rocha (2005), Leal; Santos; Rocha(2005), Lepikson; Tranquilli; Rocha (2011), Pereira; Padovani; Passos; Almeida; Rocha (2007), Rocha (2011a,b), Rocha (2005 a,b), Rocha, Rocha (2003) (2001), Rocha (1999), Tranquilli; Lepikson; Brandao; Rocha (2005 a,b), Zucoloto; Chaves (2008, 2009, 2010 a,b); Zucoloto; Massimi (1997), Zucoloto; Patto (2006).

[21] Zucoloto (2003).

[22] Zucoloto (2010).

[23] João Tilemon Fontes, primeiro catedrático Clínica Psiquiátrica (OLIVEIRA, 1992).

[24] Há algum tempo a Biblioteca Gonçalo Muniz recuperou grande parte de material bibliográfico que estava nos porões da Faculdade de Medicina, o que aumentou bastante o seu acervo. A autora deste trabalho está realizando uma revisão geral das teses. Assim, os resultados aqui apresentados são parciais.

[25] Gomes, Brandão, Oliveira & Rocha, 2005.

[26] Peixoto (1996); Rocha (1999, 2000, 2004); Tranquili & Lepikson (2004).

- Celibato[27]
- Educação física, moral e intelectual[28]
- Estudo sobre a genealogia intelectual das teses[29]
- Higienismo[30]
- Histeria[31]
- Influência de Charcot em teses sobre Histeria[32]
- Medicalização[33]
- Psicoterapia[34]
- Práticas terapêuticas[35]
- Relações da Atividade Intelectual com a composição da Urina[36]
- Saúde Mental[37]
- Significado de infância[38]
- Suicídio[39]
- Tabagismo e sua influência sobre a mentalidade[40]

Em função deste acervo, a FAMEB consta do Dicionário de Instituições da Psicologia Brasileira (2011). Ainda assim, há muito a estudar. Além das teses, há também a revista que, desde 2004 é editada pela FMB.

27 Carnaúba, Cunha, Lima, Silva, Pereira & Rocha, 2011 a, 2011b); Lepikson, Tranquilli & Rocha (2011); Tranquilli, Lepikson, Brandao & Rocha, 2005), Tranquilli, Lepikson & Rocha, 2011.

28 Zucoloto, 2010.

29 Rocha, 2011a; Rocha, 2011b.

30 Zucoloto & Patto, 2006.

31 Zucoloto, 1997; Zucoloto & Massimi, 1997; Rocha, 2003, 2005; Rocha & Moraes, 2003.

32 Rocha, 2003; Rocha & Moraes, 2003.

33 Zucoloto & Chaves, 2008, 2009; Zucoloto, 2010 a, 2010b.

34 Rocha, N.M.D (2012). *A contribuição da Santa Casa de Misericórdia de Cachoeira para a Psicologia no Brasil: o caso da tese "Da Psychoterapia Suggestiva" em Santana.*

35 Tranquili, 2007.

36 Tranquilli, Lepikson & Rocha, 2005.

37 Carmo, Brandao & Rocha, 2004.

38 Chaves & Barros Filho, 2008; Zucoloto & Chaves, 2009, 2010 a, 2010b.

39 Padovani, Passos, Almeida & Rocha, 2006, 2007.

40 Leal, Santos & Rocha, 2005.

Gazeta Médica da Bahia (GMBahia) (1886-1976) - publicada em Salvador por iniciativa de um grupo composto por sete médicos da Bahia e um estudante, é, mui provavelmente, é a mais antiga revista de divulgação científica do Brasil e a primeira revista médica do país. A GM Bahia circulou regularmente entre 1866 e 1934, entre 1966 e 1972, com um número avulso em 1976. Está totalmente digitalizada, podendo ser consultada em http://www.gmbahia.ufba.br/index.php/gmbahia

Ex-alunos e docentes desta Casa foram considerados pioneiros da Psicologia brasileira: José Lino dos Santos Coutinho, Eduardo Ferreira França, Abílio Cesar Borges, Barão de Macahubas (1824-1891), Nina Rodrigues, Juliano Moreira (1873-1933), Afrânio Peixoto (1876-1947), João Ignácio de Mendonça e Nise da Silveira (1905-1999)[41].

Uma informação relevante para os pesquisadores é que o acervo está sendo gradativamente digitalizado, estando disponível no Pergamum da Universidade Federal da Bahia

Laboratório de conservação, restauração e tratamento arquivístico reitor Eugênio de Andrade Veiga (LEV) da Universidade Católica do Salvador

Surgiu ele da parceria entre a Arquidiocese de São Salvador da Bahia e a Universidade Católica do Salvador, quando o cardeal D. Geraldo Magella solicitou ao então Reitor José Carlos Almeida colaboração para custodiar, conservar e organizar o Acervo da Cúria Metropolitana do Salvador, que remonta a instalação da primeira diocese criada no Brasil, nos idos de 1551. Em 25 de fevereiro de 2002, o LEV foi oficialmente instalado.

O acervo é composto, basicamente, por manuscritos e periódicos. Dentre os primeiros encontram-se:

Livros de registro de batismo, casamento e óbito, predominantemente do século XIX; uma quantidade razoável para o século XVIII; pouquíssimos para os séculos XVI e XVII. Do séc. XVI, um único livro de Registro de Batismos da localidade de Paripe (hoje, subúrbio de Salvador) de 1588 a 1637.

[41] Todos estes constam do Dicionário da Psicologia no Brasil: Pioneiros (CAMPOS, 2001).

Processos de Ordenação: De Genere (sobre a linhagem da família do candidato: se era descendente de cristãos novos, de escravos, entre outras coisas), Vita et Moribus ("Vida e Costume" do próprio candidato) e Patrimônio (para saber se o candidato tinha alguma renda fixa que o mantivesse, antes dele ter algum benefício colado)

- Correspondência de Arcebispos com outros elementos do clero.
- Documentação de Irmandades.
- Libelos de Divórcio e Justificativas de Sevícias.

Quanto aos periódicos, os de possível maior interesse para a Psicologia, são apresentados no Quadro 2:

Título	Início-Fim
A Semana" (inicialmente chamado de "Semana Católica")	**1936-1975**
Mensageiro da Fé", depois chamado de "O Mensageiro	**1975-1978**
Era Nova	**1928-1935**
Revista Eclesiástica da Bahia	**1908-1964**

Quadro 2 – Periodicos de potencial interesse para a psicologia existentes no LEV.

Também no LEV, as coleções não estão completas.

Mosteiro de São Bento (MSB-BA)

Primeiro mosteiro beneditino do Novo Mundo, há mais de 430 anos vem ele atuando segundo o ideário da Ordem Beneditina e sempre intimamente ligado à produção bibliográfica.

Para Alicia Duhá Loze:

> Como era de se esperar em função da história monástica, desde sua instalação em terras brasis, a arquiabadia baiana destaca-se como instituição plenamente inserida no desenvolvimento local e regional através da promoção e preservação das artes, da cultura e do saber, constituindo-se, assim, em um espaço privilegiado

> para a produção e difusão do conhecimento, possuindo um rico acervo que reúne obras raras e especiais que datam desde 1503 até os dias atuais, além de vasta documentação manuscrita e iconográfica, as quais têm sido submetidas a análises e pesquisa, e vem, a cada dia, apontado novos caminhos para a reescrita de passagens significativas da história da Bahia e do Brasil (Loze, 2011, p. 297).

Ainda segundo Loze (2011), a Biblioteca, hoje aberta ao público, é, por assim dizer, dividida em quatro setores, dos quais dois nos interessam mais de perto:

a) **Referência**, com obras do séc. XIX ao XXI, boa parte delas já catalogadas no Sistema Integrado de Bibliotecas, disponíveis e acessíveis ao grande público (Romanelli, 2012);

b) **Obras Raras** (no Centro de Documentação e Pesquisa do Livro Raro Dr. Norberto Odebrecht, espaço contíguo à Biblioteca), com obras impressas do séc. XVI ao XIX;

Além deste, há três conjuntos, de acesso compreensivelmente restrito:

a) O **Arquivo do Mosteiro**, onde se encontram todos os textos manuscritos, códices, documentos avulsos ou encadernados, organizados em caixas ou em pastas; são todos documentos diretamente relacionados à vida administrativa e burocrática do Mosteiro e de cada um dos monges que por ali passaram desde a sua fundação em 1582;

b) A **Biblioteca do Arquivo**, onde ficam todas as obras impressas mais preciosas, por sua raridade e antiguidade, os livros diretamente relacionados com o cotidiano religiosos (missais, evangeliários, bíblias e regras) além de exemplares de todas as publicações da Tipografia;

c) O **Arquivo Abacial**, que é passado de Abade a Abade, onde ficam guardados documentos mais reservados, como documentos mais pessoais dos monges, processos administrativos e eclesiásticos, obras impressas "não recomendadas", etc.

Fato relevante é que essa Biblioteca é uma das poucas tombadas pelo Instituto de Patrimônio Histórico e Artístico do Brasil – IPHAN.

Das seis instituições que escolhemos, quatro são ligadas ao poder público: O APEB e a BPEB, são entes estaduais que surgiram no século XIX, uma delas bicentenária. Duas outras são federais, uma das quais a unidade de ensino superior mais antiga do Brasil. As duas outras são religiosas, ambas, na sua origem, quadricentenárias. Isso nos remete, necessariamente, a importância de preservação dos documentos. Sabemos que muito foi perdido, de incêndios, como foi o caso das duas bibliotecas oficiais ou mesmo por força de descaso. Felizmente várias destas instituições estão empenhadas na preservação da nossa História o que nos possibilita conhecer melhor a nossa trajetória.

Essas não são as únicas instituições a pesquisar. Além de todas outras que constam do Dicionário de Instituições, é pertinente lembrar as Escolas Normais que existiram desde o alvorecer do século XX, na capital e no interior, a maioria sob a responsabilidade de ordens religiosas, como o Colégio da Soledade, Colégio NS das Mercês e Instituto NS da Salette, por exemplo. A estas se juntam o Colégio dos Órfãos de São Joaquim (Chaves, 2011) e o Educandário NS dos Perdões.

Assim, ainda há muito a ser feito.

Referências

Campos, RH de F (org). (2001) *Dicionário Biográfico da Psicologia no Brasil: pioneiros.* Rio de Janeiro/Brasília: Imago/CFP.

Carmo, MBB; Brandao, MM; Rocha, NMD. (2004). *Saúde Mental na Bahia oitocentista: a percepção dos doutorandos da FAMED quanto ä contribuição de fatores culturais.* In: VI Encontro Clio-Psyché - Memória e História: Resumos, 2004, Rio de Janeiro. VI Encontro Clio-Psyché,.

Carnaúba, TA; Cunha, NA; Lima, C de AV; Silva, LM; Pereira, MB; Rocha, NMD. (2011a). *Celibato.* In: II Mostra de Pesquisa em Ciência e Tecnologia DeVry Brasil, Salvador/Fortaleza,.

Carnaúba, TA; Pereira, MB; Cunha, NA; Lima, C de AV.; Silva, LM; Rocha, NMD. (2011b). *Celibato.* In: 7º Congresso Norte Nordeste de Psicologia,. Salvador.

Carvalho, MC, Rocha, NMD; Moraes, ESD de (2010). Memória histórica do Departamento de Psicologia, atual Instituto de Psicologia: sua constituição e desenvolvimento. In Lídia Maria Brandão Toutain; Rubens Ribeiro Gonçalves da Silva. (2010). *UFBA: do século XIX ao XXI*. Salvador, Edufba, 2010, p 525-543.

Chaves, AM. (2001). *Famílias de meninos abrigados na Casa Pia e Colégio dos Órfãos de São Joaquim (1825 a 1992)*. In: XVIII Congresso Interamericano de Psicologia, 2001, Santiago do Chile. Santiago - Chile: SIP,. v. 1.

Chaves, AM; Barros Filho, D. (2008). *Estudo sobre o significado de infância nas teses doutorais da Faculdade de Medicina da Bahia (1840-1897)*. XXVII Seminário Estudantil de Pesquisa/IX Seminário de Pesquisa e Pós-Graduação. Salvador BA: EDUFBA, v. 1.

Chaves, AM; Borrione, R de MT; Mesquita, GR. (2004). *O significado de infância: a proteção à infância oferecida pela Santa Casa de Misericórdia da Bahia no século XIX*. Interação (Curitiba), Curitiba PR, v. 8, n.1, p. 103-111.

Chaves, AM; Góes Filho, PL. (2002). *Significados de proteção à infância na Bahia do século XIX: a mortalidade dos expostos*. II Seminário de Pesquisa e Pós-Graduação / XX Seminário Estudantil de Pesquisa. Salvador (BA): EDUFBA, 2002. v. 1. p. 237-237.

Chaves, AM; Guirra, RC. (2000). *A Santa Casa de Misericórdia da Bahia e a proteção a meninas pobres (1800-1846)*. I Seminário de Pesquisa e Pós-Graduação e XIX Seminário Estudantil de Pesquisa (UFBA). Salvador (BA): EDUFBA, v. 1. p. 229-229.

Chaves, AM; Mesquita, GR. (2000). *Significados de proteção à infância: a proteção da Santa Casa de Misericórdia da Bahia na Bahia republicana do século XIX*. I Seminário de Pesquisa e Pós-Graduação e XIX Seminário Estudantil de Pesquisa (UFBA). Salvador (BA): EDUFBA.. v. 1. p. 229-229.

Chaves, AM; Mesquita, GR. (2001). *Significados de proteção à infância: proteção da Santa Casa de Misericórdia da Bahia (Brasil) republicana do século XIX. XVIII* Congresso Interamericano de Psicologia. Santiago - Chile: SIP.. v. 1.

Chaves, AM; Mesquita, GR. (2002a). *Bilhetes à porta, expostos à Roda: o significado de proteção à infância da Santa Casa de Misericórdia às crianças expostas na Roda na Bahia do século XIX*. In: XXI Seminário Estudantil de Pesquisa, 2002, Salvador (BA). Resumos do XXI Seminário Estudantil de Pesquisa. Salvador (BA): Edufba,

Chaves, AM; Mesquita, GR. (2002b). *Significados de proteção à infância: proteção da Santa Casa de Misericórdia da Bahia na primeira metade do século XIX.* In: III Seminário de Pesquisa e Pós-Graduação/XXI Seminário estudantil de pesquisa estudanti. Salvador (BA): EDUFBA. v. 1. p. 236-236.

Chaves, AM; Mesquita, GR; Souza, LME. (2002). *Significado do batismo e de proteção à infância na Bahia do século XIX - A Roda dos Expostos.* I Congresso Brasileiro Psicologia: Ciência e Profissão, x São Paulo (SP)

Chaves, AM; Ribeiro, RLCCE. (2000). *Significados de infância: destino das expostas e recolhidas da Santa Casa de Misericórdia na Bahia (1857-1875).* I Seminário de Pesquisa e Pós-Graduação e XIX Seminário Estudantil de Pesquisa (UFBA). Salvador (BA): EDUFA. v. 1. p. 229-229.

Chaves, AM; Ribeiro, RLCCE. (2001). *Significados de infância: destino das expostas e recolhidas na Santa Casa de Misericórdia da Bahia - Brasil (1857 a 1875).* In: XXVIII Congresso Interamericano de Psicologia. Santiago do Chile. SIP, 2001.

Chaves, AM; Souza, LME; Góes Filho, PL. (2001a). *Significados de proteção à infância na Bahia do século XIX: Análise das práticas de batismo e taxas de mortalidade na Roda dos Expostos.* 53a. Reunião Anual da SBPC, 2001, Salvador (BA). SBPC. v. 1.

Chaves, AM; Souza, LME; Góes Filho, PL. (2001b). *Cuidado e proteção de crianças expostas na Roda da Santa Casa da Bahia (1801 a 1806).* II Congresso Norte-Nordeste de Psicologia. Salvador (BA).

Chaves, AM; Souza, LME. (2002). *Os significados de infância e a proteção oferecida pela Roda dos Expostos da Santa Casa de Misericórdia da Bahia - século XIX.* In: III Seminário de Pesquisa e Pós-Graduação/ XXI Seminário de pesquisa estudantil de pesquisa, 2002. Salvador: EDUFBA.v. 1. p. 238-238.

Franca, A. (1936). *Escola Normal da Bahia: Memória Histórica (1836-1936).* Salvador: Imprensa Oficial.

Gomes, M do R; Brandão, R.; Oliveira, V. F.; Rocha, NMD. (2005). *Alcoolismo Crônico e suas variedades clínicas.* In: IV Congresso Norte Nordeste de Psicologia. Salvador-Bahia

Jacó-Vilela, AM (org). (2011). *Dicionário Histórico de instituições da Psicologia no Brasil.* Rio de Janeiro/Brasília: Imago/CFP.

Leal, L. R.; Santos, M.; Rocha, NMD. (2005). *Do tabagismo, sua influência sobre a mentalidade.* IV Congresso Norte Nordeste de Psicologia, Salvador-Bahia

Lepikson, B. B.; Tranquilli, A. G; Rocha, NMD. (2011). *O celibato: discursos que legitimam as práticas sociais da FAMED (1850-1930).* 7º Congresso Norte Nordeste de Psicologia. Salvador-Bahia

Lose, AD. (2011). O acervo Bibliográfico e documental do Mosteiro de São Bento da Bahia. In: Dom Gregório Paixão, OSB. (Org.). *O Mosteiro de São Bento da Bahia.* 1ed. Rio de Janeiro; São Paulo: Versal; Odebrecth,. v. 1, p. 297-335.

Marinho, SR. *História e Imprensa Feminina: possibilidades de um diálogo (Bahia:1860-1917).* Disponível em: http://www.historiaehistoria.com.br/materia.cfm?tb=alunos&id=462. Acesso em 16/03/2015.

Moreira, Virlene Cardoso. (2010). *Jornal 'O Petiz': Veículo de propagação do ideal eugênico do Instituto de Proteção e Assistência à Infância da Bahia (1907-1917).* Anais do V Encontro Estadual de História. Associação Nacional de História - Bahia (ANPUH - BA). Em http://vencontro.anpuhba.org/. Acesso em 17/03/2015.

Oliveira, E. S. (1992). *Memória Histórica da Faculdade de Medicina da Bahia, concernente ao ano de 1942.* Salvador: EDUFBA.

Padovani, AS; Passos, BCL; Almeida, D; Rocha, NMD. (2007). *Suicídio: Concepções de alunos dos cursos de Psicologia, Direito e Ciências da Computação no século XXI.* V Congresso Norte Nordeste de Psicologia, Maceió.

Peixoto ALA. *História da Psicologia na Bahia no século XIX. (1996). Teses arquivadas no Acervo da Faculdade de Medicina da Bahia, período de 1845-1900.* Relatório final de atividade de pesquisa (PIBIC/PEP/UFBA). Salvador: Universidade Federal da Bahia.

Risério, A. (2000). Uma história da cidade da Bahia. Salvador: Omar G.

Rocha, NMD. (1999). *Questões psicológicas nas teses da Faculdade de Medicina da Bahia no século XIX.* In: II Encontro Clio-Psychê. Rio de Janeiro.

Rocha, NMD. (2000). A preocupação com questões psicológicas nas teses da Faculdade de Medicina da Bahia no século XIX. *Temas em Psicologia.* Ribeirão Preto, v. 8, n.2, p. 163-174.

Rocha, NMD. (2001a). *A vinculação intelectual europeia das teses apresentadas à FAMED/BA nos oitocentos.* In: XXIX Reunião anual da Sociedade Brasileira de Psicologia, 2001, Rio de Janeiro.

Rocha, NMD. (2001b). *Questões psicológicas nas teses da Faculdade de Medicina da Bahia no século XIX - nota prévia sobre as influências intelectuais.* In: Ana Maria Jacó-Vilela; Antônio Carlos Cerezzo, Heliana de Barros Conde Rodrigues. (Org.). Clio-Psyché - ontem. 1ed.Rio de Janeiro: Relume-Dumará, v, p. 133-150.

Rocha, NMD. (2002). A psicologia oitocentista no acervo da Biblioteca Pública do Estado da Bahia: alguns exemplos. *Memorandum, 3*, 14-49, http://www.fafich.ufmg.br/ ~memorandum/ artigos03/rocha01.htm. (Acesso em 07/03/15).

Rocha, NMD. (2003). *A influência de Jean Martin Charcot em teses sobre histeria apresentadas à Faculdade de Medicina da Bahia no século XIX.* XXXIII Reunião Anual da Sociedade Brasileira de Psicologia, Belo Horizonte.

Rocha, NMD. (2004). Faculdade de Medicina e a preocupação com questões de ordem psicológica durante os oitocentos. In: Marina Massimi e Maria do Carmo Guedes. (Org.). *História da Psicologia no Brasil.* 1ed.São Paulo: EDUC-Cortez, v., p. 89-107.

Rocha, NMD. (2005). *Histeria: influência de Charcot em teses sobre da Faculdade de Medicina da Bahia no século XIX.* XXX Congreso Interamericano de Psicologia, Buenos Aires.

Rocha, NMD. (2012). A contribuição da Santa Casa de Misericórdia de Cachoeira para a Psicologia no Brasil: o caso da tese "Da Psychoterapia Suggestiva". In Ângela Cristina Salgado de Santana (org). *Santa Casa de Misericórdia de Cachoeira: saúde, história e cultura.* Salvador: Vento Leste, p. 53-56.

Rocha, NMD; Moraes, E S D de. (2003). *Histeria: influência de Charcot em teses da Faculdade de Medicina da Bahia no século XIX.* Revista do Departamento de Psicologia (UFF), v. 15, p. 105-117.

Rocha, NMD; Padovani, AS; Passos, BCL; Almeida, D. (2006). *Suicídio: concepções de alunos de cursos de Psicologia, Direito e Ciências da Computação do século XXI acerca de afirmações do século XIX.* CienteFico (Faculdade Rui Barbosa), v. I, p. 166-172.

Rocha, NMD; Tranquilli, AG; Lepikson, BB. (2004). A Faculdade de Medicina da Bahia no século XIX: a preocupação com aspectos de saúde mental. *Gazeta Médica da Bahia*, Salvador, v. 74, n.2, p. 103-162.

Romanelli, C. (2012). Da clausura para o mundo. *Revista de História.* 77, fev de 2012. http://www.revistadehistoria.com.br/secao/em-dia/da-clausura-para-o-mundo. Acesso em 13.03.15.

Röwer, Frei B. (21941). Páginas da História Franciscana no Brasil. Petrópolis: Vozes.

Salles, JC. (2010). Faculdade de Filosofia e Ciências Humanas: breve nota sobre o sentido de sua história. In Lídia Maria Brandão Toutain; Rubens Ribeiro Gonçalves da Silva – *UFBA: do século XIX ao XXI.* Salvador, Edufba. p 525-543.

Soares, FSM; Carmo, LBT; Aziz, CLC; Coelho, S dos S. (2011). *A Biblioteca Pública da Bahia: 200 anos de História*. Salvador: Fundação Pedro Calmon.. Acesso em 14.03.15).

Souza, AL. (1949). *Baianos Ilustres.* [S.L.: s.n].

Tavares, LHD. (2001). *História da Bahia.* Salvador/São Paulo: EDUFBA/ UNESP, 10ª edição, 1ª reimpressão.

Teixeira, C. (2002). *Salvador de 1500 a 1549.* In Marisa Vianna (org) Salvador: Cidade da Bahia. Salvador: Bigraf.

Tranquilli, AG. (2007). *Práticas Terapêuticas em Saúde Mental no século XIX: Análise histórica dos agentes terapêuticos propostos em teses da Faculdade de Medicina da Bahia.* Trabalho de Conclusão de curso. Salvador, Faculdade Ruy Barbosa.

Tranquilli, AG; Lepikson, B; Rocha, NMD. (2010). *O celibato faz mal à saúde humana?: concepções de doutorandos da Faculdade de Medicina da Bahia-Brasil, nos oitocentos.* Actas del XI Encuentro Argentino de Historia de la Psiquiatría, la Psicología y el Psicoanálisis Volumen 11, p.1851-4812

Tranquilli, AG; Lepikson, BB.; Brandao, IN.; Rocha, NMD. (2005). *A influência do celibato sobre a saúde do homem.* IV Congresso Norte Nordeste de Psicologia, Salvador.

Tranquilli, AG; Lepikson, BB; Rocha, NMD. (2005). *Relações da Atividade Intelectual com a composição da Urina.* In: IV Congresso Norte Nordeste de Psicologia, Salvador.

Zucoloto, PCSV. (2010). *A infância e a medicalização das dificuldades no processo de escolarização nas teses sobre higiene escolar da Faculdade de Medicina da Bahia (1889-1930)*, Tese: UFBA.

Zucoloto, PCSV. (1997a). *Contribuição ao estudo histórico do conceito de histeria na cultura acadêmica brasileira do século XIX: as Teses da Faculdade de Medicina da Bahia.* Referente a bolsa de Iniciação Científica junto ao CNPq.

Zucoloto, PCSV; Massimi, M. (1997b) *Contribuição ao Estudo Histórico do conceito de histeria na cultura acadêmica brasileira do século XIX: as teses da Faculdade de Medicina na Bahia.* In: XXVI Congresso Interamericano de Psicologia, 1997, São Paulo, p. 306-306.

Zucoloto, PCSV; Patto, MHS. (2006). *A escola no discurso higienista: As teses da Faculdade de Medicina da Bahia (1869 a 1898).* XXXVI Reunião Anual de Psicologia, Ribeirão Preto.

Zucoloto, PCSV. (2008) *Origens da medicalização das dificuldades no processo de escolarização: significado de infância e saberes psicológicos nas teses doutorais da Faculdade de Medicina da Bahia (1840-1930).* In: 11º Seminário Nacional de História da Ciência e da Tecnologia no Simpósio Temático, 2008, Niterói/RJ.

Zucoloto, PCSV. (2009). *Significados de infância e origens da medicalização das dificuldades no processo de escolarização nas teses sobre educação da Faculdade de Medicina da Bahia (1840-1930).* XXXIX Reunião Anual da Sociedade Brasileira de Psicologia, Goiânia/GO.

Zucoloto, PCSV. (2010a). *Educação física, moral e intelectual nas teses doutorais da Faculdade de Medicina da Bahia (1890 - 1930).* In: 12º Seminário Nacional de História da Ciência e da Tecnologia e 7º Congresso Latino-Americano de História da Ciência e da Tecnologia, 2010, Salvador.

Zucoloto, PCSV. (2010b). *Infância, educação e medicalização das dificuldades no processo de escolarização nas teses sobre educação da Faculdade de Medicina da Bahia (1890 - 1930).* In: Encontro de São Lázaro, 2010, Salvador: Quarteto. p. 227-228.

Zucoloto, PCSV. (2010c). *Significados de Infância nas teses sobre educação da Faculdade de Medicina da Bahia (1889-1930).* II Seminário Internacional em Família Contemporânea: natureza e cultura. Salvador: UCSAL.

Sites:

http://acervo.fpc.ba.gov.br/pergamum/biblioteca/index.php

http://hemerotecadigital.bn.br/artigos/idade-d%E2%80%99ouro-do-brazil

http://lhs.unb.br/bertha/

http://saobento.org/

http://vencontro.anpuhba.org/

http://www.canavieiras-ba.com.br

http://www.fafich.ufmg.br/ ~memorandum/ artigos03/rocha01.htm

http://www.ffch.ufba.br/

http://www.fpc.ba.gov.br/

http://www.fpc.ba.gov.br/arquivo-publico-da-bahia/

http://www.fpc.ba.gov.br/espaco-para-conhecer/arquivo-publico-do-estado-da-bahia/http://www.gmbahia.ufba.br/index.php/gmbahia

http://www.historiaehistoria.com.br/materia.cfm?tb=alunos&id=462

http://www.revistadehistoria.com.br/secao/em-dia/da-clausura-para-o-mundo

http://www.sao-salvador.com

http://www.ucsal.br/extensao/projetos-e-acoes-comunitarias/laboratorio-de-conservacao-e-restauracao-reitor-eugenio-veiga-lev?view=true

www.fameb.ufba.br/

PSICOLOGIA, CULTURA E CIRCULAÇÃO DE SABERES

Circulação de saberes psicológicos no Brasil colonial: apropriação dos saberes produzidos pelos jesuítas e suas transformações no contexto local

Marina Massimi.

Este trabalho aborda o processo de circulação dos saberes psicológicos, promovido pela Companhia de Jesus no Brasil do período colonial focando os principais conteúdos transmitidos e os meios usados para a transmissão.

Por sua natureza, os saberes dos jesuítas possuem a característica de compor, agregar e aglutinar posições culturais entre si muito diferentes e priorizam a transmissão e a comunicação eficaz para o meio social desses conhecimentos. Como se sabe, os membros da Companhia de Jesus, presentes nas terras brasileiras desde 1549 até 1759, foram os principais agentes do processo de transmissão no País, da tradição cultural do Ocidente cristão. Para isto, se utilizaram de diversos recursos, desde o ensino e as escolas, a pregação, o teatro, a imagética, dentre outros.

Os saberes psicológicos dos jesuítas se modulam segundo duas dimensões em muitos casos complementares: a das ideias e dos alicerces conceituais transmitidos; a das praticas, que em muitos casos são um poderoso meio de transmissão e comunicação, num meio social caracterizado pela oralidade. Neste sentido, se faz útil o modelo historiográfico pluridimensional proposto por M. De Certeau (2000), que assinala a importância da reconstrução histórica de um dado saber, considerar o conjunto de universo do pensável e universo das práticas, num dado tempo histórico. Num primeiro momento nos deteremos sobre os conteúdos transmitidos; e num segundo momento sobre os métodos para fazê-lo.

Conteúdos transmitidos

Desde sua fundação por obra de Inácio de Loyola, no século XVI, os pensadores da Companhia de Jesusvisaram realizar uma síntese entre a herança do catolicismo medieval e o novo espírito renascentista (O'Malley, 2002). No Brasil, eles encarregaram-se de "traduzir" tais concepções num método de formação do homem, seja em seu percurso evolutivo pessoal, seja no processo de aculturação dos povos ameríndios, africanos e orientais, através do processo de cristianização. Nesse âmbito, o conhecimento da pessoa, por um lado, e da dinâmica das relações sociais, por outro, aparecem como instrumentos necessários e, num certo sentido, privilegiados (Massimi, 2001).

Os principais conteúdos transmitidos são derivados da tradição cultural ocidental através da leitura realizada pelos filósofos jesuítas de Coimbra: os assim chamados Conimbricenses (Góis, 1593, 1602). Tais tratados interpretam, confrontam, agregam e transmitem a psicologia filosófica aristotélico tomista, a psicologia filosófica de Agostinho de Hipona, os conhecimentos derivados do gênero da medicina da alma de inspiração filosófica (especialmente estoica) e médica (medicina hipocrático galênica), conceitos derivados das teorias filosóficas e médicas dos séculos XV e XVI. Além disto, esta operação de assimilação é realizada por indivíduos formados numa prática de espiritualidade peculiar sintetizada nos *Exercícios espirituais* de Inácio de Loyola.Tal prática sintetiza, por assim dizer, os resultados de todo o labor da longa tradição do ascetismo cristão e filosófico (os *exercícios espirituais*, tema dos trabalhos de P. Hadot, 2005) que visava esculpir uma experiência modelar e que Carruthers (2006) denomina de *ortopraxis*. Nas palavras dessa autora, trata-se da construção de uma experiência disciplinada que permite ao usuário identificar-se a si mesmo com base numa vivência reconhecida como original e constitutiva; prática que pode ser encontrada na rotina regrada das comunidades monásticas medievais, como também nas tradições da religiosidade popular (exemplo: procissões, peregrinações, etc...).

Desse modo, os saberes psicológicos propostos pelos jesuítas possuem uma dimensão filosófica, relativa ao ensino e à produção intelectual da Companhia, juntamente a uma dimensão prática, fundada na espiritualidade inaciana como também na antiga tradição da Medicina do ânimo.

Estes saberes foram reelaborados tendo em vista o meio de recepção e parcialmente transformados no contexto local.

Vamos brevemente descrever os conteúdos transmitidos e fazer alguns exemplos do processo de apropriação e transformação dos mesmos. Com efeito, a categoria historiográfica de "apropriação", nos parece particularmente adequada para retratar este processo. Segundo Chartier, "a apropriação visa uma história social dos usos e das interpretações", voltando a atenção "para as condições e os processos que, muito concretamente, sustentam as operações de produção do sentido (na relação de leitura, mas em tantos outros também)" (1991, p. 180). A ênfase é na "pluralidade dos empregos e das compreensões" dos saberes transmitidos e na "liberdade criadora — mesmo regulada — dos agentes" (idem).

A "ciência da alma" dos filósofos Conimbricenses

A psicologia filosófica de matriz aristotélico tomista e agostiniana foi elaborada pelos pensadores da Companhia, em obras cuja influência no contexto luso-brasileiro foi marcante: trata-se dos assim chamados tratados *Conimbricences*, redigidos pelos professores do Colégio das Artes da Companhia em Coimbra, e posteriormente, utilizados para os estudos filosóficos nos colégios da Companhia no Brasil (Barreto, 1983, 1986; Caeiro, 1982, 1989). Os tratados rotulados pelos autores como comentários das obras aristotélicas, na verdade são apropriações de textos e temas propostos por Aristóteles, mas segundo recortes, escolhas e ênfases ditadas pelas circunstâncias especificas do contexto espaço-temporal em que os tratados foram escritos. Santiago assinala o caráter compósito destes textos:

> Não se há-de estranhar, por isso, a dupla vertente do alinhamento conimbricense: epistemológica, pelo lado do aristotelismo, que integrara a psicologia na física natural; e ontológica, pelo lado de São Tomás, não obstante o tomismo haver-se deparado com os fundamentos biológicos da noética. Talvez cause até maior surpresa a concessão à moda hermética, mediante uma afirmação de fé helenística e renascentista no acordo Platão e Aristóteles – acordo este, importa já anotá-lo, que não evitará compatibilizar a 'forma' aristotélica com o 'eidos' platônico. (...)Sem escapar por completo, como já se percebe, a uma *prisca sapientia*, esse acordo complexificava-se mais ainda, mediante um apelo renovado à

> Patrística, e metafisicamente fundado pelo motivo criacionista de uma dada concepção da Providência, mais estoíco do que aristotélico. (Santiago, 2009 retirado de http://iiiseminariofariasbrito.blogspot.com.br/2009/09/ciencia-da-alma-e-conhecimento-de-sino.html em 17/ 02/2015).

As problemáticas ligadas ao estudo psicológico são tratadas nos seguintes textos conimbricenses: o comentário ao tratado *De Anima-Sobre a Alma* (Góis, 1602), o comentário ao tratado *Parva Naturalia - Pequenas coisas naturais* (Góis, 1593a), o comentário ao tratado *Ética a Nicomaco* (Góis, 1593b), o comentário ao *De Generationeet Corruptione- Sobre a geração e a corrupção* (Góis, 1607). No âmbito dos referidos textos – todos redigidos em idioma latino – evidenciam-se os principais conceitos referentes ao conhecimento psicológico. A organização do texto em questões, soluções e teses, correponde à estrutura do método escolástico herdado da filosofia medieval.

Algumas teses fundamentais referentes à definição aristotélico-tomista da alma humana, constituem-se nos alicerces do saber proposto, buscando investigar a natureza dos fenômenos do psíquismo humano. Em primeiro lugar, destaca-se a definição de alma como ato primeiro substancial do corpo, forma do corpo e princípio da nossa atividade, definição esta que remonta à doutrina aristotélica clássica (Aristóteles, 1993, 1994, 1996). A alma possui capacidades peculiares, que, na linguagem da dita doutrina, são denominadas de potências. São elas: a potência vegetativa; a sensitiva (a saber a capacidade sensorial proporcionada pelos sentidos internos e externos), a locomotora, a apetitiva (sensitiva e intelectiva); a cogitativa ou estimativa e a potência intelectiva (intuitiva e abstrativa). As potências da alma correspondem ao que hoje a psicologia moderna define como funções psíquicas, notadamente: as funções sensoriais, as funções motivacionais e emocionais, as funções intelectuais. Todavia, na perspectiva da psicologia aristotélica, as potências não se identificam *tout court* com os fenômenos, ao passo de que a psicologia moderna reconhece existência apenas dos fenômenos, tendo sido inclusive esta diferenciação o salto decisivo para o nascimento da ciência psicológica no século XIX. A reproposição da psicologia aristotélica pelos jesuítas passa pela apropriação que dela foi realizada pelo filósofo e teólogo Tomás de Aquino (edição e tradução brasileira, 2002), no século XIII, no contexto da visão antropológica moldada pelo cristianismo, assumindo, portanto, a denominação de doutrina aristotélico-tomista.

Por sua vez, aapropriação desta tradição filosófica medieval pelos pensadores jesuítas de Coimbra é particularizada pela influência das mudanças culturais que marcam o período humanista e renascentista ao qual pertencem. Os autores dos manuais são receptivos a uma vasta gama de influências, algumas próprias da tradição filosófica anterior, outras características do contexto intelectual do Humanismo e da Renascença, influências estas de teor mais propriamente filosófico, mas também médico ou de outras áreas da "filosofia natural". Cita-se, repetidamente, entre outros, os filósofos Marsilio Ficino (1433-1499), Pico della Mirandola (1463-1494), Niccoló Pomponazzi (1462-1525) e o médico Andrea Vesalio (1514-1564).

Comenta a respeito Santiago:

> É perfeitamente indiscutível a actualização do Comentário lusitano. Todas as características que K. Park e E. Kesler contaram entre os novos estímulos do século XV se encontram também no texto português, a saber: o apreço pelos comentários e comentadores gregos; a simpatia para com as novas traduções; a aceitação de pensamento não-aristotélico e sobretudo platónico ou platonizante; a incorporação de observações biológicas e médicas; a abertura a várias dimensões do Humanismo (Santiago, 2009. retirado de http://iiiseminariofariasbrito.blogspot.com.br/2009/09/ciencia-da-alma-e-conhecimento-de-si-no.html em 17/ 02/2015

Faremos a seguir alguns exemplos: deve-se à influência da cultura renascentista o fato de que, na discussão dos *Conimbricences*, as teses e as questões referentes à dinâmica das potências psicológicas sejam enfrentadas inclusive no plano do comportamento humano, acarretando a interseção entre os domínios da Psicologia e da Ética. Com efeito, o Humanismo e, sobretudo, a Renascença – devido à ênfase na visão do homem como *fazedor de si mesmo* (Cassirer, 1977; Garin, 1995) – revisitaram o pensamento ético de Aristóteles, sendo por isto a *Ética a Nicomaco* (Aristóteles, 1996) um dos livros mais lidos e interpretados pelos pensadores daquele período, inclusive pelos intelectuais da Companhia de Jesus.

Outro exemplo concerne a importância dada à vontade pela retomada da filosofia de Agostinho no século XVI (devido a importância que esta assume na reforma protestante). A dinâmica psíquica que dá origem às ações humanas é a resultante da interseção e interação entre a vontade (apetite intelectivo), o intelecto, os apetites sensitivos (ou afetos) e os sentidos. Todavia, na esteira do pensamento da época, os *Conimbricences* supõem que haja uma relação de dependência entre as demais potências da alma e a vontade e por isto detêm-se na análise da dinâmica pela qual a vontade move as demais potências. Para tanto, o elemento básico é a noção de desejo, que – na tradição do aristotelismo – consiste na *apetição*, ou seja, na inclinação de todas as coisas para o bem. Distingue-se entre o apetite inato e o apetite aprendido (elícito) – pois a ênfase na formação do homem pela educação própria dos séculos XV e XVI ressalta a importância da aprendizagem.

Um terceiro exemplo é que os *Conimbricences*, assim como toda a cultura do seu tempo, atribuem grande importância aos estados da alma definidos como *paixões*, e que na linguagem da psicologia moderna correspondem às emoções ou sentimentos. As paixões são entendidas como movimentos do apetite sensitivo, provenientes da apreensão do bem ou do mal (representação que o intelecto faz de algum objeto julgado como bom ou mau), acarretando algum tipo de mutação não natural do corpo. Segundo os *Conimbricences,* se forem *ordenadas pela razão*, as paixões colaboram à sobrevivência do homem e, além do mais, ajudam-no a alcançar a virtude. As paixões podem ser definidas como doenças ou distúrbios do animo apenas enquanto se afastam da regra e moderação da razão. Os *Conimbricences* atribuem grande importância também às questões acerca dos correlatos fisiológicos e biológicos da dinâmica das paixões, tais como: as relações entre a tristeza, o sono e os sonhos; as relações entre os sonhos e as paixões; as relações entre as paixões, o sistema cardiovascular e a respiração; as relações entre as paixões e a constituição psicossomática dos indivíduos (temperamento); as relações entre as paixões e as diversas idades da vida. Ao situar a teoria coimbrã das paixões num horizonte cultural onde se delineia a antropologia filosófica da modernidade, em que "alma e corpo estão prestes a se separar radicalmente", Santiago coloca que a tentativa dos filósofos jesuítas, quanto a "uma eventual revalorização teológico-moral das paixões fundada no tratamento físico das mesmas, já não seria uma estratégia legível para os Homens dos séculos XVII e vindouros". Nesse momento histórico, com efeito, "reconhece-se o choque entre os dois paradigmas": "enquanto um virá defender que as paixões da alma são boas para o corpo, o outro ainda repisava que as paixões do corpo eram boas para a alma" (Santiago, 2009 retirado de http://iiiseminariofariasbrito.blogspot.com.br/2009/09/ciencia-da-alma-e-conhecimento-de-si-no.html em 17/ 02/2015)

Portanto, a análise dos comentários às obras psicológicas aristotélicas, das questões colocadas, das soluções apresentadas, refutadas ou aceitas, permite conhecer o panorama amplo da época no que diz respeito à sua visão antropológica e psicológica. Especialmente, permite-nos entender os problemas, as soluções, os temas e os conceitos, os métodos de conhecimento, que na época eram considerados componentes essenciais do domínio definido como estudo da "anima". Santiago coloca que a ciência da alma da época e a fundamentação do conhecimento de si mesmo nela implicado, está atrelada a uma mais ampla visão do mundo de que os jesuítas se fazem de propositores:

> Recordemos que esta grave questão "do exame ou da indagação da dignidade e danatureza da alma" chama a si simultaneamente um "nexo ontológico e cósmico"; uma capacidade de criar, entendida como um vir-ao-aparecimento (*phainestai*), um vir à luz (p*hos*); e ainda a descoberta da "lei" que, "difundindo-se por todo o cosmo criado", permite ao intelecto perceber-se como "uma dada substância imaterial participante da Razão e da Inteligência". Em conformidade, sem deixar de sintonizar com o advento de uma certa modernidade, a última palavra dos Jesuítas de Coimbra deve antes aferir-se enquanto reclame, certamente imperfeito e frágil, de que a venerável linhagem do "conhece-te a ti mesmo", a antropologia do radical conhecimento de si, só faz sentido na medida do acolhimento de uma cosmologia (marcada pelo desígnio criacionista), da ética (que nos torna dignos de uma vida feliz) e da teologia (que nos põe em relação com Deus e com a Verdade). (Santiago, 2009, retirado de http://iiiseminariofariasbrito.blogspot.com.br/2009/09/ciencia-da-alma-e-conhecimento-de-si-no.html em 17/ 02/2015)

Nessa perspectiva, fica evidente que os saberes psicológicos veiculados e elaborados pelos Conimbricenses colocam-se dentro do quadro da nascente *modernidade*, ao discutir as questões de interesse contemporâneo, mesmo que busquem reafirmar aspectos da tradicional visão do mundo. Sobretudo, são significativos os recortes que os tratados atuam neste domínio de conhecimento – apontando para questões e privilegiando ou inventando soluções sugeridas pelos interesses e pelos desafios específicos da época.

Uma componente importante deste processo de transformação do conhecimento são os desafios advindos da necessidade de englobar em seu âmbito, as "novas" instâncias advindas dos mundos externos à Europa e com que os europeus entram em contato no século XVI. Trata-se de uma autêntica revolução produzida no âmbito do conhecimento pela descoberta de Novos Mundos, de novos homens, novos povos e formas sociais. Um exemplo dessa transformação é o grande espaço dedicado no Comentário ao *De Anima* (Góis, 1602) à questão das diferenças individuais quanto à alma humana. Este tema – já abordado por Tomás de Aquino na *Suma Teológica* (2002) de forma um tanto duvidosa, e interpretado pelos filósofos peripatéticos de diferentes maneiras, é tratado com grande ênfase pelo autor jesuíta do Comentário, o professor Manuel de Góis (1602), no capítulo referente às qualidades da alma. Neste, afirma-se com firmeza que, no que diz respeito à alma e às suas potências, os homens de todas as raças e de todos os tempos, são iguais. Desse modo, a deficiência, ou a perfeição quanto às operações da mesma potência, não devem ser atribuídas à menor ou maior perfeição da potência, e sim ao defeito, ou à perfeição do órgão empregado (vide artigo II, capitulo I, quaestio V, em Góis, 1602). Toda desigualdade que existe de indivíduo para indivíduo, no que diz respeito à inteligência, provém somente da desigualdade de constituição dos corpos individuais. A importância da discussão fica clara, ao lembrarmos o debate travado por teólogos e filósofos católicos contemporâneos, especialmente na área ibérica, acerca da humanidade dos povos ameríndios (Hanke, 1985). A transmissão desta reelaboração, na produção cultural jesuítica no Brasil colonial, encontra-se no *Diálogo acerca da conversão do gentio*, de autoria de Manoel da Nóbrega (1988) em meados do século XVI, onde se discute a questão da evangelização do índio brasileiro.

A medicina da alma jesuítica

No que diz respeito à segunda dimensão dos saberes psicológicos dos jesuítas, a da Medicina da Alma ou *do Animo* (na terminologia da filosofia estoica), esta – como já frisamos – remete à longa tradição que, iniciada por Platão, Aristóteles Demócrito, Hipócrates, Cícero, Sêneca e Galeno, consolidou-se ao longo da Idade Média, sendo retomada e ampliada no Humanismo e na Renascença. Baseada numa analogia entre a alma e o corpo, a Medicina da Alma pressupõe a existência das enfermidades da alma, ou seja, a especificidade da patologia psicológica (Crombie, 1987; Klibansky, Panofsky & Saxl, 1983). Neste sentido, o conceito de "doença da alma" repousa numa tomada de consciência médica – pois se trata de uma doença – e ao mesmo tempo filosófica – sendo a alma o objeto acometido pela moléstia. O principio unitário da saúde é o equilíbrio, de modo que qualquer desequilíbrio, seja no corpo seja no espírito, é causa de doença. É assim que, por exemplo, um desequilíbrio no sentido de excesso, ou defeito, nos movimentos do apetite sensorial (paixão), pode provocar doenças corporais e psíquicas. Da mesma forma, a diversidade na composição dos humores do corpo (*complexão*) origina diferentes temperamentos psicológicos, mas o excesso, ou defeito, de um ou outro humor pode degenerar em patologias psíquicas e físicas. A teoria humoralista – cujas origens remontam a Hipócrates e Galeno, considera a constituição do homem determinada pela presença de quatro humores fundamentais que, por sua vez, correspondem aos quatro elementos básicos da composição do Universo. Os humores são: biles preta (melancolia), biles amarela, fleuma e sangue. Conforme o predomínio de um desses humores na constituição dos indivíduos, configuram-se quatro tipos de temperamentos: melancólico, colérico, fleumático e sanguíneo. Os temperamentos, por sua vez, determinam as características psicossomáticas do sujeito: sua condição orgânica bem como seus estados psíquicos (Massimi, 2010). Na mentalidade do ocidente medieval e renascentista, a Medicina da Alma corresponde à "ciência" ou à "arte de viver". Desse modo, teologia, filosofia e medicina encarregam-se de construir o domínio da Medicina da Alma – cada uma com suas competências e perspectivas próprias – e é assim que este domínio vem abarcar um conjunto de conhecimentos de vária natureza, desde as teorias médicas (como, por exemplo, a teoria humoralista) até aos conselhos sugeridos pela sabedoria dos Padres do deserto, da antiga tradição da Patrística cristã, e as categorias da psicologia filosófica aristotélico-tomista.

Os jesuítas dão continuidade a esta tradição e difundem-na, inclusive nos âmbitos de presença missionária, como o Brasil. Não apenas difundem o conhecimento desses saberes, como também os utilizam (e acomodam) em sua organização da vida comunitária e nas práticasde orientação espiritual e missionária.

Já nos escritos de Inácio de Loyola (1982, 1991, 1993, 2002), fundador da Ordem religiosa, vemos a referência frequente a esta tradição de conhecimentos, em função do entendimento mais profundo do ser humano e de seu destino, visando à orientação ("direção") de sua vida espiritual.

Cláudio Acquaviva (1543-1615), um dos sucessores de Inácio no Generalato da Companhia, foi autor, entre outros, das *Industriae ad curandos animi morbos* (*Normas para a cura das enfermidades do ânimo*, 1600; ed. 1893), destinado a todos os Superiores da Companhia visando à orientação da formação espiritual de seus discípulos e aonde retoma a analogia tradicional entre doenças (e cura) do corpo e enfermidades (e terapia) da alma, definindo os vários tipos de doenças espirituais e os remédios necessários para cada uma. A partir de Acquaviva, a expressão Medicina da Alma comparece sistematicamente na literatura jesuítica.

O emprego do saber da Medicina da alma em função prática no plano da orientação espiritual e da atividade missionária e pedagógica parece-nos o aspecto mais original da contribuição da Companhia de Jesus à história dos saberes psicológicos. Com efeito, trata-se de um conhecimento do ser humano e de sua dinâmica psicológica visando à adaptação deste ao contexto social de inserção (a comunidade religiosa e o ambiente em que esta desenvolve sua missão no mundo).

Um exemplo de utilização da Medicina da Alma, especificamente da teoria dos temperamentos e das categorias psicológicas da filosofia aristotélico-tomista, é constituído pela elaboração dos perfis de cada membro da Companhia nos *Catálogos Trienais* redigidos por cada comunidade jesuítica, por ordem do Padre Geral da Companhia (Massimi, 2000, 2002, 2010). Os *Catálogos* organizam-se em três partes: o *Catálogo Primeiro*, fornecendo informações acerca de cada jesuíta, da idade, proveniência e formação, tempo de pertença à Companhia. Neste catálogo, a cada jesuíta é atribuído um número, correspondente ao nome. O *Catálogo Segundo* é organizado por número, sendo omissos os nomes correspondentes, devido ao caráter reservado dos dados nele contidos. O documento fornece informações acerca do perfil de cada jesuíta, de modo tal que poderíamos defini-lo numa linguagem atual, como uma espécie de perfil psicossomático dos indivíduos membros da Ordem.

Com efeito, refere-se a vários aspectos psicológicos e comportamentais: o "engenho", o "juízo", a "prudência", a "experiência das coisas", o "talento", a "compleição" (ou temperamento). O *Catálogo Terceiro* refere-se à situação concreta (numérica, econômica, etc..) das casas ou colégios da Companhia nas diversas Províncias. O autor dos *Catálogos* era o Padre Provincial que, para a redação dos mesmos, devia colher informações no diálogo com cada sujeito e com os seus Superiores nas residências e nos lugares de atuação missionária. Desse modo, são construídos os Catálogos Trienaisreferentes ao Brasil (Rodrigues, 1556-1660). Analisemos por exemplo, o da Província da Bahia, onde, além do colégio de Salvador, existiam várias "residências" dos jesuítas junto às aldeias indígenas. Tendo em vista tais circunstâncias, era importante dispor de sujeitos que tivessem "*talentum ad linguas*", ou seja, boa capacidade para falar e pregar no idioma dos índios, e "*talentum ad concionatum*", ou seja, que fossem bons pregadores. Para estes perfis correspondentes aos referidos ministérios, qualidades como a "experiência das coisas" e o "engenho" são necessárias. Já o exercício do governo da residência ou da comunidade demanda qualidades como o "juízo" e a "prudência". Dentre os jesuítas residentes no colégio, era necessária a presença de alguns indivíduos de "compleição melancólica", sendo que o excesso do humor da melancolia predispõe para as atividades intelectuais. Seria preciso inclusive de alguns indivíduos dotados de "compleição fleumática", que os tornaria aptos a realizar "ofícios domésticos". De qualquer forma, o perfil ideal para a atividade missionária no Brasil, quanto ao temperamento, parece ser o "colérico sanguíneo" ou o "colérico melancólico", pois o excesso do humor da cólera predispõe o indivíduo à ação, ao heroísmo, a enfrentar circunstâncias árduas – tão frequentes no contexto quotidiano da terra de Santa Cruz. Pelo contrário, não poderia haver entre os religiosos muitos "sanguíneos"e muitos "*colériciadustum*" (excessivamente coléricos). De fato, a compleição sanguínea predispõe o indivíduo para intensa vida sexual e todo tipo de prazeres da carne (Massimi, 2000, 2010), algo inoportuno, sobretudo para os jesuítas missionários nas aldeias indígenas. A compleição excessivamente colérica, por sua vez, torna o indivíduo inadequado para a vida comunitária, provocando desequilíbrios no meio da comunidade. Entre as folhas dos catálogos, encontram-se cartas ou informe assinalando a presença desse tipo de problemas em alguns religiosos e solicitando seu regresso à Europa.

Em suma, a medicina da alma e a medicina hipocrático-galênica são apropriadas pelos membros da Companhia e utilizadas com objetivos práticos, ao mesmo tempo possibilitando a transmissão de seus alicerces teóricos, no contexto do Brasil colonial.

Métodos de transmissão dos saberes

No que diz respeito aos modos de transmissão dos saberes psicológicos no Brasil colonial, os jesuítas utilizam-se de os principais recursos comunicativos proporcionados na época pela retórica: uso de palavras, imagens, gestualidade. Tal uso é regrado pelas normas da retórica e realizado através de práticas e dispositivos diversos tais quais: a pregação, o teatro, a dança, a iconografia, as festas, etc... O uso é regulado pelo critério da acomodação, processo que implica um diálogo entre diferentes identidades.

Este diálogo leva a encontrar pontos de convergência e a tornar porosas as fronteiras que demarcam as diversas identidades socioculturais. O antropólogo Pierre Sanchis (2012) retoma uma expressão de Augras, a porosidade de identidades, para descrever algo que considera característica peculiar do processo de formação da cultura brasileira: o fato de que as diversas posições culturais sejam copresentes, "não se percam misturando-se, mas também não se punham entre si, nem se aproximem por simples justaposição ou paralelismo, mas se tornem porosas umas as outras,enriquecendo-se criativamente, reinterpretando-se mutuamente no interior do seu próprio ser, sem deixar de se afirmar em suas diferenças" (2012, p. 45). Nossa hipótese é a de que, esta porosidade tenha entre seus fatores genéticos, o uso constante de processos de acomodação, por parte dos jesuítas.

No âmbito da Companhia de Jesus, a acomodação é um critério muito importante, presente já nos escritos de Inácio de Loyola, onde se encontra o usofrequentedesse termo, em função de um entendimento mais profundo do ser humano e de seu destino, visando à orientação ("direção") de sua vida espiritual. A "acomodação", a norma retórica proposta por adaptação, apropriação, conciliação ou atitude mediadora. Segundo o orador e filósofo Marco Túlio Cícero, no *De Oratore* (1996), a forma retórica da acomodação é utilizada pelos jesuítas como propiciadora da mediação, na busca de um método mais humano de interação num contexto conflituoso, como o era, por exemplo, o do Brasil colonial.

A norma da "*acomodação*" (do latim *accomodatio,* derivada de *commodus– cum +modus,* sendo o mesmo que "*com modos, com medida*"*),* remete aosentido de latino. Segundo Cícero (1996), a retórica caracteriza-se pelo uso de recursos que disciplinem o discurso e ocomportamento do orador, para que ele possa persuadir, com eficácia, os ouvintes. A "a*comodação*" é elementoindispensável para que se efetive a comunicação na oratória, por ser um dos principais elos de ligação entre o orador e o ouvinte: se oorador transmitir algo que não faz sentido para o universo vivencial ecultural dosdestinatários, o dinamismo psíquico desses não se mobilizará de modo que não haverá nem a persuasão pela mobilização do entendimento, nema modificação da conduta pela mobilização dos apetites intelectivos e sensitivos. A acomodação adquire sentido e finalidade no horizonte da retórica e destina-sea proporcionar a eficácia máxima da palavra. Desse modo, a referida norma orienta o orador aoconhecimento prévio do público ao qual sua pregação se destina (Battistini, 1981). No que diz respeito ao contexto brasileiro do período colonial, por exemplo, devia se proporcionar, na maioria do casos, um tipo de pregação não erudita, destinada prevalentemente a uma população não alfabetizada (Pawling, 2004). Considerando que, conforme assinala Cícero (1926), a retórica édisciplinadora e favorecedora da troca de ideias entre diferentes universos de vivência e crença, cabe entender o alcance dos seus métodos e aplicaçõesem um contexto tão complexo e singular como o do Brasil do século XVI.

Com efeito, em decorrência da aplicação deste critério, os jesuítas se preocuparam em adaptar os próprios métodos e recursos aos métodos e recursos próprios da tradição cultural de outros sujeitos presentes na colônia, especialmente da tradição indígena, introduzindo em seu projeto cultural, aspectos característicos desta tradição (como a dança, o canto, o idioma tupi-guarani e as línguas de outras etnias presentes no território brasileiro) (Massimi, 2005). Vamos analisar alguns dos dispositivos utilizados pelos jesuítas para promover este processo.

O uso da palavra

Em primeiro lugar, a palavra. No Brasil colonial, onde a maioria da população era iletrada, o recurso àpalavra oral, como veículo transmissor de ideias e como meio "terapêutico",foi prioritário. A palavra foi amplamente valorizada em sua conotação decura, no âmbito da tradição cultural indígena, pois, desde o século XVI, osrelatos e cartas dos viajantes e missionários ressaltam a funçãotaumatúrgica a ela atribuída pelos nativos (Massimi, 2005). Ao mesmo tempo, na culturaocidental da Idade Moderna, o exercício da arte retórica constituiu-se comolugar de experimentação das potencialidades da palavra, sendo esteprocesso um pressuposto indispensável para o uso da mesma com funçãoterapêutica. Em ambas as tradições culturas, portanto, a palavra não apenas veicula um conteúdo, como também induzcomportamentos diante dele.

Num dos sermões dedicados à Ressurreição de Cristo (cujo título é Sermão da Madrugada da Ressurreição), pregado em Belém do Grão-Pará (em data desconhecida), Antônio Vieira assemelha a força da palavra à energia necessária para realizar um parto e utiliza, referindo-se a ação desta, o verbo latim "*extraxisti*", significando "*arrancar e tirar por força*" (1993, vol. II, p. 597). Tal expressão enfatiza a importância que Vieira atribui à palavra e o valor consequentemente reconhecido ao ministério da pregação, exercido por ele ao longo da vida inteira, em contextos sociais, culturais e geográficos muito diferentes e diante de públicos de ouvintes muito diversificados. Para tanto, é decisivo o exercício da acomodação na composição do sermão.

Vejamos alguns exemplos de acomodação no uso da palavra nos sermões de Vieira (Massimi, 2007, 2008, 2009). O primeiro é a utilização das metáforas, relacionadas ao quotidiano, ao mundo da vida dos ouvintes; dentre elas, destacamos as que enfatizam o processo de digestão e incorporação, para referir-se ao ato de receber o sacramento eucarístico e assimilar seus efeitos, numa pregação realizada em São Luis do Maranhão. O Sermão de Nossa Senhora do Rosário com o Santíssimo Sacramento exposto (no sábado da "*infra Octavam Corporis Christi*" e na hora em que todas as tarde se reza o Rosário na Igreja do Colégio da Companhia de Jesus do Maranhão), foi pregado no ano de 1654, ao povo maranhense. No meio dos ouvintes devia possivelmente haver descendentes de índios de tradição antropófaga. No sermão, Vieira destrinça todas as possíveis significações espirituais do ato de alimentar-se e de seus efeitos fisiológicos. Inicialmente, o sermão fundamenta o uso da metáfora alimentar numa outra analogia, a do corpo, retirada do livro bíblico do Cântico dos

Cantos e bastante difundida na tradição católica, e afirma que a Igreja, corpo místico de Cristo, pode ser considerada como corpo vivo, uma "oficina universal, onde se recebe o alimento, e convertido em sangue se reparte por todo o corpo" (*Idem*, p. 31). O efeito desejado deveria ser uma transformação entre pessoas, entre a Pessoa divina e a pessoa humana: "quantos leigos comungam muitas vezes, quantos sacerdotes celebramos todos os dias, e onde estão aqueles efeitos de Cristo se transformar em nós e nós em Cristo?" (Vieira, 1993, vol. p. 33). Assim, o efeito desejado do "pasto divino" seria esta incorporação do divino no humano. Análogo era o efeito do banquete antropofágico ritual na tradição indígena. Portanto, no âmbito desta tradição, seria compreensível o significado do rito da eucaristia.

A composição de lugar

Outro recurso utilizado pelos jesuítas no Brasil do século XVI para promover a acomodação é a composição de lugar, proposto por Inácio de Loyola em seus *Exercícios Espirituais* (2002), método este que se vale da contribuição da tradição monástica medieval, a qual, conforme evidenciado pelos recentes estudos de Carruthers (2006), propunha uma retórica própria (*ortopraxis*) baseada principalmente na mobilização da memória e da imaginação.

A composição de lugar se fundamenta na valorização da imagem como eficaz do ponto de vista de sua ação na subjetividade da pessoa, especialmente a memória e a imaginação, de modo a facilitar a meditação. A descrição do método se encontra no primeiro prelúdio do primeiro exercício, quando Inácio define dois modos diferentes de realizar uma construção visual para auxiliar a meditação de um texto evangélico: distingue entre a *res corpórea* (tema visível), ou seja, as imagens de tipo narrativo e a *res incorporea* (tema invisível), construído por conceitos e argumentos representáveis somente pelo modo simbólico. Inicialmente, Inácio busca compor o ambiente imaginando-o de modo visível: neste caso, a composição consiste em ver pela vista da imaginação o lugar material onde se encontra o objeto a ser contemplado, podendo ser este lugar um templo, ou um monte, conforme a cena sugerida pelas narrativas evangélicas. Já na meditação de um tema invisível, como é o do pecado, a composição consistirá em ver pela vista da imaginação os efeitos do mesmo e considerar o homem em sua dimensão anímica e corporal como desterrado no mundo animal.

A acomodação apoiada ao método da composição de lugar é utilizada como recurso para uma comunicação eficaz diante de uma população culturalmente diferente. Molda, por exemplo, a composição do teatro de José de Anchieta. Inspirado nos Exercícios Espirituais, este teatro forma imagens, sugeridas através das representações. Em Coimbra, Anchieta tinha realizado os estudos da arte retórica e de suas diferentes aplicações, especialmente na poesia, na oratória e no teatro. Ao observar que os índios eram muito interessados nas representações teatrais e nas cenografias realizadas pelos colonos em ocasião de algumas festividades, cria peças teatrais onde adapta os preceitos da retórica do teatro humanista português (especialmente o teatro de Gil Vicente) e espanhóis (Tirso de Molina e Calderón de La Barca) aos gostos e às formas rituais próprias da cultura dos nativos, como, por exemplo, o cerimonial indígena de recebimento dos hospedes. A construção retórica básica do teatro vicentino, a luta entre o bem e o mal, é retomada e relida à luz da cultura indígena, sendo introduzidas personagens deste contexto, mas conservando o mesmo objetivo moralizador da batalha e da vitória final do bem. Os autos teatrais de Anchieta reapresentam o esquema cenográfico do teatro de Gil Vicente onde a luta entre o bem e o mal se trava entre anjos e demônios, com batalha e vitória final de Cristo, através da intercessão de Nossa Senhora e dos Santos. O espetáculo apresentava uma linguagem fácil, didática e tinha fortes apelos sensoriais (Anchieta, 1977). E assim uma testemunha ocular dessas encenações (o padre Fernão Cardim), na obra *Tratado da terra e gente do Brasil*, relata:

> Os curumins, sc. Meninos [crianças índias], com muitos mólhos de frechas levantadas para cima, faziam seu motim de guerra e davam sua grita, e pintados de várias cores, nusinhos, vinham com as mãos levantadas receber a benção do padre, dizendo em portuguez "louvado seja Jesus Cristo". Outros sairam com uma dança d'escudos àportugueza, fazendo muitos trocados e dançando ao som da viola, pandeiro e tamborim e frauta, e juntamente representavam um breve diálogo, cantando algumas cantigas pastoris. (Cardim, 1989, p. 258)

Nesta descrição, na cena teatralizada, a mescla entre os trajes de guerra dos índios e os dos portugueses, entre a luta e os cantos, as danças e as musicas festivas, entre os cantos e o dialogo dos atores, proporciona uma acomodação da comunicação visando o objetivo de propor uma atitude comum: louvar a Deus.

Segundo Bastide (1970/1990), as representações teatrais de Anchieta compostas por dramatizações da vida dos santos mescladas a danças autóctones, expressam o sincretismo entre o catolicismo jesuíta e os recursos lúdicos das culturas indígenas, cujos resultados permanecem até hoje em alguns âmbitos culturais do Brasil. Bastide cita alguns exemplos: o *sairé* localizado no Amazonas, festa do arco, uma procissão acompanhada com canto contando a história da arca de Noé, onde o arco permanece como elemento indígena sendo, porém, o ambiente da festa uma capela ou um altar católico; ou o *cururu*, uma competição entre cantores realizada diante de um pequeno altar, onde os cantos vertem sobre temas bíblicos e de história sagrada. Bastide ressalta que a forma agonística da festa era um método caro à pedagogia dos jesuítas que a usavam em seus colégios

Os autos escritos por Anchieta valeram-se também do plurilinguismo como forma de aculturação. Era comum o uso das três línguas num mesmo auto. De 1564 até a sua morte, Anchieta escreveu aproximadamente 20 autos, o que corresponde à quase totalidade das peças jesuíticas do período, e escrevendo para os nativos ou para os colonos que já entendiam a língua geral da costa, o missionário adotava quase sempre o idioma tupi (Cardoso, 2014).

Conclusão

Recentemente, Safier (2008, 2010) e Raj (2013) propuseram uma historiografia das ciências capaz de superar uma leitura da circulação dos conhecimentos científicos segundo o modelo centro-periferia, passando a entender o processo da apropriação da ciência no âmbito das historias culturais locais tidas como fontes legítimas de conhecimento. Safier (2008), ao estudar as expedições científicas europeias no Novo Mundo, investiga o processo de apropriação dos conhecimentos, seja no que diz respeito às alterações na prática das ciências empíricas da Europa a partir do contacto com os Novos Mundos; seja no que diz respeito às alterações nas culturas locais por onde os cientistas europeus transitaram. Raj (2013) assinala a relevância das mudanças que ocorrem na circulação do conhecimento em virtude das interconexões entre sujeitos, práticas e ideias nos encontros entre as culturas: na medida em que as fronteiras entre culturas se tornam fluidas, há uma verdadeira reconfiguração de formas de conhecimento e de práticas. Canclini (2001) sugeriu o termo hibridação, para designar um conjunto de processos de intercâmbios e mesclas de culturas, ou entre formas culturais, incluindo a mestiçagem - racial ou étnica -, o sincretismo religioso e outras formas de fusão de culturas, como a fusão musical.

A reconstrução histórica do processo de circulação de saberes psicológicos impulsionado pelos jesuítas na cultura brasileira colonial comprova a hipótese sugerida por esses autores, de que conceitos e práticas em trânsito tendem a revelar processos de apropriação, hibridização e indigenização dos conhecimentos (Pickren & Rutherford, 2012). Tais conhecimentos se tornam assim operativos ao apropriar-se de características culturais locais e ao buscar respostas para as questões socioculturais próprias do contexto de produção e de difusão.

Referências

Acquaviva, C. (1893). *Instructio ad reddendamrationemconscientiaeiuxta morem SocietatisIesu.* Manuscrito n. 429, da Opera Nostrorum, ARSI, folhas 33-42 e em Institutum, Vol. 2.

Aquino, Th. *Summa Theologica*, Loyola, São Paulo, 2002, vol. 2

Anchieta, J. (1977). *Teatro de Anchieta.* São Paulo: Edições Loyola.

Aristóteles (1993). *Rethorique* (Vol. 2). Paris: BellesLettres. (original século IV a.C).

Aristóteles (1994). Problemata XXX. Em P. Louis (Org.), *Problémes* (Vol. 3). Paris: LesBellesLettres.

Aristóteles (1996). *Ética a Nicomaco.* Livro segundo. Edição Pensadores: Abril Cultural. (original século IV a.C).

Aristóteles (2006). *De Anima*, (apres., trad. e notas M.C.G. dos Reis). São Paulo: Editora 34. (original século IV a.C).

Barreto, L. F., *Descobrimentos e Renascimento. Formas de Pensar e de Ser nos séculos XV e XVI,*Lisboa, Imprensa Nacional-Casa da Moeda, 1983.

Barreto, L.F., *Caminhos do saber no renascimento português. Estudos de História e Teoria da Cultura*, Lisbona, Imprensa nacional-Casa da Moeda, 1986.

Bastide,R. (1970/1990). *Noi e glialtri.* (trad. ital. Bruno Maffeis). Milano: Jaca Book.

Battistini, A. *Il Barocco. Cultura, miti e immagini*, Roma, Salerno editrice, 2000.

Caeiro, F. Gama, (1982) *O pensamento filosófico do século XVI ao século XVIII em Portugal e no Brasil, Acta do l Congresso Luso-Brasileiro de Filosofia.* Braga, pp. 51-90.

Caeiro, F.G., (1989) *El problema de las raíces históricas*em: Barba, E:M: et alii, *Iberoamerica, una comunidad*, Madrid, Ediciones de Cultura Hispánica, pp. 377-389.

Canclini, N. (2001). *Culturas híbridas. Estrategias para entrar y salir de la modernidad.* Colección: Estado y Sociedad. Buenos Aires: Edición: Paidós.

Cardoso, A. SJ. (2014). *Vida de São José de Anchieta.* São Paulo: Edições Loyola.

Carruthers, M. (2006). *Machina memorialis. Meditazione, retorica e costruzione delle immagini (400-1200).* (L. Iseppi trado.). Pisa: Edizioni della Normale. (Original publicado em 1998).

Certeau, de, M. (2000). *A escrita da história.* (M.L. Menezes, trad.). São Paulo: Editora Forense. Original publicado em 1975.

Chartier, R. (1991). O mundo como representação. *Estudos avançados,* 1991, n. 11 (5). pp.173-189.

Chartier, R. (2001). *Cultura Escrita, Literatura e História.* São Paulo: Editora Art Med.

Cícero, M.T. (45/1996). *Le Tusculane.* (E.Dexler, trad.). Milano: Mondadori.

Cícero, M.T. (séculoI/2010). *Divisões da arte oratória.* Em: Pinheiro, N.E.M. Cícero, *As Divisões Da Arte Oratória.* Estudo e Tradução. Faculdade de Letras da Universidade do Porto.

Cícero, M.T.(século I/1991). *De Oratore.* (M.M. Pelayo tradutor) Madri: Alianza Editorial

Giard, L. & Vaucelles, L. (1996). *Lesjésuites à l'âgebaroque, 1540-1640*. Grenoble: Millon Historie des jésuites de la RenaissanceauxLumieres.

Giard, L. (1995). *Lesjésuites á laRenaissance. Systèmeéducatifet production du savoir.* Paris: PUF, Bibliothèque d'histoire des sciences.

Góis, M. (1593a). *Commentarii Collegii Conimbricensis Societatis Iesu, In libros Aristotelis qui Parva Naturalia appellantur.* Lisboa: Simão Lopes.

Góis, M. (1602). *Commentarii Collegii Conimbricensis Societati Iesu, in tres Libros de Anima.* Veneza: Amadino.

Gois, M. (1607). *CommentariiCollegiiConimbricensisSocietatisIesu, In Libro de GenerationeetCorruptioneAristotelisStagiritae nunc recensomnidiligentiarecogniti et emendati.* Venezia: Vincenzo Amadino.

Góis, M. (1957). *Disputas do curso sobre os livros da moral da ética a Nicomaco, de Aristóteles em que se contêm alguns dos principais capítulos da Moral.* (A.B. Andrade, tradutor). Lisboa: Instituto de Alta Cultura. (original publicado em 1593).

Góis, M., (1593), *CommentariiCollegiiConimbricensisSocietatisIesu, in LibrosAristotelisqui Parva Naturaliaappellantur.* Lisboa: Simão Lopes.

Hadot, P. (2005). *EserciziSpirituali e filosofia ântica.*(trad. A.M.Marzialetti). Torino: Einaudi.

Hanke, L. (1985). *La humanidad es una,*Mexico, Fondo de la Cultura Económica.

Loyola, I. (1982). *Obras completas, n. 86*. Madrid: Bibliotecas Autores Cristianos.

Loyola, I. (1991). *Autobiografia.* (A. Cardoso, trad.). São Paulo: Edições Loyola. (Original de 1555).

Loyola, I. (1993). *Cartas.* São Paulo: Edições Loyola.

Loyola, I. (2002). *Exercícios Espirituais.* São Paulo: Edições Loyola. Outra edição do texto autografo se encontra em: Loyola, I. (1982). *Obras completas, n. 86*. Madrid: Bibliotecas Autores Cristianos.

Massimi, M. (2000). La psicologia dei temperamenti nei Cataloghi Triennali dei gesuiti in Brasile. *Physis, Rivista Internazionale di Storia della Scienza,*(-Vol. 37, 1, pp.137-149).

Massimi, M. (2002). A Psicologia dos jesuítas: Uma contribuição à História das Idéias Psicológicas. *Psicologia. Reflexão e Crítica.*, v.14, p.625 - 633.

Massimi, M. (2005). *Palavras, almas e corpos no Brasil colonial.* São Paulo: Edições Loyola, v.1.

Massimi, M. (2007). Le prediche dei gesuiti in Brasile. Tra Europa e Nuovo Mondo: risorse retoriche ed implicazioni antropologiche. *Annali di Storia Moderna e Contemporanea.* Universitá Cattolica del Sacro Cuore, Milano, n. 13, 2007, pp. 281-296.

Massimi, M. (2009). Imagens, dinamismo sensorial e elaborações retóricas no Brasil colonial. *InteramericanJournalofPsychology.* V.43, p.374 - 382.

Massimi, M. (2010). *A teoria dos temperamentos e suas aplicações nos trópicos.* Ribeirão Preto: Holos Editora.

Nóbrega, M. (1989). *Cartas do Brasil.* Belo Horizonte: Editora universidade de São Paulo – Editora Itatiaia. (Coleção "Reconquista do Brasil", n. 147) (Original de 1551).

O'Malley, J. *Os primeiros jesuítas.* Edição brasileira e tradução de D. A Donida. Baurú, Edusc, 2002 (Edição original: 1993).

Pickren, W&Rutherford, A. (2012) Rumo a uma história global da psicologia? Em: Araujo, S. F. *História e filosofia da psicologia. Perspectivas contemporâneas.* (57-66). Juiz de Fora: Editora Universidade Federal de Juiz de Fora.

Raj, K (2013). Beyond Postcolonialism ...and Postpositivism: Circulation and the Global History of Science. *Isis*, Vol. 104, No. 2 (June 2013), pp. 337-347

Safier, N. (2008).*Measuring the New World: Enlightenment science and South America.*Chicado: Chicago University Press.

Safier, N. (2010) Global Knowledge on the Move: Itineraries, Amerindian Narratives, and Deep Histories of Science. *Isis,* n. 101, pp. 133-145.

Sanchis, P. (2012). O "som Brasil": uma tessitura sincrética? Em:Massimi, M.; Jacó-Vilela, A,M,; Dantas, C.; Facchinetti, C.; Mahfoud, M; Sanchis, P. *Psicologia, cultura e história: Perspectivas em diálogo.* (pp. 15-54). Rio de Janeiro: Editora Outras Letras.

Tomás de Aquino (2001). *Suma Teológica,* (C.P. de Oliveira trad.). São Paulo: Edições Loyola. (Original de 1273).

Vieira, A. (1993). *Sermões.* Porto: Lello e Irmão. 5 volumes.

A literatura como fonte para a história da psicologia: o caso Machado de Assis

Sávio Peres

Nesse capítulo buscaremos examinar a possibilidade de se usar a obra literária como fonte documental para a história da psicologia. A pergunta, portanto, que buscaremos responder é: como abordar uma obra literária a partir da história da psicologia? Para não deixarmos nossa discussão demasiadamente teórica, usaremos como modelo o caso de Machado de Assis.

O texto literário, ao contrário do texto científico, não possui compromisso com um tema determinado. Seu autor não necessita definir o objeto, nem tem, *a priori*, qualquer tipo de compromisso em descrever o mundo tal como ele é. Nada impede o autor de, deliberadamente, criar uma ficção de modo a retratar o mundo como ele deveria ser ou tal como ele jamais será. O autor tem relativa liberdade para escolher sobre o quê e como escrever. Digo relativa liberdade, por que existem formas convencionais às quais o autor, em alguma medida, deve se conformar. Dentre essas formas, a mais importante é o gênero literário[1] (Massimi, 2010). Mas é claro que os gêneros, na medida em que são convenções e não leis da natureza, não são amarras inflexíveis. O autor possui grande liberdade dentro de cada gênero e possui até mesmo, em vários casos, liberdade para transgredi-lo. Em virtude disso, mesmo que pertencendo a um determinado gênero, cada tipo de material produzido pelo autor

[1] Tais convenções são quase tão necessárias quanto às convenções linguísticas. Nós não inventamos a língua, nós a herdamos e fazemos uso dela. Possuir a língua é condição para transgredi-la ou aprimorá-la.

possui sua singularidade, pois enfoca determinados aspectos da vida, da sociedade e do mundo em geral.

No caso de Machado de Assis, vários são os indícios de que ele quis tematizar em sua ficção a vida psíquica humana e os costumes do Rio de Janeiro imperial. Vários críticos já chamaram atenção à profundidade psicológica de sua obra, a qual já foi examinada sobre várias perspectivas psicológicas, em particular, psiquiátricas (Lopes, 1981) e psicanalíticas (Freitas, 2001). Também encontramos estudos dedicados a estabelecer as relações entre a vida de Machado e as características psíquicas de seus personagens e narradores (Peregrino Junior, 1938; Meyer, 1958; Pereira, 1988). Cada uma dessas abordagens possui o seu valor, mas também possui os seus limites.

No próximo capítulo, pretendo discutir um pouco a abordagem psicanalítica à literatura, pois ela é exemplar do modo como geralmente os psicólogos abordam a obra literária. Em seguida, irei apresentar o que há de específico na abordagem a partir da história da psicologia.

A análise psicológica de obras literárias

A psicanálise pode enriquecer a obra com certo modo de interpretá-la e de lê-la (Eco, 1986). Munido de todo seu arcabouço teórico, e tendo seu foco concentrado nos processos psicológicos, o psicanalista pode encontrar na obra literária muitos dos conceitos freudianos, mostrando como estes nela estão representados. A virtude do método é salientar alguns conteúdos psicológicos da obra literária. Tais estudos nos informam, por exemplo, o que há de psicanálise e de psiquiatria na obra de Machado. Em certo sentido, eles enaltecem a obra machadiana, ao mostrarem a grandeza das percepções e intuições psicológicas do escritor, que em vários casos anteciparam a psiquiatria de décadas depois.

Contudo, esse modo de proceder apresenta alguns problemas. Um deles é que o analista acaba enquadrando a pluralidade de personalidades produzidas pelo escritor a umas poucas categorias: a histérica, o neurótico obsessivo, etc. Tais problemas são bem expressos por Dante Moreira Leite:

> Na situação atual, a psicologia tende a reduzir descrição literária a algumas explicações básicas, evidentemente insatisfatórias, pois não

> conseguem traduzir a diversidade das personagens. Por exemplo, a *fixação edipiana* é um desses conceitos insatisfatórios; os psicanalistas tendem a aplicá-los às personagens muito diferentes e, com isso, destroem precisamente o que desejavam demonstrar, isto é, a característica individual. (2002, p. 297)

Tais limites encontram-se também nas análises jungianas, apesar de que, neste caso, o analista tenha a sua disposição uma rica variedade de arquétipos. Mas ainda aqui o método usualmente consiste em um esforço de enquadrar as personagens em uma tipologia pré-definida.

O limite da análise psicanalítica reside, portanto, no fato de ela encontrar no romance apenas a si mesma. A ficção é levada em consideração na medida em que pode ilustrar os seus conceitos. Em outras palavras, o psicanalista procura na obra aquilo que ele já sabe – seu trabalho consiste em criar uma ponte entre seus conhecimentos prévios e a própria obra.

Devemos ressaltar que a utilização da obra como exemplificação de conceitos sociológicos ou psicológicos pode trazer valiosa contribuição, ao iluminar aspectos que antes poderiam passar despercebidos pelo leitor comum. Mas, uma vez que essa tarefa já foi feita, não seria o caso de se buscar na obra literária mais do que isso? Perguntar não o que há da psicologia de Freud (1856-1939), Jasper (1883-1969) e Jung (1875-1961) em Machado – mas o que há da própria psicologia de Machado em Machado? Ou será que toda a psicologia de Machado pode ser reduzida a outros pensadores?

A questão não é simples, afinal, não seria necessário, a fim de conhecermos o que há de original na obra de Machado de Assis, subtrairmos dela toda a cultura que o autor absorveu? – para encontrarmos no que "sobrou" a originalidade? Suponhamos que isso fosse não só possível, como realizado. Nesse caso, não seria decepcionante descobrirmos que o que há de original em sua obra seja justamente aquilo que nela há de menos valoroso? E isso não seria até de se esperar? De fato, se encontramos conceitos psicanalíticos na obra de Machado, o valor destes conceitos se sustentam na autoridade da Freud. Se nós encontramos conceitos jungianos, o valor de tais conceitos se sustenta na autoridade de Jung. Mas se encontramos conceitos psicológicos originalmente machadianos em Machado, como sustentá-los epistemologicamente? Se os elementos dc originalidade da obra de Machado não são validados nem experimentalmente nem na palavra de uma autoridade da área, de onde tiraríamos argumentos para sustentar a importância desses elementos?

O ponto é que a resposta a essa questão não é condição para se realizar história da psicologia. O historiador pode efetuar uma espécie de *epoché* fenomenológica quanto ao valor epistemológico do conteúdo psicológico de uma obra. O historiador já fez uma ótima tarefa se ele for capaz de explicitar as concepções psicológicas presentes em uma obra e situá-las a luz de seu contexto.

A abordagem do historiador da psicologia à obra literária

Por mais interessantes que sejam as diferentes abordagens psicológicas a uma obra, elas não substituem aquela realizada pelo historiador da psicologia. Nem toda abordagem psicológica a uma obra literária pertencente ao passado é um trabalho de história da psicologia. Seria correto afirmar que Freud, ao analisar *Édipo Rei* de Sófocles, estaria realizando um trabalho de história da psicologia? É claro que não. Como vimos, Freud examina o drama grego apenas com o objetivo de ratificar sua teoria. O simples fato de se abordar, por uma perspectiva psicológica, uma obra literária pertencente ao passado, não é condição suficiente para que esta análise tenha algo a contribuir à história da psicologia. Quando o psicólogo busca na obra literária a confirmação de suas próprias posições, ele não está fazendo história, mas sim outra coisa. Há, portanto, uma especificidade no modo como o historiador da psicologia aborda a obra literária. Existem algumas tarefas que lhes são próprias:

1. Destacar os temas psicológicos que se encontram na obra.
2. Investigar as concepções psicológicas que influenciaram um autor.
3. Revelar o modo como o autor se apropriou das concepções de seu tempo.
4. Delimitar a esfera de influência exercida pelo autor no seu meio cultural.

Nos próximos capítulos, iremos examinar cada um desses aspectos, sempre trazendo a discussão para o caso Machado de Assis.

A escolha do tema a ser abordado na obra

Havíamos dito que uma das tarefas do historiador da psicologia frente a uma obra literária é evidenciar, na obra de um autor, as concepções psicológicas. Dada essa situação, sua primeira tarefa é realizar uma leitura da obra atenta aos momentos em que as questões psicológicas são abordadas, para se tirar as categorias adequadas à análise. Não adianta procurar na obra um determinado conceito se este não foi abordado pelo autor.

A vida humana possui incontáveis aspectos e pode ser enfocada de diversas maneiras. Cada autor deve fazer escolhas sobre aquilo que irá narrar. Essas escolhas são condicionadas pelas motivações do autor, pelo contexto histórico em que viveu, pelos leitores ao qual sua obra se destina (Guimarães, 2004b), pelo gênero literário. Comparemos duas diferentes autobiografias, a de Júlio Cesar com a de Santo Agostinho. Cesar, em sua autobiografia, estava mais interessando em contar ao leitor como ele decidiu agir em suas batalhas. Agostinho, em contraste, pretendeu revelar ao leitor como ocorreu o seu processo de conversão espiritual. O bispo de Hipona não apenas narra o que ele fez e o que ele viveu, de um ponto de vista objetivo e exterior, mas também o modo como ele sentiu e experienciou várias situações de sua vida: sua conversão ao maniqueísmo, a morte de seu melhor amigo, a morte de sua mãe, a conversão ao catolicismo, a separação de sua concubina etc.

Agora retomemos o caso Machado de Assis. Não só o homem é outro, mas também o tempo, o lugar, os leitores, e os gêneros literários adotados. Também Machado enfoca determinado aspecto da vida humana. Em geral, suas personagens são figuras do Rio de Janeiro imperial do fim do século XIX. Mas, sabemos que vários outros autores também escreveram sobre esse tema. Contudo, Machado o fez de uma maneira própria. Dentre características da literatura machadiana, menciono um aspecto de interesse ao estudo da história da psicologia no Brasil. Machado de Assis, a partir de 1876, empregou em várias de suas ficções a concepção de inconsciente, usando, inclusive, o próprio termo "inconsciente". Portanto, Machado apresentava o conceito de inconsciente décadas antes de Freud escrever a *Interpretação dos Sonhos*, cuja publicação foi em 1900. Como isso é possível? Foi esse fato que serviu de motivo para investigarmos, a partir da história da psicologia, a obra de Machado de

Assis (Peres & Massimi, 2004). Nossa ideia era explicitar e detalhar a concepção machadiana de inconsciente e investigar suas possíveis fontes de inspiração.

A presença de elementos psicológicos na obra literária

Havíamos dito que uma das tarefas do historiador da psicologia ao abordar a literatura é evidenciar as concepções psicológicas presentes em uma ficção. Isso nos remete à pergunta: onde se encontram as concepções psicológicas na obra literária? No caso particular da ficção machadiana, as concepções psicológicas aparecem basicamente em três lugares. Primeiro, nos discursos expositivos dos narradores e personagens; segundo, nas descrições dos estados subjetivos; terceiro, na estrutura da trama.

Observemos, inicialmente, os discursos expositivos dos narradores e personagens. Várias das personagens machadianas expõem concepções psicológicas e teorias. Em geral, essas teorias costumam soar ao leitor, em um primeiro momento, bastante estranhas. Brás Cubas, por exemplo, apresenta várias teorias sobre o ser humano, como a da "Equivalência das janelas"; a "Filosofia do par de botas", etc. No romance *Quincas Borba*, o filósofo louco que leva o nome do título do romance, apresenta a teoria do Humanitismo, famosa pelo "Ao vencedor as Batatas". No conto "O Cônego ou metafísica do estilo", de 1885, o narrador conta a história de um adjetivo e um substantivo que se procuravam no inconsciente do frade. E de fato, há nesse conto uma rica descrição, embora por vezes um tanto quanto jocosa, do inconsciente:

> Agora, porém, o caminho é escuro. Passamos da consciência para a inconsciência, onde se faz a elaboração confusa das ideias, onde as reminiscências dormem ou cochilam. Aqui pula a vida sem formas, os germens e os detritos, os rudimentos e os sedimentos; é o desvão imenso do espírito. (Machado de Assis, 1961, p. 275)

No conto "O capítulo do chapéu", de 1883, uma das personagens apresenta uma teoria sobre o determinismo psíquico, a fim de justificar sua recusa de realizar o desejo de sua esposa, que havia lhe pedido para trocar o modelo de chapéu:

> – Olhe, iáiá, tenho uma razão filosófica para não fazer o que você me pede. Nunca lhe disse isto; mas já agora confio-lhe tudo.
>
> Mariana mordia o lábio, sem dizer mais nada; pegou de uma faca, e entrou a bater com ela devagarinho para fazer alguma coisa; mas, nem isso mesmo consentiu o marido, que lhe tirou a faca delicadamente, e continuou:
>
> – A escolha do chapéu não é uma ação indiferente, como você pode supor; é regida por um princípio metafísico. Não cuide que quem compra um chapéu exerce uma ação voluntária e livre; a verdade é que obedece a um determinismo obscuro. A ilusão da liberdade existe arraigada nos compradores, e é mantida pelos chapeleiros que, ao verem um freguês ensaiar trinta ou quarenta chapéus, e sair sem comprar nenhum, imaginam que ele está procurando livremente uma combinação elegante. O princípio metafísico é este: – o chapéu é a integração do homem, um prolongamento da cabeça, um complemento decretado *ab eterno*; ninguém o pode trocar sem mutilação. É uma questão profunda que nunca ocorreu a ninguém. [...] Quem sabe? pode ser até que nem mesmo o chapéu seja complemento do homem, mas o homem do chapéu... (Machado de Assis, 2004b, p. 403)

Tais teorias muitas vezes deixam transparecer interessantes concepções psicológicas, as quais são apresentadas com um verniz de humor, razão pela qual Eugênio Gomes (1967) as denominou, com sua agudeza, de "joco-sérias".

Mas as concepções psicológicas não apenas se revelam nas teorias joco-sérias. Às vezes uma única sentença presente em uma obra é capaz de revelar um rico material. Veja-se, por exemplo, o que o narrador Bento Santiago, de *Dom Casmurro*, comenta a respeito dos sonhos: "Os sonhos do acordado são como os outros sonhos, tecem-se pelo desenho das nossas inclinações e das nossas recordações." (2004a, p. 838). É notável a semelhança com Freud, que entendia os sonhos como a realização de desejos (conscientes ou inconscientes).

Outro lugar onde podemos captar concepções psicológicas é nas descrições de estados subjetivos das personagens. Em muitas de suas ficções, Machado de Assis se empenhou em narrar não apenas o exterior de suas personagens, mas também os seus estados subjetivos, como devaneios, pensamentos, fantasias e, em certos casos, a sequência do fluxo de consciência. A análise das categorias empregadas e das articulações conceituais presentes nestas descrições revela importantes concepções psicológicas. No conto "Um homem célebre", de 1885, por exemplo, encontramos ao piano o músico frustrado Pestana, esforçando-se para compor uma grande obra musical:

> Às vezes, como que ia surgir das profundezas do inconsciente uma aurora de ideia: ele corria ao piano para aventá-la inteira, traduzi-la, em sons, mas era em vão; a ideia esvaía-se. Outras vezes, sentado, ao piano, deixava os dedos correrem, à ventura, a ver se as fantasias brotavam deles, como dos de Mozart; mas nada, nada, a inspiração não vinha, a imaginação deixava-se estar dormindo. Se acaso uma ideia aparecia, definida e bela, era eco apenas de alguma peça alheia, que a memória repetia, e que ele supunha inventar. (Machado de Assis, 2004b, p. 499).

O que encontramos na passagem acima não é propriamente uma teoria, mas, pelos conceitos utilizados e pela forma como são correlacionados, é possível retirar algumas concepções psicológicas bem definidas sobre a inspiração musical: 1) como tradução em sons de ideias vindas do inconsciente; 2) como o resultado de uma espontaneidade corporal. Além disso, Machado descreve um fenômeno psíquico bastante sutil. Trata-se de quando a memória evocada é interpretada ilusoriamente como um ato criativo. Ou seja, a pessoa supõe estar criando algo quando, na verdade, ela nada mais fez do que evocar um conteúdo da memória.

As concepções psicológicas de um literato não se encontram apenas no seu material ficcional, mas também em suas cartas, crônicas e críticas literárias. Observemos a crítica que Machado teceu a respeito da poesia de Silvio Romero (1851-1914).

> Que o Sr. Silvio Romero tenha algumas ideias de poeta não lho negará a crítica; mas logo que a expressão não traduz as ideias, tanto importa não as ter absolutamente. Estou que muitas decepções literárias se originam nesse contraste da concepção e da forma; o espírito, que formulou a ideia, a seu modo, supõe havê-la transmitido nitidamente ao papel, e daí um equívoco. No livro do Sr. Romero achamos essa luta entre o pensamento que busca romper do cérebro e a forma que não lhe acode ou só lhe acode reversa e obscura: o que dá impressão que apenas balbucia a língua nacional. (2004c, p. 828)

Podemos observar, na seguinte passagem, que Machado aplica a Silvio Romero um modelo de compreensão da capacidade criativa parecido com aquele que encontramos em um "Homem Célebre". Assim como Pestana era incapaz de traduzir em sons suas ideias musicais, Silvio Romero era incapaz de dar forma às suas ideias poéticas.

Toda descrição de estados subjetivos pressupõe o emprego de uma determinada terminologia. Isso remete ao seguinte problema: como respeitar a terminologia empregada pelo autor? Poderíamos traduzir os momentos em que Machado usa "espírito" por "consciência"? Ou dizer que, quando Machado emprega o termo "coração", ele estaria se referindo ao que hoje denominamos "mundo emocional"? Em primeiro lugar, não parece adequado partir do pressuposto de que um autor utilize uma terminologia fixa, na qual cada termo possua um único sentido. Antes de efetuar qualquer generalização, o mais adequado é buscar, na medida do possível, o significado dos termos à luz de cada contexto em que foram empregados. Por exemplo, Machado usa, em algumas ocasiões, o termo inconsciente. No romance *Helena*, há uma passagem em que uma das personagens, o padre da família, ao procura informar ao jovem Estácio que ele estava apaixonado sem o saber por sua irmã bastarda Helena. O padre inicia sua revelação do fato surpreende afirmando que "o coração é um grande inconsciente". O padre havia percebido a paixão de Estácio nos seus modos de se comportar perante a irmã. No caso, o termo "coração" diz respeito à vida emocional, em particular, ao amor. É notável que Machado tenha concebido, portanto, a possibilidade de o amor existir na pessoa, a influenciar, mas não ser notado por ela própria.

Um terceiro nível em que as concepções psicológicas se manifestam em uma ficção encontra-se na própria estrutura da trama. No romance Helena, a concepção de inconsciente é um elemento fundamental da trama. Um dos interesses do romance é acompanhar como o amor vai invadindo Estácio sem que ele o perceba. Contudo, existem outras concepções psicológicas que influenciaram a literatura. Particularmente relevante no século XIX é o conceito de caráter. O leitor conhece o caráter de uma personagem não apenas pelas descrições estáticas dos atributos físicos e psíquicos, mas principalmente pela narrativa de seus atos, por suas falas, pelo modo particular como se comporta e se relaciona com as demais figuras do romance. Ora, o caráter condiciona, nas personagens, o modo delas pensar, se comportar, se relacionar com o mundo exterior.

Em um de seus primeiros romances, *Ressurreição*, Machado é explícito, no prefácio do romance, sobre o seu objetivo:

> Não quis fazer romance de costumes; tentei o esboço de uma situação e o contraste de dois caracteres; com esses simples elementos busquei o interesse do livro. A crítica decidirá se a obra corresponde ao intuito, e sobretudo se o operário tem jeito para ela. (2004a, p. 116)

O autor e suas influências

A investigação da relação entre as concepções psicológicas presentes na obra de um autor e o contexto da psicologia da época exige uma abordagem de mão dupla. Compreender o texto ajuda compreender melhor o contexto. E compreender o contexto ajuda compreender melhor o texto. O trabalho do historiador será bem sucedido se as concepções psicológicas evidenciadas são situadas à luz de um panorama mais amplo da história da psicologia. Ora, o que faz com que a presença de uma concepção de inconsciente na obra de Machado seja particularmente relevante encontra-se no fato de que Freud, na época, nem sequer tinha começado a pensar no assunto. Caberia, portanto, ao historiador da psicologia rastrear as possíveis fontes de inspiração de Machado.

Contudo, quando o historiador busca as fontes de inspiração de um autor, ele deve ser bastante cuidadoso, pois há uma diferença entre apropriar e replicar. Aí que se encontra a difícil tarefa de ver como se apropriou de uma determinada concepção.

É importante não esquecer que um literato não é influenciado apenas pelos autores contemporâneos a ele, mas também por vários autores de outras épocas. Machado, por exemplo, tinha particular interesse pela teoria dos humores de Hipócrates (460 a.C - 370 a.C). A esse respeito, vejam-se as palavras do próprio Machado, em carta remetida ao seu amigo, Magalhães de Azeredo (1872-1963):

> Creio que, se algum dia sair em viagem, terei o mesmo sentimento de que fala no fim de sua carta. Os nossos temperamentos são irmãos. Ora, eu já li que os nervosos e melancólicos são pouco dados às viagens, enquanto que os sanguíneos as buscam por gosto e por necessidade. *A observação é impossível de ser provada por*

> *estatística; mas a razão a aceita facilmente.* (Citado por Magalhães Junior, 1981, vol. 3, p. 252. Os grifos são meus)

A pergunta que devemos a fazer agora é: como rastrear as possíveis influências de um autor? A tarefa não é nada fácil e o historiador deve estar ciente de que ele jamais irá esgotá-la. Um homem erudito como Machado tinha uma vasta cultura, a qual exige uma vida para ser assimilada. Não devemos, portanto, ter a pretensão (ingênua) de descobrir todas as suas fontes de inspiração. Assim, é preciso criatividade por parte do historiador para adotar certas estratégias para selecionar algumas das fontes mais relevantes.

Agora retomemos mais uma vez a pergunta: onde Machado encontrou inspiração de uma concepção de inconsciente em seus textos? A fim de descobrirmos possíveis fontes de inspiração, nós procuramos em primeiro lugar: 1) nas obras de psiquiatria e psicologia presentes no restante do acervo da Biblioteca Pessoal de Machado de Assis; 2) Nas citações de psiquiatras, filósofos e psicólogos no corpo de sua obra. 3) Na presença de um jargão específico de uma doutrina.

Quando os autores escolhidos com base em tais critérios mostraram-se incapazes de iluminar certos aspectos da obra machadiana, recorremos a autores contemporâneos ao romancista. Tais autores, embora não sejam conhecidos por Machado, possuem várias afinidades com ele, uma vez que vários deles pertencem àquilo que, purificado de toda carga metafísica e especulativa, podemos chamar de espírito do tempo (*Zeitgeist*). O exame das diferenças e semelhanças destes autores com Machado pode indicar vários aspectos interessantes. É o caso, por exemplo, de Nietzsche, que cuja concepção da relação entre consciência e linguagem é espantosamente análoga àquela que encontramos em Machado (Peres & Massimi, 2004).

A análise dos títulos do restante do *Acervo da Biblioteca de Machado de Assis* (Jobim, 2003) deixava claro o interesse de Machado pela psiquiatria e pela psicologia de seu tempo. Barbieri (1998), por exemplo, revela que conto "O lapso" foi confeccionado como uma paródia da obra psiquiátrica de Ribot (1839-1916), *Les maladies de la mémoire*, volume esse constava em sua biblioteca. E em outro ensaio, Barbieri mostrava como o conto "O Cônego ou metafísica do Estilo" foi fortemente inspirado na obra do filósofo alemão, Édouard von Hartmann (1842-1906): *Filosofia do Inconsciente*, publicada pela primeira vez em 1877, mas que Machado leu na edição francesa de 1881.

É interessante notar que o filósofo alemão Hartmann postulava o inconsciente como um princípio universal que se manifestava em três níveis: no nível individual, social e natural. Esta concepção foi fortemente influenciada pela filosofia de Schopenhauer (Vial, 2009; Janaway, 1999). De fato, já em 1844, Schopenhauer afirmava que "a consciência é a mera superfície de nossa mente, e desta, assim como do globo, nós não conhecimento o interior, mas apenas a crosta" (1844/2012, p. 136). Mas teria Machado sofrido a influência de Schopenhauer? Ninguém melhor do que um amigo de Machado, José Veríssimo, para responder a questão:

> Pessimista de temperamento, antes de o ser de reflexão, Machado de Assis foi, com o máximo fervor mental compatível com o seu espírito, um devoto de Schopenhauer e da filosofia desesperada, de que este foi o principal representante. (Citado por Magalhães Junior, p. 290, 198)

E o biógrafo Magalhães Junior acrescenta: "Na verdade, a biblioteca de Machado de Assis ostentava dez outros volumes de e sobre Schopenhauer, traduzidos em francês, como: 'O Ensaio sobre o livre arbítrio' e 'O mundo como vontade e representação'. Este, aliás, figurava em duplicata, na tradução francesa e na língua original" (Magalhães Junior, 1981, vol.3, p.290). Embora não possamos inferir, mesmo tendo em mãos o relato de seu amigo íntimo, José Veríssimo, que Machado fosse um "devoto" da filosofia desesperada de Schopenhauer, temos fortes indícios que tais autores serviram como inspiração para a concepção machadiana de inconsciente.

Discussões Finais

Neste capítulo espero ter mostrado como a obra literária pode valer como uma rica fonte para a realização da história da psicologia. É claro que, para isso, é preciso adotar como ponto de partida uma determinada concepção de psicologia e de história da psicologia. A obra literária nos possibilita conhecer como determinadas concepções e teorias foram apropriadas por um determinado autor e se difundiram em uma determinada época. A tarefa básica do historiador da psicologia não é interpretar a obra a partir de uma teoria atual, mas sim revelar as concepções psicológicas presentes na obra, analisá-las e situá-las em seu contexto. Esperamos, com o exemplo de Machado de Assis, ter mostrado como isso é possível.

Referências

Barbieri, I. (1998). O Cônego ou a invenção da linguagem. *Revista Tempo Brasileiro.* Rio de Janeiro, 1998, vol. 133/134, p. 23-34.

Barbieri, I. (2001). O "lapso" ou uma psicoterapia de humor. In: Jobim, José Carlos (Org.). *A biblioteca de Machado de Assis.* Rio de Janeiro: Academia Brasileira de Letras; Topbooks, 2001. p.335-347

Boer, T. d. (1978). *The development of Husserl's thought.* The Hague; Boston: Nijhoff

Coutinho, A.(1959) *A Filosofia de Machado de Assis.* Rio de Janeiro: Livraria São José.

Dilthey, W. C. M. A. (2010). *Introdução às ciências humanas : Tentativa de uma fundamentação para o estudo da sociedade e da história.* Rio de Janeiro: Forense Universitária.

Eco, U. (1986). *Lector in fabula: A cooperaçao interpretativa nos textos narrativos.* São Paulo: Perspectiva.

Ellenberger, H (1991). *La Scoperta dell'inconscio.* Torino: Bolati Bognieri.

Foucault, M. (1997) *História da Loucura na Idade Clássica.* 5. ed. São Paulo: Editora Perspectiva.

Freitas, L. A. P (2001) *Freud e Machado de Assis: uma intersecção entre psicanálise e literatura.* Rio de Janeiro: Muad.

Gardner, S. (1999). Schopenhauer, Will, and the Unconscious. In C. Janaway (Ed.), *The Cambridge companion to Schopenhauer.* Cambridge, U.K.; New York: Cambridge University Press.

Gomes, Eugênio (1967). *O enigma de Capitu.* Rio de Janeiro: José Olímpio.

Guimarães (2004a). Hélio de Seixas. Romero, Araripe, Veríssimo e a recepção crítica do romance machadiano. In *Estudos Avançados.* vol. 18(51), p. 269-297

Guimarães (2004b). *Os Leitores de Machado de Assis: romance Machadiano e o público de literatura no século 19*. São Paulo: Nankin Editorial; Edusp.

Gundlach, H. (2012). A Psicologia como ciência e como disciplina: o caso da Alemanha. In S. d. F. Araujo (Ed.), *História e filosofia da psicologia: perspectivas contemporâneas*. Juiz de Fora: UFJF.

Hartmann, E. (1877). *Philosofie de l'inconscient*. Paris: Librairie Germer Baillière.

Heidegger, M. (1962). Brief an Husserl. In W. Biemel (Ed.), *Phänomenologische Psychologie: Vorlesungen Sommersemester 1925* (Husserliana IX ed.). Haag: Martinus Nijhoff.

Heidegger, M. (2012). *Ser e tempo: edição em alemão e português* (F. Castilho, Trans.). Campinas: Editora da Unicamp.

Husserl, E. (2014). *Investigações Lógicas: Prolegômenos à Lógica Pura* (D. Ferrer, Trans.). Rio de Janeiro: Forense universitária.

Janaway, C. (1999). *The Cambridge companion to Schopenhauer*. Cambridge, U.K.; New York: Cambridge University Press.

Jauss, R. H (1994) *A História da Literatura como provocação à teoria literária*. São Paulo: Ática.

Jobim, J. L. (Org.) (2001). *A Biblioteca de Machado de Assis*. Rio de Janeiro: Academia Brasileira de Letras; Topbooks.

Leite, D. M. (2002). *Psicologia e Literatura*. 5. ed. São Paulo: Companhia Editora Nacional; Editora da Universidade de São Paulo.

Lopes, J. L. (1981). *A psiquiatria de Machado de Assis*. Rio de Janeiro: Agir.

Machado de Assis, J. M. (1961). *Obras Completas*, v.16 São Paulo: Editora Brasileira.

Machado de Assis, J. M. (2004a). *Obras Completas*, 1 vol. 10ª reimpressão, Rio de Janeiro: Nova Aguilar.

Machado de Assis, J. M. (2004b). *Obras Completas*, 2 vol. 10ª reimpressão, Rio de Janeiro: Nova Aguilar.

Machado de Assis, J. M. (2004c). *Obras Completas*, 3 vol. 10ª reimpressão, Rio de Janeiro: Nova Aguilar.

Magalhães, R. J. (1981). *Vida e Obra de Machado de Assis*, 4 vols. Rio de Janeiro, Civilização Brasileira.

Meyer, A. *Machado de Assis: o homem subterrâneo* (1958) Rio de Janeiro: Livraria São José.

Peregrino Junior (1938). *Doença e constituição de Machado de Assis.* Rio de janeiro: José Olympio.

Pereira, L.M (1988). *Machado de Assis: Estudo crítico e biográfico.* São Paulo: Editora da Universidade de São Paulo.

Peres, S.P; Massimi, M (2004). Representações do conceito de inconsciente na obra de Machado de Assis. *Memorandum,* V.7, p.128-137. Retirado em 09 /02 /2006, de: http://www.fafich.ufmg.br/~memorandum/artigos07/peresmassimi01.htm

Ribot, Th. (1881) *Les Maladies de la Memoire.* Paris: Felix Alcan, 1936.

Rocha, N. M. D. A psicologia oitocentista no acervo da Biblioteca Pública do Estado da Bahia: alguns exemplos". *Memorandum,* 2002, v.3, p.14-49. Retirado em 29/04/2014, do www: http://www.fafich.ufmg.br/ ~memorandum/ artigos03/rocha01.htm.

Schopenhauer, A. (2012). *The World as Will and Representation. Vol.2*: Dover Publications.

Vial, F. (2009). *The Unconscious in Philosophy, and French and European Literature: Nineteenth and Early Twentieth Century* (M. R. Barral Ed.): Rodopi.

A divulgação da psicologia pela cultura escrita impressa e seus jogos de apropriações

Raquel Martins de Assis

O campo pedagógico foi um importante terreno para a emergência da psicologia como disciplina autônoma, por isso oferece temas interessantes para os estudos historiográficos. Um tema a ser abordado é a relação entre psicologia e educação, vista a partir da cultura escrita impressa, enfocando ideias elaboradas no contexto nacional em seu diálogo com teorias recebidas de outros países. Analisam-se, assim, as possíveis apropriações e especificidades da psicologia aqui produzida. Atualmente, existem diversas pesquisas cujo objeto é a recepção da psicologia e as transformações que os saberes e as práticas psicológicas sofriam dependendo do local em que eram produzidas, como demonstram os trabalhos de Dagfal (2009), Massimi (1990, 2012), Campos (2012), Pickren (2012), Cirino e Miranda (2015), Melo e Campos (2014).

A cultura escrita impressa pode ser definida como o conjunto de saberes e de práticas divulgados por manuais, compêndios, tratados, jornais, revistas, boletins, entre outros. Cada um com suas particularidades e materialidades, esses gêneros podem ser considerados educacionais, já que pretendem sistematizar teorias e conceitos e divulgá-los, como no caso dos manuais e compêndios, ou informar e educar, como nos periódicos. Esses textos são produzidos pela técnica das prensas tipográficas ou máquinas de impressão[1] e distribuídos pelas tipografias, gráficas e editoras.

[1] Houve uma evolução técnica da imprensa que pode ser entendida em várias fases. De maneira geral, podemos dizer que até o final do século XIX, tínhamos as prensas manuais que mesmo sendo mais trabalhosas permitiram uma produção maior de impressos do que os manuscritos. A partir desse período apareceu a imprensa mecanizada que contribui para uma maior produção de livros e periódicos, aumentando a distribuição e consequente circulação de impressos.

A cultura escrita impressa tem sido objeto de investigação de autores da historiografia (Pallares-Burke, 1996; Chartier, 2003, 2004, 2007) e da história da educação (Galvão & Batista, 2005; Faria Filho, Nascimento, Inácio & Jinzenji, 2008; Galvão & Lopes, 2011). Esses autores, de maneira geral, têm investigado as operações presentes na produção das materialidades dos impressos, bem como as possíveis formas de escrita, leitura e de autoria, demonstrando o papel fundamental da imprensa na criação de culturas escolares e educacionais.

Nesse capítulo, será discutida a divulgação da psicologia em impressos produzidos em épocas diferentes. Primeiro iremos abordar impressos do século XIX que evidenciam a circulação de saberes psicológicos elaborados pelo grupo ligado à Tipografia Episcopal de Mariana - Minas Gerais - MG. Trata-se do jornal *Selecta Catholica* (1846-1847) e do livro *O esqueleto das faculdades e a origem das idéias do espírito humano* (1847). Em seguida, apresentaremos uma investigação sobre a *Revista do Ensino* (1925-1940), periódico organizado para a formação de professores e técnicos em educação nos moldes da Escola Nova. Sendo impossível trabalhar toda a psicologia divulgada por essa revista em um pequeno capítulo, optamos por discutir a maneira como o conceito de atividade da criança desenvolvido pela Escola Nova, mais especificamente pela Psicologia Ativa de Genebra, foi apropriado em oposição ao conceito de passividade atribuído à escola tradicional. Em termos de metodologia, as duas pesquisas se fundamentaram no conceito de cultura escrita impressa, destacando-se o trabalho com as apropriações que se expressam, principalmente, nas operações de entrecruzamentos entre os periódicos e os livros da época. Os dois periódicos aqui apresentados foram elaborados em contexto de reformas e apresentavam a intenção de modificar hábitos, costumes e saberes já arraigados em seu contexto. Desse modo, entramos também no campo das prescrições como tema interessante para historiadores da psicologia.

Saberes psicológicos no século XIX: apropriações encontradas nos textos impressos.

De Certeau (2002), em seu livro *A Escrita da História*, afirma que a relação entre impressos, escolarização e alfabetização, mediada pela técnica, é a marca do mundo moderno. Esse signo de modernidade se faz presente na psicologia divulgada pelos jornais e pelos livros impressos. De fato, a cultura escrita impressa é um fenômeno muito importante no século XIX no Brasil, já que apenas nesse período as tipografias, bem como a edição e a publicação de jornais e livros ganharam espaço e foram liberadas pela Coroa Portuguesa.

A imprensa era vista como poderoso agente educacional da sociedade, fonte de instrução e de ilustração, por possuir o poder de espalhar as ideias rapidamente (Pallares-Burke, 1995; Assis, 2004). *O Baependyano,* por exemplo, jornal mineiro do fim do século XIX, colocava a imprensa ao lado da escola e tecia elogios ao valor educacional dos jornais locais: "Conta ella um excelente e bem acreditado Collegio onde, de bem longe, a juventude vae beber seus primeiros conhecimentos, dispõe de uma bem dirigida imprensa que com solicitude e esmero promove a educação do povo" (O Baependyano, 1879, s.p).

Mesmo com o trabalho ainda manual das prensas, era possível produzir uma sequência considerável de folhas impressas que permitiam a organização de livros e de periódicos em maior escala. Pela circulação dos impressos atingia-se uma população mais ampla do que aquela alcançada pelos manuscritos, que eram poucos e de difícil reprodução, além de sofrerem variações conforme copiados. Desse modo, os jornalistas se viam como educadores, como discute Lustosa (2004, p. 15) a respeito dos séculos XVIII e XIX:

> O próprio papel da imprensa naquele contexto era visto de outra maneira. Num tempo em que o acesso à educação era tão menos democrático, em que vivíamos a mudança do mundo a partir das ideias disseminadas pelo Iluminismo ao longo do século anterior, a imprensa se firmara como um importante difusor das chamadas Luzes. Naquele contexto, o jornalista se confundia com o educador. Ele via como sua missão suprir a falta de escolas e de livros através dos escritos jornalísticos.

Devido ao seu caráter educacional, os gêneros jornais/periódicos e compêndios/manuais se constituem, ao mesmo tempo, em interessantes objetos de pesquisa e também em fontes privilegiadas para os estudos historiográficos que privilegiam relações entre educação e psicologia.

Cada um desses gêneros possuem características próprias. A relação entre livros e periódicos, entretanto, era diferente da que conhecemos atualmente, pois, na época, não havia grande diferenciação entre eles (Pallares-Burke, 1996; Lustosa, 2004). A maioria dos jornais era composta por diversos excertos de obras da época ou de outros impressos. Por outro lado, dependendo de sua forma e de seus objetivos, os periódicos podiam ser compilados em forma de livro, quase se tornando um compêndio.

A intertextualidade presente entre jornais e livros permite perceber autores e obras lidas e divulgadas em determinados períodos e lugares. Torna possível também apreender que saberes são apropriados dos livros e de que forma são manejados pelos grupos que os operam, nos deixando conhecer algo das tensões e dos diálogos travados entre os intelectuais da época na sistematização da psicologia. Desse modo, aos olhos do historiador, se descortinam diversos aspectos do cotidiano das leituras de uma época.

Essa operação de composição dos periódicos pode ser compreendida pela análise da *Selecta Catholica*, jornal religioso publicado pela Tipografia Episcopal de Mariana entre 1846 e 1847. O periódico, em sua época, podia ser lido em folhas avulsas, mas, no fim de cada semestre, era organizado em forma de livro ou de tomo. A venda dos tomos era anunciada no jornal: "Ajuntaremos ao ultimo número de cada semestre hum Frontíspicio com hum indice das materias do Tomo desse semestre" (Selecta Catholica, 15 de julho de 1847, s.p).

Os exemplares do jornal eram reunidos, organizados pela ordem crescente das datas de sua publicação e, geralmente, ganhavam capa, um prefácio que explicava os objetivos dos editores ou redatores com a publicação e uma espécie de sumário ou, como citado acima, um índice das matérias tratadas por aquele periódico.

Os redatores da *Selecta Catholica* eram o bispo de Mariana - MG, D. Antônio Ferreira Viçoso e o Padre João Antônio dos Santos. Além de ser a pessoa responsável pela edição do jornal religioso, Santos era também professor do Seminário de Mariana. O Seminário, nessa época, era uma das mais importantes instituições educacionais responsáveis pela instrução e formação dos moços mineiros.

O bispo de Mariana tinha como projeto educar e reformar os costumes da população e do clero mineiro de modo a incrementar o corpo social cristão[2]. Para tal empreendimento educacional, formou um grupo

[2] Corpo social cristão é um conceito derivado dos escritos paulinos e elaborado posteriormente pela ortodoxia católica. Significa que a Igreja é um corpo único, cuja

de religiosos e de leigos que se valiam de algumas estratégias, entre elas: a difusão de ideias católicas por meio dos impressos produzidos pela Tipografia Episcopal de Mariana, a educação dos jovens nos colégios e as visitas pastorais feitas regularmente pelos clérigos (Assis, 2004). Nesse contexto, o jornal religioso foi um dos instrumentos utilizados nas iniciativas reformistas do grupo. Como o próprio nome indica, tratava-se da composição de uma seleta de textos de autores católicos, havendo também artigos escritos pelos redatores. O periódico era publicado quinzenalmente.

Na escolha dos livros apropriados para a composição dos periódicos, D. Viçoso e João Antônio dos Santos pareciam buscar uma conciliação entre as teorias científicas, os ideais, métodos e técnicas dos novos tempos e a tradição e a autoridade da Igreja. Por isso, uma presença constante na *Selecta* eram os fragmentos de *L'Université Catholique, recueil religieux, philosophique, scientifique et littéraire*, publicado em Paris em 1836.

Cada volume de *L'Université Catholique* trazia uma reunião de aulas de abertura dos cursos proferidos por diversos professores da Universidade Católica francesa. Os cursos, cujas aulas de abertura eram impressas nos volumes, eram os das Faculdades de Ciências Históricas, Ciências Fisiológicas, Ciências Sociais (Economia Política), Letras e Artes e Ciências Religiosas e Filosóficas. O primeiro tomo desse impresso possuía uma "advertência", introdução na qual se explicava que seus professores eram unidos pela mesma fé e pelos ensinamentos da Igreja, sob os quais elaboravam seus trabalhos científicos e religiosos *in necessariis unitas*. Por outro lado, eles podiam possuir pontos de vistas diferentes sobre determinados temas, *in dubiis libertas*. Ao apropriarem-se dos textos de *L'Université Catholique* para a composição da *Selecta Catholica*, D. Viçoso e Santos mostravam que a Igreja também tinha as suas "Luzes" relacionadas às produções científicas, elaboradas pelas Universidades, que se combinavam aos ideais cristãos e permitiam a liberdade de pensamento.

Nessa operação de conciliação entre saberes científicos e doutrina cristã, também encontramos a apropriação frequente de artigos sobre a

cabeça é Cristo. Do mesmo modo que o corpo humano, a Igreja é formada por membros e órgãos – padres, bispos, fiéis, etc. –, cada qual com sua função específica. A cabeça, Cristo, é representada e governada pelo Papa.

natureza retirados do livro *Les leçons de la nature ou l'histoire naturelle, la physique et la chimie: presentées à l'esprit et au coeur* (1829), composta por quatro volumes que versam sobre ciências naturais, escrita por Louis Cousin Despréaux. Essa obra, segundo seu autor, baseava-se na tradução francesa, realizada em 1780, da obra *Considérations sur les oeuvres de Dieu dans la règne de la Nature et de la Providence*[3] escrita por Christopher Christian Sturm, um autor alemão. A obra alemã demonstra a presença de Deus no mundo sensível, evidenciando a imbricação entre natureza e Providência. Despréaux, o autor francês, em seu prefácio, explica ter sido fiel ao espírito das *Considérations*, mas mudou o método de escrita empregado por Sturm tentando trazer maior fluidez à leitura do livro.

Na *Selecta Catholica,* um dos fragmentos traduzido das *Leçons de la nature* tem como tema o sono e os sonhos:

> A inacção de nossa alma durante o somno não he tão completa, que as suas faculdades estejão absolutamente sem exercício. Temos então ideas, e representações; e neste estado, a imaginação trabalha muitas vezes com muita vivacidade. As fibras sensíveis sobre as quaes os objectos operão, quando velamos, recebem certa tendencia para os movimentos que lhe forão impressos. Se algum impulso interior as move no tempo do somno, excitão logo á alma as idéas que teve na vigília. A sucessão destas idéas corresponderá a espécie de fibras vibradas, ás conexões que terão contrahido entre si, e á ordem segundo a qual os movimentos tendem a propagar-se; daqui nascerá hum sonho mais ou menos encadiamento ou ligação. (Selecta Catholica, 15 de setembro de 1846, s.p.)

O texto trata o sonho como uma sucessão de ideias, reminiscência de ideias impressas em fibras sensíveis durante a vigília, que à noite, enquanto a vontade se encontra paralisada, realizam um movimento que dá origem ao sonho. Essa explicação traça uma relação entre o pensamento e a fisiologia dos sentidos, representada aqui pelos movimentos e impressões de ideias nas fibras sensíveis. Essa forma de conceber a relação entre aquilo que era impresso no corpo pelos sentidos e os movimentos da alma é bem característica dos interesses da psicologia da época, pois um de seus temas era a discussão sobre o "comércio" entre alma e corpo (Assis, 2008).

[3] Não foi possível localizar a data do original. Sabemos entretanto, que a obra de Sturm data do século XVIII e que o livro de Despreaux foi escrito no século XIX.

Para Despréaux, a associação de ideias e a dinâmica pela qual a alma opera sobre elas não é apenas uma teoria para explicar o sono e os sonhos. É também a teoria na qual ele se baseia para escrever seu livro em um encadeamento de ideias capaz de prender o leitor. Assim, na análise de impressos, devemos levar em consideração que a maneira como um autor concebe a psicologia das faculdades da alma humana está relacionada às formas de organização de seus textos escritos. Isto porque a apropriação do que foi escrito se realizará por meio da interação entre texto, sentidos e faculdades da alma, sendo que os autores terão concepções diferentes sobre as formas por meio das quais essas interações ocorrerão. É tarefa do pesquisador compreender que concepção de construção do conhecimento está implícita no texto.

Chartier (2004) introduz a noção de apropriação para indicar que os grupos não apenas assimilam conceitos e ideias, mas possuem maneiras específicas de internalizar um motivo intelectual ou uma forma cultural transformando-os, fazendo usos diversos, realizando um trabalho sobre esse material. Assim, Chartier (2004, p. 173) se expressa sobre os livros:

> Uma vez escrito e saído das prensas, o livro, seja ele qual for, está suscetível a uma multiplicidade de usos. Ele é feito para ser lido, claro, mas as modalidades de ler são, elas próprias, múltiplas, diferentes segundo as épocas, os lugares, os ambientes. A materialidade do impresso e a divulgação dos saberes neles produzidos só podem ser compreendidas dentro das práticas culturais e sociais que lhes dão sentido.

Na investigação de apropriações, é interessante avaliar a utilização dos mesmos textos em impressos redigidos por autores de épocas ou contextos diferentes avaliando os gêneros literários nos quais se inscrevem ou a materialidade dos objetos que os fazem circular. Também é importante compreender como os saberes, conceitos ou teorias psicológicas se modificam em função das intenções dos grupos que os propõem, verificando aquilo que permanece e o que se transforma de acordo com a época e o local onde são elaborados. Enfim, é preciso analisar que psicologia é apresentada nesses textos, considerando se tratarem de escritos que colocam saberes científicos, filosóficos e prescrições morais a serviço de projetos civilizatórios.

Assim, as apropriações relacionadas à psicologia realizadas na *Selecta Catholica*, como em qualquer outro impresso, só podem ser entendidas se levarmos em consideração as práticas culturais em que elas são produzidas e a visão de mundo do grupo que a publica. No caso desse periódico, os religiosos desejavam afirmar a presença divina na natureza e na sociedade. Por causa dessa presença, natureza e sociedade são naturalmente ordenadas pelas relações necessárias entre Deus e os seres humanos que culminam na constituição do corpo social cristão. Também a psicologia elaborada por esse grupo derivava dessa visão.

João Antônio dos Santos, o padre diretamente responsável pela organização da *Selecta Catholica* redige uma pequena obra de psicologia denominada *O esqueleto das faculdades e a origem das idéias do espírito humano, obra mui útil para os moços que se applicão ao estudo de Philosophia* (1847), impressa também pela Tipografia Episcopal de Mariana. Segundo Santos, o livro era uma síntese da parte psicológica da filosofia e se destinava aos estudantes para que eles pudessem evitar o dispêndio com manuais muito caros utilizados para o ensino de psicologia nas disciplinas de Filosofia.

Como parte psicológica, Santos entendia a descrição das faculdades da alma humana, os processos pelos quais os seres humanos adquiriam as ideias e a relação entre corpo e alma. Em seu sistema, as faculdades se dividiam em inteligência, sensibilidade e vontade, sendo que a inteligência tinha a primazia na hierarquia. A inteligência podia se manifestar como consciência, sentido ou entendimento dependendo do objeto para o qual estava voltada. Quando a alma enfocava o conhecimento de si, a inteligência se manifestava como consciência. Quando se colocava em relação com o mundo externo e com objetos, então estava em funcionamento a inteligência dos sentidos. Quando se endereçava para Deus ou para o mundo metafísico, tínhamos a faculdade do entendimento (Assis, 2008).

Desse modo, a psicologia preconizada por Santos admite o entendimento, aspecto da inteligência destinado exclusivamente a reconhecer as manifestações dos fenômenos metafísicos e, consequentemente, os sinais de Deus no mundo. Havia coerência entre o projeto de sociedade defendido pelo grupo liderado por D. Viçoso, a organização do periódico *Selecta Catholica* e a produção do pequeno manual sobre psicologia escrito por Santos. Tratava-se da elaboração e da divulgação de uma psicologia por um grupo específico de padres e bispos conhecidos em sua época como ultramontanos, ou seja, fiéis ao Papa como representante de Cristo, cabeça do corpo social cristão cujos membros são os fiéis.

A partir do século XVII, de acordo com De Certeau (2002), a educação se torna um instrumento de coesão numa campanha para restauração da unidade social. Desse modo, o objetivo de educar a população e o clero e reformar os costumes visava a unidade do corpo social cristão. A concepção de ser humano e a psicologia das faculdades da alma apresentada por esse grupo realçava a unidade pretendida. A publicação da *Selecta Catholica* e a escrita do livro *Esqueleto das faculdades* por João Antônio dos Santos devem ser compreendidas nesse contexto, de crescente laicização do conhecimento e da educação, em que às concepções de corpo social cristão se opunha o desejo de uma igreja nacional desvinculada da Santa Sé e centralizada no Rei.

Apropriação do conceito de atividade nas tensões entre Escola Nova e educação tradicional.

A investigação sobre a psicologia divulgada pela cultura impressa, na primeira metade do século XX, não se volta mais para as folhas religiosas ou literárias, noticiosas e científicas, como elas mesmas se qualificavam no século XIX, mas para a análise de publicações cujo objetivo era formar professores no âmbito das reformas educacionais brasileiras da década de 1920.

O Estado brasileiro, que buscava sua afirmação na condição de uma jovem República, realizou diversas reformas educacionais em todo o país. A reforma de 1906, por exemplo, visava "dar à instrução primária um tratamento semelhante ao que vinha sendo dado pelas nações modernas, como defendido pelos políticos e intelectuais da época" (Gonçalves, 2006, p. 66). As reformas da década de 1920 ainda procuravam construir esse espírito de modernidade associado, entre outros aspectos, aos paradigmas científicos e ao contexto de industrialização. Assim, elas propunham a escola pública obrigatória, laica e gratuita, aberta a todas as classes sociais, cujas práticas pedagógicas fossem fundamentadas pela racionalidade da ciência (Campos, 2012). Desejava-se uma educação apoiada em bases técnicas e experimentais e não apenas no senso comum (Lourenço Filho, 1930/2002), capaz de superar definitivamente a educação tradicional, isto é, os saberes e os métodos pedagógicos associados ao Império e aos tempos coloniais.

Nesse contexto, temos um quadro diferente do ocorrido durante o século XIX quanto à divulgação da psicologia. Há menor circulação da psicologia das faculdades da alma elaborada em campos da filosofia e prevalece a veiculação da psicologia científica produzida pelos pesquisadores ligados às concepções da Escola Nova francesa e suíça, bem como da Escola Progressista dos Estados Unidos. Para este período, algumas questões podem ser colocadas: como os educadores da jovem República brasileira receberam as novas ideias educacionais baseadas na psicologia científica, já que as Escolas Normais, assim como Seminários e Colégios, até poucos anos atrás, ensinavam a psicologia das faculdades da alma? Que permanências, descontinuidades e tensões existem nessas transformações? Nesse contexto, que apropriações são feitas das teorias psicológicas?

Não temos, nesse capítulo, a pretensão de esgotar o tema das relações e das tensões entre a psicologia do século XIX e a do século XX, no Brasil, assunto de muitas facetas não discutidas aqui. Podemos afirmar, todavia, que a psicologia divulgada entre 1920 e 1940 contou com um grande trabalho de convencimento e de propaganda feita pela imprensa oficial aos educadores, pois os Governos nacional e estadual precisavam fortalecer os projetos educacionais por eles implantados. Nesses projetos, a psicologia científica e experimental, que, há um bom tempo, ganhara interesse e renome mundial, era considerada uma ciência central para oferecer subsídios às reformas[4]. Confiava-se nela para a construção de novos métodos e práticas pedagógicas adequadas ao pleno desenvolvimento do aluno.

Em Minas Gerais, a reforma educacional ocorrida em 1927, sob a organização de Francisco Campos e Mário Casasanta, realizou um grande esforço para formar professores e técnicos escolares nos moldes das modernas ideias educacionais. Tratava-se de reconstruir o novo

[4] É importante ressaltar que a psicologia é vista como fundamento da educação mesmo em períodos anteriores ao século XX. Entendia-se que a função da educação era guiar e dirigir as faculdades da alma, enquanto à psicologia cabia estudá-las. Portanto, não há novidade na ideia de que a psicologia deveria ser um dos principais fundamentos da educação. O que é novo é a divulgação da psicologia científica e dos princípios da Escola Nova como fundamentos de uma educação renovada que se opunha à tradição educacional realizada até o momento. Esse movimento de divulgação da psicologia vista como científica e experimental para dar fundamento à educação não é, obviamente, específico do Brasil e ocorreu em boa parte do mundo.

edifício das escolas, não só da estrutura arquitetônica, o que, de fato, já havia acontecido com a construção dos grupos escolares (Gonçalves, 2006). Pedia-se uma nova organização dos tempos da escola, das práticas e dos métodos pedagógicos. E, sobretudo, era preciso construir um olhar transformador da infância e do papel do professor em sua relação de autoridade com o aluno. Para isso, os educadores precisavam "abrir os livros", ou seja, estudar e se apropriar dos novos modelos teóricos oferecidos a fim de se tornar um novo professor e se adaptar às novas exigências.

A palavra "nova" e suas variantes, como renovação, se repetem incessantemente nos discursos educacionais, nos dando pistas de que ela é um núcleo central do imaginário da época. Hartog (2003) faz uma interessante discussão sobre a imagem que a Revolução Francesa construiu de si mesma como quebra radical com o passado. Nessa imagem, o passado era visto como obsoleto. A necessidade de algo novo que suplantasse o passado, para o autor, é uma marca do regime de historicidade vigente a partir do século XVIII. No caso da *Revista do Ensino*, as reformas educacionais e a recepção de teorias escolanovistas como fundamento da Educação são representações do novo, da quebra radical com o passado e com a educação tradicional, imagem do obsoleto a ser suplantado.

Entretanto, não houve uma recepção passiva dos modelos teóricos e dos métodos prescritos pelos reformadores. De fato, como discute Dagfal (2004), a categoria de recepção não deve ser entendida como ação passiva. Pelo contrário, citando Hugo Vezzetti, o autor define recepção como uma "apropriação ativa que transforma o que recebe" (Vezzetti *apud* Dagfal, 2004, p. 9), chamando a atenção para as operações de leitura capazes de colocar em cena um novo horizonte de problemas. Nesse caso, o novo horizonte delineava os contornos do ideal de professor moderno e, ao mesmo tempo, as resistências e recusas a esse parâmetro:

> O professor: eis o problema do momento, o maior problema da renovação da escola. [...] Aquele mesmo que há dez anos, que há cinco anos, era um ótimo professor, pode ser, hoje, um péssimo educador, se não abre um livro, se não estuda, se não se convenceu do dever de se tornar um "novo" professor, diante das mudanças sociais e das novas exigências da educação. [...] Como reconstruir o edifício da escola se os obreiros não querem compreender a necessidade da reconstrução? E *os que não querem ver,* se não são maioria, são, pelo menos, numerosos... (Órgão Técnico da Secretaria da Educação. *Revista do Ensino*, 1934, n. 102, p. 24).

Gonçalves (2006, p. 17), em seu trabalho sobre cultura escolar no início do século XX, nos mostra que as práticas escolares eram "inventadas, ou reinventadas, gerando não somente ações passivas de reprodução das imposições formais dos regulamentos e programas prescritos, mas, sobretudo, desenvolvendo uma relação complexa de astúcias com tais imposições". O trecho citado nos oferece evidências de que mesmo depois de sete anos da reforma, a implantação das novas ideias educacionais ainda era vista com desconfiança por muitos professores que, segundo a *Revista do Ensino*, preferiam "não abrir os livros".

As resistências não aconteciam apenas em Minas Gerais, como demonstra também a *Revista de Educação* de junho de 1933, organizada pelo Departamento do Estado de São Paulo:

> É verdade que acerbas e impiedosas críticas teem sido levantadas contra os princípios em que se funda a escola-nova. Vem ela sendo, constantemente, argüida de falha de senso moral, justamente pelo respeito que dispensa à liberdade da criança. Aqueles que não admitem possa ser a educação a resultante das qualidades bio-psicológicas que traz o indivíduo ao nascer, qualidades que se desenvolvem e se afirmam, no transcurso de sua própria evolução, não podem mesmo ver a escola-nova, como a única fórmula capaz de conduzir a humanidade aos esplendores de um futuro melhor. (Órgão do Departamento de Educação do Estado de São Paulo. *Revista de Educação*, 1933, p. 57)

Justamente porque a recepção de teorias estrangeiras, quando colocadas como prescrições, envolvem astúcias e resistências por parte dos atores envolvidos, a aceitação dos novos preceitos educacionais precisou ser trabalhada pelo Estado. Era preciso promover a reforma pedagógica capaz de levar o país "aos esplendores de um futuro melhor". Necessitava-se de um trabalho de convencimento do professor que atravancava o progresso da nação quando não estudava e nem se apropriava das teorias modernas provenientes da Europa e dos Estados Unidos da América. Para convencer os educadores e formar o corpo docente das escolas, os estados brasileiros utilizaram, como uma de suas estratégias, o potencial da imprensa para fazer circular impressos, livros e periódicos, que pudessem levar a todos o ideal de modernidade associado às formas de pensar e de fazer educação.

Nesse contexto, em Minas Gerais, a *Revista do Ensino*, criada nos primeiros anos da República, mas depois desaparecida, ressurgiu em 1925 e foi reorganizada pelo Órgão Oficial da Inspetoria Geral da Instrução da Secretaria do Interior. Com a nova organização do periódico, o Governo mineiro pretendia informar as recomendações e atos oficiais, divulgar os novos métodos utilizados pela Escola Nova e suas teorias, publicar textos traduzidos de revistas europeias e estadunidenses de modo que as experiências educacionais produzidas em outros países fossem aqui recebidas[5] (Vasconcelos, 1996; Biccas, 2008). A revista era distribuída por todo o estado e circulava, principalmente, nos grupos escolares estaduais e nas escolas confessionais e privadas que possuíam o Curso Normal. Nos grupos escolares, horários de leitura eram reservados para que os professores tomassem contato com a revista ou com impressos cuja temática eram os princípios da Escola Nova. Cabia aos técnicos verificar se a *Revista do Ensino* estava sendo adequadamente lida (Biccas, 2008).

Uma rede de circulação de saberes se construía. Nessa rede, esperava-se que os leitores das novas teorias educacionais se tornassem autores e protagonistas desses saberes e práticas. Assim, os educadores mineiros eram incentivados a colaborar na produção dos números da *Revista do Ensino*, enviando a redação de seus progressos na leitura e nos estudos das teorias escolanovistas, bem como relatos de experiências do cotidiano escolar. Desse modo, o periódico nos permite entrever aspectos das práticas realizadas no cotidiano e os modos pelos quais o corpo docente das escolas estava recebendo e se apropriando das teorias psicológicas e pedagógicas:

> O grupo escolar de Divinópolis, dirigido pela technica d. Maria de Lourdes Teixeira, vem, ultimamente, realizando varias actividades educativas, de acordo com as modernas tendências pedagógicas, o que colloca esse estabelecimento de ensino entre os que, em Minas, vêm se batendo pela implantação dos princípios basilares

[5] Para compreender as experiências educacionais fundamentadas pelos princípios da Escola Nova e que ocorreram em diversos contextos mundiais, podemos consultar os livros *Introdução ao Estudo da Escola Nova* (1930/2002) de Lourenço Filho e *Réformer l'école: l'apport de l'Éducation Nouvelle (1930-1970)* (2012) de Laurent Gutierrez, Laurent Besse e Antoine Proust. Também é interessante, para a compreensão desse tema, a leitura do texto "A crise na educação" da obra *Entre o passado e o futuro* (1954/2011) de Hannah Arendt.

> da escola educativa. (Órgão Técnico da Secretaria da Educação. *Revista do Ensino*, 1934, n. 105, p. 72)

O periódico apresentava publicações de autores locais, como técnicos e professores dos grupos escolares, docentes e alunos das Escolas Normais e da Escola de Aperfeiçoamento de Professores de Belo Horizonte e de seu Laboratório de Psicologia, instituições voltadas exclusivamente para a formação de professores. Também continha artigos de autoridades políticas e religiosas, intelectuais e educadores brasileiros de outras regiões do país. A estes textos reuniam-se fragmentos e excertos de outros periódicos educacionais e de livros de autores brasileiros e estrangeiros.

Desse modo, teorias psicológicas foram apropriadas em um contexto no qual se considerava muito importante superar a educação tradicional. Oferecendo-nos indícios dos saberes e práticas que vão sendo "proibidos" em determinadas épocas e locais, a escola tradicional, associada à antiga organização política, era concebida como o lugar da modorra e da neurastenia, um organismo doente. A Escola Nova, por outro lado, representada pelos autores John Dewey, Edouard Claparède e Ovide Decroly, era caracterizada pela alegria e criatividade que deveria, agora na nova ordem social, vigorar nas instituições brasileiras:

> Assim, concluiu o conferencista, sobre os escombros da velha escola, casa que foi da modorra e da neurasthenia, levantaremos a escola nova, alegre officina de trabalhos, tal como imaginam Dewey, Claparède e Decroly. (Orgam official da inspectoria geral da instrucção. *Revista do Ensino*, 1930, n. 42, p. 67)

Na *Revista do Ensino*, a apropriação do conceito de atividade elaborado pela psicologia da época será central nas prescrições realizadas pelo periódico:

> Disse Comenio: a actividade é a lei da meninice. Este principio, posto em pratica por Pestalozzi, é, ainda hoje, considerado pedra básica de toda a Didactica. [...] A creança normal, em perfeito estado de desenvolvimento physico e mental, sente, com effeito, uma necessidade imperiosa de movimentar-se, de fazer qualquer cousa, de trabalhar ou de brincar. [...] É claro que, assim sendo, conforme nos affirmam os psychologos, – a actividade infantil, fonte de prazer, precisa e deve ser mantida na escola. É erro, e erro grave, o querer coercitivamente, reprimir a inquietude das creanças em

> classe. Essa agitação, a que dão o nome de indisciplina, é o meio de que a natureza se vale para livrar os escolares de um obstáculo ao seu desenvolvimento physico e mental: a passividade.
>
> Na escola tradicional, o menino era obrigado a manter-se immovel, porque o professor, deslocando para si, o centro de toda a actividade escolar, – fazia de seu alumno um simples armazenador de conhecimentos, que lhe transmittia dogmaticamente. [...] Dewey, o fundador da pedagogia genética, um dos maiores collaboradores da escola activa, diz: deve ser satisfeita, sempre, na pratica escolar, a necessidade da actividade. (Orgam official da inspectoria geral da instrucção. *Revista do Ensino*, 1930, n. 44, p. 28-29)

José de Almeida, o autor desse trecho, era professor de metodologia da Escola Normal de Ouro Preto. Em seu artigo "A atividade infantil e suas consequências pedagógicas", ele estabelece uma relação clara entre psicologia moderna, infância normal, atividade, criatividade e liberdade[6]. Em oposição, temos a escola tradicional associada ao desenvolvimento anormal e às ideias de imobilidade, aprendizagem passiva e coerção.

Almeida cita John Dewey como expoente máximo da nova didática e evoca a tradição suíça ao remeter-se aos ensinamentos de Pestalozzi. No restante do texto, ele faz referência também a Edouard Claparède e a Maison de Petits, escola ligada ao Instituto Jean Jacques Rousseau, em Genebra, onde se desenvolviam diversos trabalhos de psicologia experimental voltados para a investigação do desenvolvimento infantil (Campos, 2012). Assim, ao apropriar-se dos modelos europeus teremos, em Minas Gerais, a valorização da tradição educacional herdada de Rousseau, Pestalozzi, Comenius, Montaigne e Froebel. Essa tradição é bastante diferente dos modelos católicos e das teorias sobre a alma humana que haviam fundamentado a educação antes do final do século XIX[7]. Entretanto, ela também vinha sendo divulgada, no país, há um

[6] Esses aspectos também eram valorizados por arte-educadores da época como podemos ver no trabalho realizado pelas Escolinhas de Arte do Brasil e pelo ensino desenvolvido na Fazenda do Rosário, em Minas Gerais, sob a direção de Helena Antipoff (ALMEIDA, 2013).

[7] Em termos de educação, no Brasil tivemos o modelo jesuítico e depois o de outras ordens como os lazaristas. De forma geral, a teoria sobre a alma humana que oferecia subsídios às ideias educacionais estavam baseadas na filosofia aristotélico-tomista, e depois no empirismo mitigado. No século XIX, já encontramos muitas outras correntes filosóficas circulando no Brasil, como a filosofia kantiana, o espiritualismo eclético de Maine de Biran, a ideologia de Laromiguière, entre outras.

bom tempo, pois Rousseau foi um dos autores mais lidos no século XIX brasileiro, a ponto de sua leitura ser pouco recomendada ou mesmo proibida por religiosos, já que se tratava de autor considerado panteísta.

A psicologia elaborada em Genebra, evidentemente fundamentada em Rousseau e Pestalozzi, de fato, valorizava o interesse e a atividade da criança. Claparède, assim como autores de várias partes do mundo, também criticou a educação tradicional em diversas de suas obras. Em *A Educação Funcional*, por exemplo, livro publicado em 1931 e traduzido no Brasil em 1933, o psicólogo suíço se dedicou à discussão dos erros da escola tradicional (Nassif & Campos, 2005). Entre esses erros debatia o exagero dos castigos físicos e os excessos da aprendizagem realizada pela memória e por meio exclusivamente dos livros que, em sua opinião, não permitia que o conhecimento brotasse da própria experiência e interesse da criança ao explorar o mundo natural.

Nessa mesma obra, Claparède afirmava esboçar os fundamentos da nova psicologia sobre a qual deveria se assentar o edifício da educação. Sua psicologia funcional, continuava o autor, surgiu sob a influência das ideias de William James e podia ser definida como pragmática por adotar a ação como o motor mais importante do pensamento (Claparède, 1931/1940)

Partindo de uma concepção biológica e pragmática sobre o ser humano, Claparède entendia a atividade como função ligada ao interesse e às necessidades de um organismo cujo equilíbrio havia sido rompido. Na tentativa de restabelecer o equilíbrio, uma necessidade se criava e o organismo agia para readaptar-se. Transpondo o plano biológico para o psicológico, como explicam Nassif e Campos, o psicólogo suíço propõe a atividade humana como resultado do interesse, cabendo à inteligência o processo de readaptação do equilíbrio rompido. Desse modo, necessidades e interesses são as molas que levam à atividade e ao consequente movimento da inteligência humana (Nassif & Campos, 2005).

Na *Revista do Ensino,* a apropriação do conceito de atividade aparece nas prescrições sobre as novas formas de organizar tempos, espaços, saberes e práticas escolares que deveriam se pautar pela atividade e pela experimentação do mundo natural. Aos corpos, era recomendado o movimento guiado pelo interesse, como descrevem os educadores do Grupo Escolar Flávio dos Santos:

> Na classe em que é adotado o ensino funcional, as crianças sentem que a escola é delas, tanto quanto a sua casa ou o recreio. E movidas pelo interesse trabalham alegremente. A disciplina é dinâmica. Os educandos se agitam, agrupam-se para trabalhar, sentam-se e levantam-se quando necessário. (Da Secretaria da Educação e Saúde Pública. *Revista do Ensino*, 1939, ns. 164-169, p. 182)

A eficácia do ensino funcional poderia ser verificada pela espontaneidade da criança na relação com o espaço escolar. Sendo o ensino ativo, guiado pelo interesse, os alunos agitavam-se e se movimentavam alegremente. Também na citação anterior, da *Revista do Ensino* de 1930, valorizava-se a "necessidade imperiosa de movimentar-se, de fazer qualquer cousa, de trabalhar ou de brincar". Assim, nas práticas educacionais renovadas, o comportamento que, antes, era visto como indisciplina, agora era entendido como expressão livre da criança. Entretanto, Claparède discutia na *Educação Funcional* que o motor da inteligência não era a simples atividade corporal ou ação dos sentidos sobre as coisas, mas a ação sobre o mundo suscitada pelo interesse:

> A atividade dos alunos não basta para tornar uma escola ativa, enquanto não se tiver dado à palavra "atividade" seu sentido completo. A palavra "ativo" é uma palavra vaga. Para muitos, ser "ativo" quer dizer mover-se, mexer-se, executar um trabalho, escrever, desenhar, fazer alguma coisa em lugar de ficar apenas escutando. Se os alunos de uma classe fazem um relatório *oral* de uma lição, não se pode falar de escola ativa. Se, entretanto, o relatório for escrito, estaremos mais próximos da escola ativa. Contudo, um relatório oral pode ser, em certos casos, inteiramente ativo, "na acepção mais elevada do termo", e um relatório escrito pode não o ser de modo nenhum. Como já o disse alhures, uma lição deve ser uma *resposta*. (Claparède, 1931/1940, p. 191)

Desse modo, não bastava que os alunos se mexessem e se movimentassem pelas salas de aula para que a inteligência se desenvolvesse ou a aprendizagem, de fato, acontecesse. Pior ainda se eles fossem forçados a realizar experiências sensíveis variadas que não respondessem a nenhum interesse original. A psicologia ativa pedia não apenas uma mudança nas práticas adotadas em sala de aula para o ensino do conteúdo escolar tradicional. Exigia, para sua melhor aplicação, formas diferentes de conceber os mecanismos da cognição, bem como a relação da criança com o currículo escolar. Era preciso permitir o exercício da inteligência e da imaginação a partir das pesquisas suscitadas pelo interesse da criança. Levando às últimas consequências, um professor ativo deixaria o conteúdo a ser ensinado e as formas de aprendê-lo serem determinadas pelo interesse do aluno. Como alerta Claparède, educadores se apropriavam do conceito de atividade entendendo-o como movimento dos corpos no espaço escolar, sem elaborar outras formas de conceber a aprendizagem a partir do interesse genuíno dos alunos. Nesse caso, as crianças ganhavam um pouco mais de liberdade em seus movimentos. Mas, a despeito da grande divulgação do conceito de interesse, os profissionais da escola continuavam a conceber a aprendizagem como algo passivo que se construía de fora para dentro. Liberdade dos corpos, mas não das mentes!

É preciso considerar que, no final do século XIX e início do século XX, houve uma grande divulgação, no Brasil, do método intuitivo por meio da circulação da tradução do livro *Lições de coisas* (1861) de Norman Alisson Calkins. O método intuitivo consistia em apresentar fatos e objetos aos alunos para que, por meio da visão e da observação dos dados fornecidos pelo objeto, se desenvolvesse o conhecimento (Resende, 2004). Tratava-se, portanto, de uma concepção segundo a qual conhecimento e, consequentemente, aprendizagem ocorriam por meio dos sentidos e das sensações que afetavam as faculdades da alma até atingir o entendimento. Em 1901, as Lições de coisas faziam parte das disciplinas de Pedagogia ensinadas nas Escolas Normais. Em 1906, elas continuavam sendo item ensinado nos currículos das Escolas Normais. Desse modo, ainda devia circular fortemente entre os professores das décadas de 1920 e 1930, a concepção de que a aprendizagem se dava pelas informações recebidas pelos sentidos que, ativadas pelas faculdades da atenção, eram elaboradas pelas operações da alma até se apresentarem ao entendimento e à consciência.

Educadores mineiros da época se davam conta do risco de os professores entenderem a psicologia ativa deixando de lado justamente seu aspecto mais importante, isto é, o interesse:

> [...] deve o professor não se esquecer de que a alavanca do ensino é o interesse. O interesse, fonte da attenção, desperta a actividade intellectual dos meninos, obrigando-os a raciocinar sobre o

> assumpto em questão. Dest'arte, o aprendizado se effectua na ordem psychologica, isto é, operar-se-á de dentro para fora, pois o menino, em vez de accumular passivamente os conhecimentos impostos de fora para dentro, reagirá pelo trabalho de sua intelligencia, assimilado á luz da razão. (Orgam official da inspectoria geral da instrucção. *Revista do Ensino*, 1930, n. 47, p. 30)

Na disputa entre a aprendizagem "de fora pra dentro", como se preconizava no fim do século XIX a partir das *Lições de coisas*, e a de "dentro para fora" como prescrito pela moderna psicologia, os educadores debatiam como propiciar a participação ativa e livre do aluno na escola e, ao mesmo tempo, inculcar noções de obrigação, responsabilidade e disciplina. Um artigo, escrito por Nair Starling, evidencia o debate sobre os possíveis excessos da atividade infantil:

> Observe o professor que, para satisfazer a Escola Passiva era necessário esforço e energia; esses mesmos elementos conjugados, unidos a preparo solido e grande devotamento profissional são reclamados na Escola Nova, porque esta, provocando a atividade infantil, deve controla-la devidamente. Si não o fizer, essa mesma atividade, mal canalizada, gerará a indisciplina, o desrespeito pela autoridade constituída, provocará a audácia, o excesso de personalidade, sem a responsabilidade correspondente e ter-se-á, como consequência lógica, um ambiente francamente desorganizado. Note, entretanto, o professor, que não foi a Escola Nova quem falhou e sim a mão pouco segura, que a aplicou. (Da Secretaria da Educação e Saúde Pública. *Revista do Ensino*, 1936, ns. 122-123, p. 58)

A disciplina, a ordem e o respeito pela autoridade do professor eram valores entendidos como importantes para a organização da sociedade. Havia a necessidade de ordenar a escola como sociedade em miniatura, onde todos trabalhassem para "a grandeza e prosperidade da comunidade a que pertencem":

> É obvio que para haver harmonia, – base da ordem e do progresso na communidade, preciso é que os cidadãos, simples cellulas daquelle organismo social, adquiram o espírito de renuncia, de desprendimento pessoal, a bem da collectividade. [...] A escola fará, então, o beneficio de converter a actividade infantil em hábitos permanentes de trabalho útil. (Orgam official da inspectoria geral da instrucção. *Revista do Ensino*, 1930, n. 44, p. 31)

Essas citações evidenciam que os educadores estavam tentando resolver como iam sintetizar suas experiências na escola tradicional com as prescrições sobre a escola nova dadas pelas Reformas educacionais. Estava em jogo a tensão entre a atividade da criança preconizada pelas modernas teorias estrangeiras e as tradicionais formas de ensinar. Desse modo, o trabalho com periódicos nos fornece indícios de como apropriações vão se construindo na tentativa de encontrar, como a própria *Revista do Ensino* afirma, "o meio termo entre a escola tradicional e os exageros da escola nova" (Da Secretaria da Educação e Saúde Pública. *Revista do Ensino*, 1936, n. 124, p. 241)

Nas operações de recepção de teorias, há sempre apropriações que demonstram o esforço de acomodar os saberes e práticas tradicionais às ideias que chegam trazendo os signos da novidade e da modernidade. No caso de Minas Gerais, um dos saberes da tradição que oferece resistência às novas teorias é a noção de corpo social, segundo a qual cada cidadão é entendido como célula da sociedade. No corpo social, a ordenação e disciplina dos membros – células – são imprescindíveis para a saúde do organismo. Vemos também que o ato de "inculcar" era importante para os professores da época e, de certa forma, oposto à aprendizagem que se iniciava de "dentro para fora". Inculcar pode ser entendido como "repetir (alguma coisa) com insistência, para frisá-la no espírito" (Ferreira, 1999, p. 1097). Assim, junto dos princípios que valorizavam o aprendizado de noções e conteúdos construídos de dentro para fora, como queria a Psicologia ativa, se colocavam também aqueles que advogavam a importância daquilo que deveria ser repetido ao aluno, até que se imprimisse em seu espírito, como acreditavam as antigas filosofias sobre a construção do hábito. Para estas filosofias, no entanto, como a aristotélica-tomista, a aprendizagem de hábitos nada tinha de passivo, pois contava com um esforço da razão para discernir entre o que era bom e adequado a ser aprendido ou o que devia ser repudiado.

Nos estudos sobre recepção de teorias psicológicas no Brasil, portanto, seguindo algumas ideias de Burke, o problema não é discutir se no Brasil houve ou não a adoção de modelos europeus para a constituição da psicologia e da educação, pois é óbvio que houve tal adoção. O problema que se coloca para os historiadores é "avaliar a distância cognitiva entre esses modelos e as tradições locais, e o grau de adaptação ou acomodação existente" (Burke, 2012, p. 271).

Considerações finais

Da exposição aqui realizada sobre as relações entre psicologia e cultura escrita impressa no século XIX e na primeira metade do século XX, podemos tirar, pelo menos, quatro implicações sobre método.

A primeira delas é a escolha por investigar a divulgação da psicologia pela cultura escrita impressa, entendendo-a, à maneira de De Certeau (1994) como tática e estratégia de grupos que se põem à frente da organização de jornais, periódicos, compêndios, manuais, enfim, impressos que pretendem sistematizar saberes para educar. Nessa perspectiva, é importante considerar os impressos como *corpus* capaz de expressar aspectos essenciais da visão de mundo de um determinado grupo. A noção de visão de mundo nos permite compreender como um grupo se articula socialmente em seu tempo, partilhando conscientemente, ou não, um sistema ideológico e opondo-se a outros (Chartier, 1990). Podemos assim analisar os motivos pelos quais, em um determinado contexto, um impresso se ocupa da divulgação deste ou daquela teoria psicológica, dependendo de quem o organiza.

No caso das pesquisas aqui apresentadas, o jornal religioso *Selecta Catholica* tinha o objetivo de infundir costumes e hábitos eficazes para a unidade do corpo social cristão, enquanto que a *Revista do Ensino* buscava prescrever novas formas de organização e de práticas a serem adotadas na escola, acreditando contribuir para o progresso da nação. Aos grupos ligados a cada um desses periódicos era indispensável que as ideias, por eles colocadas em circulação, chegassem a atingir a população visada. Para essa finalidade, os grupos constroem estratégias capazes de criar a circulação de ideias e saberes pretendida.

Na divulgação da psicologia pela cultura escrita impressa, a estratégia implica o uso das tecnologias mais modernas de comunicação da época, isto é, as prensas e o maquinário próprio para impressão em larga escala, além de envolver a dinâmica de funcionamento de tipografias, gráficas e editoras. Uma segunda implicação, portanto, é a necessidade de levar em consideração as discussões sobre a materialidade dos impressos por meio dos quais os saberes circulam, como discute Chartier (1990).

A terceira implicação é que, nesse campo de táticas e estratégias, a cultura impressa, cujo objetivo é educar, nos permite entrever um jogo de apropriações de educadores e de intelectuais que, como hoje, se veem às voltas com inúmeras exigências sociais que os forçam a elaborar sínteses entre práticas e saberes do passado – mas ainda presentes na tradição – e novos ideais que se impõem diante das mudanças de pensamentos, de hábitos e costumes. Nesse jogo de apropriações, diversas operações são realizadas pelos leitores: ler um autor por meio de outro; se apropriar de parte de uma teoria, evitando conceitos vistos como "perigosos"; realizar sínteses entre diversos autores que aparentemente não dialogam entre si, etc. Assim, os impressos que divulgam teorias, ideias e saberes psicológicos podem ser marcados por diferentes e variadas formas de apropriação, mas que sempre estarão conectadas às concepções e às práticas culturais dos grupos locais e das épocas em que são elaboradas. São possíveis, enfim, elaborações de diversas espécies como afirma De Certeau:

> De fato, a atividade leitora apresenta, ao contrário, todos os traços de uma produção silenciosa: flutuação através da página, metamorfose do texto pelo olho que viaja, improvisação e expectação de significados induzidos de certas palavras, intersecções de espaços escritos, dança efêmera. [...] Ele [o leitor] insinua as astúcias do prazer e de uma reapropriação no texto do outro: aí vai caçar, ali é transportado, ali se faz plural como os ruídos do corpo. [...] Um mundo diferente (o do leitor) se introduz no lugar do autor. (De Certeau, 1994, p. 49)

Uma quarta implicação do trabalho com periódicos e livros que circulam em determinado tempo e local, é prestar atenção, como afirmam De Certeau (2002) e Chartier (2003, 2004, 2007), naquilo que está silenciado nos impressos. Que leituras estão proibidas? Que saberes não podem aparecer? O que deve ou não ser lido em determinada época é um indício das disputas entre grupos, cada qual defendendo saberes específicos diretamente relacionados a projetos de sociedade. Inseridas nesses projetos, se encontram as teorias psicológicas que devem vigorar e os conceitos e práticas prescritas.

Enfim, tomando como objeto a divulgação da psicologia pela cultura escrita impressa no Brasil, é importante investigar a construção dos impressos, levando em consideração as apropriações de saberes psicológicos retirados de jornais e livros. As apropriações nos possibilitam entrever a originalidade presente nos diversos usos de teorias de psicologia e nos trazem indícios das possíveis intenções de leitores e de autores ao produzir e fazer circular determinados saberes em detrimentos de outros.

Referências

Almeida, M. O. (2013) *O ensino de arte em Minas Gerais (1940-1960): diálogos e colaborações entre a arte e a escola nova.* Dissertação de Mestrado. Programa de Pós-Graduação em Educação: conhecimento e inclusão Social. Belo Horizonte: UFMG.

Assis, R. M. (2004). *Psicologia, educação e reforma dos costumes: lições da Selecta Catholica (1846-1847).* Tese de Doutorado. Programa de Pós-Graduação em Educação: conhecimento e inclusão social. Belo Horizonte:UFMG.

Assis, R. M. (2008). Psicologia Filosófica no século XIX: faculdades da alma e relações entre inteligência, sensibilidade e vontade. *Psicologia: reflexão e crítica.* 22(2), pp. 304-311.

Biccas, M. S. (2008). *O impresso como estratégia de formação: Revista do Ensino de Minas Gerais (1925 – 1940).* Belo Horizonte: Argumentum.

Burke, P. (2012). *Uma história social do conhecimento: da Enciclopédia à Wikipédia.* Rio de Janeiro: Zahar.

Campos, R. H. F. (2012). *Helena Antipoff: uma biografia intelectual.* Rio de Janeiro: Fundação Miguel de Cervantes.

Chartier, R. (1990). *A história cultural: entre práticas e representações.* Rio de Janeiro: DIFEL.

Chartier, R. (2003). *Formas e sentido. Cultura escrita: entre distinção e apropriação.* Campinas: Mercado das Letras; ALB.

Chartier, R. (2004). *Leituras e leitores na França do Antigo Regime.* São Paulo: Editora Unesp.

Chartier, R. (2007). *Inscrever e apagar: cultura escrita e literatura.* São Paulo: Editora Unesp, 2007.

Cirino, S. D.; Miranda, R. L.(2015). The role of a laboratory of experimental psychology in the Brazilian education renewal of the 1930s. *History of Psychology* (Online), v. 18, p. 69-77.

Claparède, E. (1940) *A Educação funcional.* São Paulo, Rio de Janeiro, Recife, Porto Alegre: Companhia Editora Nacional. Original publicado em 1931.

Dagfal, A. (2009). *Entre París e Buenos Aires. La invención del psicólogo (1942-1966).* Buenos Aires: Paidós.

Dagfal, A. (2004). Para una "estética de la recépcion" de las ideas psicológicas. Frenia. V. IV – 2, pp. 7 – 16.

Da Secretaria da Educação e Saúde Pública. (1936) *Revista do Ensino.* N. 122 e 123. Belo Horizonte/MG. s.p.

Da Secretaria da Educação e Saúde Pública. (1936) *Revista do Ensino.* N. 124. Belo Horizonte/MG. s.p.

Da Secretaria da Educação e Saúde Pública. (1939). *Revista do Ensino.* N. 164-169. Belo Horizonte/MG. p. 3 – 232.

De Certeau, M. (1994). *A invenção do cotidiano. 1. Artes de fazer.* Petrópolis: Vozes.

De Certeau, M. (2002). *A escrita da história.* Rio de Janeiro: Forense Universitária.

Faria Filho, L. M., Nascimento, C. V.; Inacio, M. S.; Jinzenji, M. (2008). Educar para civilizar. *Revista do Arquivo Público Mineiro.* N. 1. Ano XLIV, janeiro-junho, pp. 72-87.

Ferreira, A. B. H. (1999). *Século XXI: O dicionário da língua portuguesa.* Rio de Janeiro: Nova Fronteira.

Galvão, A. M. O.; Batista, A. A. G. (orgs.). (2005). *Leitura: práticas, impressos, letramentos.* Belo Horizonte: Autêntica.

Galvão, A. M.; Lopes, E. M. (2011). *Boletim Vida Escolar: uma fonte e múltiplas leituras sobre a educação no início do século XX.* Belo Horizonte: Autêntica Editora.

Gonçalves, I. A. (2006) *Cultura escolar. Práticas e produção dos grupos escolares em Minas Gerais (1891-1918).* Belo Horizonte: Autêntica/FCH – FUMEC.

Gutierrez, L.; Besse, L.; Prost, A. (2012). *Réformer l'école. L'apport de l'èducation nouvelle (1930-1940).* Grenoble: PUG.

Hartog, F. (2003). Tempo, história e escrita da história: a ordem do tempo. *Revista de História.* 148. pp. 09-34.

Lustosa, I. (2004). *O nascimento da imprensa brasileira.* Rio de Janeiro: Jorge Zahar Editor.

Lourenço Filho, M. B. (2002). *Introdução ao Estudo da Escola Nova: bases, sistemas e diretrizes da pedagogia contemporânea.* Rio de Janeiro: EDUERJ: Conselho Federal de Psicologia, 2002. Original publicado em 1930.

Massimi, M. *Historia da Psicologia Brasileira.* São Paulo: Pedagógica Universitária, 1990.

Massimi, M. (2012). As relações entre psicologia e cultura no horizonte da psicologia moderna e contemporânea. Em: Massimi, Marina; Jacó-Vilela, Ana Maria; Dantas, Cândido; Facchinetti, Cristiana; Mahfoud, Miguel; Sanchis, Pierre (orgs.). *Psicologia, cultura e história: perspectivas em diálogo.* Rio de Janeiro: Outras Letras.

Melo, C. S. B.; Campos, R. H. F. (2015). Scientifics exchanges between France and Brazil in the history of psychology? The role of Georges Dumas (1908-1946). *Universitas Psychologica.* v. 13, p. 15-28.

Nassif, L. E.; Campos, R. H. F. (2005). Édouard Claparède (1873 – 1940): interesse, afetividade e inteligência na concepção da psicologia funcional. *Memorandum.* 9, pp. 91-104.

O Baependyano. (1879). n. 91, s.p.

Orgam official da inspectoria geral da instrucção. (1930). *Revista do Ensino.* N 42. Belo Horizonte/MG. s.p.

Orgam official da inspectoria geral da instrucção. (1930). *Revista do Ensino.* N 44. Belo Horizonte/MG. s.p.

Orgam official da inspectoria geral da instrucção. (1930). *Revista do Ensino.* N 47. Belo Horizonte/MG. s.p.

Órgão do Departamento de Educação do Estado de São Paulo. (1933). *Revista de Educação.* Vol. 2, n.1. Typografia Garraux.

Órgão Técnico da Secretaria da Educação. (1934). *Revista do Ensino.* N. 102. Belo Horizonte/MG. p. 1-96.

Órgão Técnico da Secretaria da Educação. (1934). *Revista do Ensino.* N. 105. Belo Horizonte/MG. pp. 1 - 95.

Pallares-Burke, M. L. (1995). *The Spectator: o teatro das luzes.* São Paulo: Editora Hucitec.

Pallares-Burke, M. L. (1996). *Nísia Floresta, o carapuceiro e outros ensaios de tradução cultural.* São Paulo:Editora Hucitec.

Pickren, W. (2012). Waters of march (águas de março): circulating knowledge, transforming psychological science and practice. Em: Lourenço, E.; Assis, R. M.; Campos, R. H. F. (orgs.) 2012. *História da Psicologia e contexto sócio-cultural: pesquisas contemporâneas, novas abordagens.* Belo Horizonte: Ed. PUCMinas.

Resende, F. M. (2004). O domínio das coisas: o método intuitivo em Minas Gerais nas primeiras décadas republicanas. Em: Gouvea, M. C.; Vago, T. M. *Histórias da Educação: histórias de escolarização.* Belo Horizonte: Edições HG.

Selecta Catholica, jornal religioso. 15 de setembro de 1846, s.p.

*Selecta Catholica, jornal religioso.*15 de julho de 1847, s.p.

Vasconcelos, M. S. (1996). *A difusão das idéias de Piaget no Brasil.* São Paulo: Casa do Psicólogo.

Sobre os autores

César Rota Júnior

Especialista em Psicologia Educacional, Mestrado em Desenvolvimento Social pela Universidade de Montes Claros – UNIMONTES. Doutorando do Programa de Pós-graduação em Educação: conhecimento e inclusão social da Universidade Federal de Minas Gerais (UFMG). Professor das Faculdades Integradas Pitágoras de Montes Claros – FIP/MOC.

Érika Lourenço

Graduada e Mestre em Psicologia e Doutora em Educação pela Universidade Federal de Minas Gerais (UFMG). Professora do Programa de Pós-Graduação em Psicologia da Universidade Federal de Minas Gerais. Coordenadora do Laboratório de Pesquisa e Ensino em História da Psicologia. Membro da Diretoria da Sociedade Brasileira de História da Psicologia (SBHP) e do Centro de Documentação e Pesquisa Helena Antipoff (CDPHA).

Maria Fernanda Costa Waeny

Doutora e Pós-Doutora em Psicologia Social pela Pontifícia Universidade Católica de São Paulo (PUCSP). Membro do GT de História da Psicologia da Associação Nacional de Pesquisas e Pós-Graduação em Psicologia (ANPPEP) e da Sociedade Brasileira de História da Psicologia (SBHP). É professora titular do Mestrado em Psicossomática da Universidade Ibirapuera (UNIB).

Marina Massimi

Graduada em Psicologia pela Università degli Studi di Padova/Itália, Mestre e Doutora em Psicologia pela Universidade de São Paulo (USP). É professora Titular da USP e do Programa de Pós-graduação em Psicologia da mesma instituição. Membro da Academia Ambrosiana de Milão e Coeditora da Revista Memorandum: memória e história em psicologia.

Nádia Maria Dourado Rocha

Graduada em Pedagogia pela Universidade Católica do Salvador e em Psicologia pela Universidade Federal da Bahia (UFBA). Mestree Doutora em Psicologia Escolar pela Universidade de São Paulo. (USP) É professora/pesquisadora da Faculdade Ruy Barbosa – Salvador, BA.

Paulo Coelho Castelo Branco

Graduado em Psicologia pela Universidade de Fortaleza. Mestre em Psicologia pela Universidade Federal do Ceará (UFC). Doutor em Psicologia pela Universidade Federal de Minas Gerais (UFMG). Professor do Curso de Psicologia da Universidade Federal da Bahia – Campus Anísio Teixeira. Coordenador do Núcleo de Estudos em Psicologia Humanista.

Raíssa Telesca Arrial

Graduanda em Psicologia na Pontifícia Universidade Católica do Rio Grande do Sul (PUCRS). Bolsista de Iniciação Científica (BPA-PUCRS) no Grupo de Pesquisa Fenomenologia: Ação e Percepção do PPG Psicologia da PUCRS.

Raquel Martins de Assis

Graduada e Mestre em Psicologia pela Universidade de São Paulo (USP), Doutora em Educação pela Universidade Federal de Minas Gerais (UFMG) e Pós-Doutora pelo Programa de Estudos Pós-graduados: Psicologia da Educação da Pontifícia Universidade Católica de São Paulo (PUCSP). É professora do Programa de Pós-graduação em Educação: conhecimento e inclusão social da Universidade Federal de Minas Gerais. Membro da Sociedade Brasileira de História da Psicologia (SBHP).

Regina Helena de Freitas Campos

Psicóloga e Mestre em Educação pela Universidade Federal de Minas Gerais (UFMG), PhD em Educação pela Stanford University, pesquisadora visitante na Universidade de Genebra e na École des Hautes Études em Sciences Sociales de Paris. É professora titular da Universidade Federal de Minas Gerais. Preside o Centro de Documentação e Pesquisa Helena Antipoff desde 2000, e é presidente da Sociedade Brasileira de História da Psicologia (gestão 2015-2017).

Robson Nascimento da Cruz

Graduado em Psicologia pela Pontifícia Universidade Católica de Minas Gerais (PUCMG), Especialista em História da Ciência pela Universidade Federal de Minas Gerais, Mestree Doutor em Psicologia pela Universidade Federal de Minas Gerais (UFMG), Pós-doutorado pela Pontifícia Universidade Católica de São Paulo (PUCSP).

Rodrigo Lopes Miranda

Doutor e Mestre em Educação pela Universidade Federal de Minas Gerais (UFMG). Professor do Programa de Pós-Graduação em Psicologia da Universidade Católica Dom Bosco (UCDB). Membro do *Review Committee da Cheiron – The International Society for the History of Behavioral and Social Sciences.* Secretário da Sociedade Brasileira de História da Psicologia - SBHP. Coordenador do Grupo de Estudos e Pesquisas em História da Psicologia da Universidade Católica Dom Bosco.

Saulo de Freitas Araujo

Graduado em Psicologia pela Universidade de Juiz de Fora (UFJF), Mestre em Filosofia pela Universidade Federal de São Carlos (UFSCAR) e Doutor em Filosofia pela Universidade Estadual de Campinas (UNICAMP)/Universität Leipzig. Professor do Programa de Pós-Graduação em Psicologia da Universidade de Juiz de Fora (UFJF). Diretor do Núcleo de História e Filosofia da Psicologia Wilhelm Wundt da UFJF.

Sávio Passafaro Peres

Graduado, Mestre e Doutor em Psicologia pela Universidade de São Paulo (USP). Pós-doutorado em Filosofia pela Pontifícia Universidade

Católica de São Paulo (PUC-SP), Pós-doutorando em Psicologia na Universidade Estadual Paulista –UNESP/Assis. Membro do GT de História da Psicologia da Associação Nacional de Pesquisa e Pós-Graduação em Psicologia - ANPEPP.

Sérgio Dias Cirino

Graduado em Psicologia pela Universidade Federal de Minas Gerais (UFMG), Doutor em Psicologia pela Universidade de São Paulo (USP). Pós-doutorado na West Virginia University, Estados Unidos. Professor visitante na Osaka Kyoiku Daigaku, Japão. Professor dos Programas de Pós-Graduação em Educação e em Psicologia da Universidade Federal de Minas Gerais (UFMG). Diretor de Produção Científica da Pró-Reitoria de Pesquisa da UFMG. Coordenador do GT de História da Psicologia da Associação Nacional de Pesquisa e Pós-graduação em Psicologia - ANPEPP.

Thiago Gomes de Castro

Graduado em Psicologia pela Universidade Federal do Paraná (UFPR) e Doutor em Psicologia pela Universidade Federal do Rio Grande do Sul (UFRGS). Professor da Faculdade de Psicologia e do Programa de Pós-graduação em Psicologia da Pontifícia Universidade Católica do Rio Grande do Sul (PUCRS). Coordenador do Grupo de Pesquisa Fenomenologia: Ação e Percepção do PPG Psicologia da PUCRS.

Este livro foi composto com tipografia Minion e impresso
em papel Off-Set 90g. na Gráfica e Editora Del Rey.